名师工程
创新班主任系列

做一名有智慧的班主任

李雪梅 ◎ 主编

西南大学出版社
国家一级出版社 全国百佳图书出版单位

图书在版编目(CIP)数据

做一名有智慧的班主任 / 李雪梅主编. -- 重庆：西南大学出版社, 2024.8. -- ISBN 978-7-5697-2561-2

Ⅰ.G625.1

中国国家版本馆CIP数据核字第20249GT589号

做一名有智慧的班主任
ZUO YIMING YOU ZHIHUI DE BANZHUREN

李雪梅　主编

责任编辑	刘欣鑫
责任校对	文佳馨
封面设计	汤　立
排　　版	陈智慧
出版发行	西南大学出版社
	地址:重庆市北碚区天生路2号
	邮编:400715　市场营销部电话:023-68868624
	网址:www.xdcbs.com
经　　销	新华书店
印　　刷	重庆市国丰印务有限责任公司
成品尺寸	185 mm×260 mm
印　　张	16.75
字　　数	349千字
版　　次	2024年8月　第1版
印　　次	2024年8月　第1次印刷
书　　号	ISBN 978-7-5697-2561-2
定　　价	58.00元

编委会

主　编　李雪梅

编　委　刘莺　宋海燕　刘青霞　向以玲　李琦　李洪波
　　　　翁钰涵　张语宸　吕向东　邓玮　王力强　曾安会
　　　　李燕　尹林林　杜阆南　李雨花　李杨梅　唐宏梅

前言

在教育的广袤田野上,每一位教育工作者都是辛勤的园丁,而班主任则是这片土地上最为关键的耕耘者。面对日新月异的教育环境和日益复杂的学生需求,如何做一名有智慧的班主任,已成为每一位教育工作者必须面对和思考的问题。

锦城小学(以下简称"我校")秉承"儿童是教育的唯一中心"这一教育理念,落实立德树人根本任务,不断优化学校德育工作,促进学生德智体美劳全面发展,让每个儿童在锦城小学(以下简称"锦小")经历多彩童年,让他们在活动中学习,有品质地成长,成为"诚于中、形于外、慧于心、秀于言"的锦小儿童。作为与儿童最为亲近的教育者,班主任的智慧与付出,直接关系到儿童是否能够茁壮成长,成为社会的栋梁之材。因此,我校不遗余力地提升班主任队伍的专业素养,强化班主任的教育理念和教学技能,培养班主任的团队协作和沟通能力,定期组织班主任参加专业培训和研讨会,让他们不断吸收最新的教育理念,学习先进的教学方法,以更好地适应教育发展的需要,成为有智慧的班主任。

《做一名有智慧的班主任》一书,正是我校班主任在成长道路上的智慧结晶。他们在与孩子相伴的每一天,用心感悟、细心观察、耐心引导,积累了丰富的教育经验和深刻的育人智慧。这本书不仅仅是班主任对教育的理解和思考,更是他们在教育教学实践中不断探索、不断总结、不断提炼的成果。它记录了班主任在面对各种教育情境时的应对策略,分享了他们在解决学生问题、促进学生成长方面的独特见解和有效方法。

本书的编写过程,也是我校班主任队伍专业素养提升的过程。通过参与编写、讨论和修改,班主任不仅深化了对教育的理解和认识,还提高了自己的教学技能和沟通能力。本书的出版,将为我校班主任队伍的建设和发展提供宝贵的经验和借鉴。

最后,衷心希望本书能够成为广大班主任的良师益友,给大家有益的启示和帮助。同时,也期待我校班主任队伍在未来的教育实践中能够不断总结经验、提炼智慧,为培养更多优秀的锦小儿童贡献自己的力量。

李雪梅

2024 年 3 月

目 录

第一章 智慧之旅 001
  一个核心、两个意识、五大能力 002

第二章 智慧管理 007
  班级,孩子成长的摇篮 008
  一年级班主任开学前的准备工作 019
  一年级新生报到日的重要工作 021
  开学一周的常规训练 025
  关于一年级新生适应问题的解决 028
  小学一年级课堂教学常规训练 031
  班级突发事件处理 035
  做好班级建设 039
  建造学生心灵的栖居地 042
  浅谈小学班主任治班策略 045
  提升班级管理的有效性 047
  "双减"背景下小学班主任德育实践初探 051
  德育先行 054
  "乐群梧桐 幸福人生" 057
  班主任处理学生冲突的技巧 066
  赏识教育在小学班主任工作中的作用 072
  小学生责任感的培养 076
  树立理想信念,领航多彩童年 081
  谈谈赏识教育 086

新时代背景下小学生品格教育工作实施路径探究	091
小学生言行不一致的成因及对策	097
红领巾永向前,争当时代好队员	100
用心思考,用爱感悟	102
德育渗透教育策略浅谈	105
我的"下一任"课代表	108
柳絮因风起,葵花向日倾	111
我和学生的秘密小纸条	114
用爱求证	116
爱的教育,德育先行	118
巧管"任性儿"	121
做孩子的"及时雨"	123
看到孩子身上的潜力	128
用爱在德育道路上铺满鲜花	130
课堂常规促进课堂高效	132
七色花开,少年放彩	134
文化引领　课程助力	138
静待花开	141
体验成长过程,享受生命快乐	145
自己的事情自己做	152
探索我的生命账户	155
"做守信的人"教学设计	160
悦纳自我"星"光闪烁	166
送我一朵小红花	170

第三章　智慧育心　　　　　　　　　　　173

悦心课程	174
乌云中的一束光	181
用心关注孩子的健康成长	186
特别的爱,护航星花	190

"悦"融合，"悦"成长	195
融合教育理念下小学ADHD儿童教育策略实践研究	200
别让愤怒"湿"了"理"	206

第四章　智慧共育　215

家校共育深度合作缺失：表征、成因和改进策略	216
在情理交融中促进家校共育	222
"双减"背景下有效的家庭教育策略	226
"双减"政策下小学班主任如何指导家庭教育	230
温柔且有力量	234
默默耕耘花自开放	236

第五章　智慧心路　239

二手数据线"小贩"的故事	240
表扬	243
种子的成长	244
师与生	245
最独一无二的种子	246
师爱	247
成长	248
耐心	249
育人有感	250
德育	251
愿做点灯人	252
一年级	253
德育随笔	254
说话的艺术	255
守护	256

第一章

智慧之旅

没有人给我们智慧,我们必须自己找到它。班主任的智慧,是在持续学习、管理实践、深入反思中逐渐增长的,是在不断追求卓越、深化专业素养的过程中孕育出的独特的管理智慧。

一个核心、两个意识、五大能力
——智慧班主任的核心素养与特质

李雪梅

班主任是学校教育中最重要的角色之一,是学生成长道路上的重要引路人,是班级管理的核心,是家校沟通的桥梁,是学生心理健康的守护者,更是教育教学的协调者和学校文化的传承者。班主任的工作不仅关系到学生的个人发展,也关系到整个学校的教育质量和文化传承。班主任良好的思想品德素质、职业素养和工作能力,对学生个人的健康成长、对优秀班集体的形成、对整个学校教育教学质量的提高起着举足轻重的作用。

因此,锦小高度重视班主任队伍的建设,为班主任的专业化发展搭建了智慧成长体系——培训筑基础、教研提能力、比赛促发展。通过新岗班主任培训、青蓝工程、智慧班主任成长营加强对班主任的专业培训,通过构建智慧班主任教研体系提升班主任的专业能力,通过开展班主任技能大赛,促进班主任专业化水平提高。完善的保障机制,助力培养具有一个核心、两个意识、五大能力的专业型智慧班主任。

一、一个核心

我校秉承"儿童是教育的唯一中心"这一教育理念,落实立德树人根本任务,不断优化学校育人生态,培养"诚于中、形于外、慧于心、秀于言"的儿童。作为班级的灵魂和引导者,班主任应当坚定地秉持"儿童是教育的唯一中心"这一核心教育理念,在工作中,尊重儿童主体地位,关注每一个孩子的个体差异,尊重他们的兴趣、特长和个性,为他们提供个性化的发展空间。班主任要深入了解孩子们的需求和困惑,积极倾听他们的声音,建立起与孩子们的信任和沟通的桥梁。

在教学方法上,班主任应倡导以孩子为中心的教学方式,鼓励孩子们主动参与、自主探究和合作学习。利用丰富多彩的活动,激发孩子们的学习兴趣,培养他们的创新精神和实践能力。同时,班主任还要关注孩子们的身体和心理健康,为他们提供必要的支持和帮助。

在班级管理上,班主任应营造一种民主、和谐、积极的班级氛围。鼓励孩子们表达自己的观点和想法,培养他们的民主意识和参与精神。班主任还要注重班级文化的建设,通过班规班纪的制定和执行,培养孩子们的纪律意识和规则意识。

班主任应始终坚持"儿童是教育的唯一中心"这一核心,关注孩子们的全面发展,为他们的未来奠定坚实的基础。同时,班主任也要不断学习和反思,不断提高自己的专业素养和教育水平,以更好地满足孩子们的成长需求。

二、两个意识

做一名有智慧的班主任,需要牢固树立两个基本意识,即职业素养意识和持续学习意识,切实担负起教书育人的使命重任。

第一,职业素养意识是我们做一名智慧的班主任的首要前提。作为一名教育工作者,我们应当具备高尚的道德情操、扎实的专业知识、丰富的教育经验和良好的教育理念。我们要时刻牢记自己的职责和使命,用爱心、耐心和责任心对待每一名学生,关注他们的成长和发展,为他们提供最好的教育和关怀。

在职业素养意识的指引下,我们要注重言传身教,做学生的楷模和引路人。我们要以身作则,树立良好的师德师风,用自己的言行影响和感染学生,引导他们树立正确的价值观和人生观。同时,我们还要注重培养学生的自主学习能力和创新精神,激发他们的学习兴趣和热情,帮助他们成为具有社会责任感和创新精神的人才。

第二,持续学习意识是我们做一名有智慧的班主任的重要保障。教育是一个不断发展和变化的领域,我们需要不断更新自己的知识和技能,以适应时代的发展和学生的需求。我们要保持对新知识、新技能和新方法的敏感性和好奇心,积极学习先进的教育理念和教学方法,不断提高自己的专业素养和教育水平。

学习,是一条永无止境的道路。只要我们尚未告别职业生涯,我们就应保持学者的姿态、谦逊的精神和空杯的心态,继续在班主任的岗位上耕耘。我们面对的学生都是不同的个体,因此,我们不仅要深入了解他们的需求和特点,确保教学内容充实且贴合实际,还要不断创新教学方法,以适应学生的多样性和变化。这样,我们才能更好地引导学生,助力他们成长。只有这样,我们才能与时俱进,与学生共同成长。作为班主任,我们要将各种各样的资源集合在一起,组成一个和谐而上进的团队,服务于班级的建设和管理,构建一个良好的班级生态,促进学生的成长发展。

三、五大能力

班主任的专业能力不仅影响着班级的整体运行,更直接关系到学生的成长与发展。做一名有智慧的班主任,需要具备五大基础专业能力。

(一)班级组织架构能力

很多优秀的班主任看起来都是"懒人",他愉快地、轻松地把班级带得非常的不错,自己也能从琐碎的班级工作中自如地抽身,休息好,把身体搞好,有时间进一步提升自己。实现这个"懒"的效果,需要运用智慧建立合理的班级组织。

智慧的班主任一定是懂得组织架构的,在自己的班集体当中要建好几个团队。

第一个团队是家委会团队。在选拔家委会成员时,我们需要特别注重家长的态度与行动力。理想的家委会成员应当是那些积极支持学校工作,热心参与家校互动,且愿意为孩子们的成长付出努力的家长。

一个高效运作的家委会团队是连接家校、促进共育的桥梁。若家委会团队未能妥善组建,那么家校之间的合作与沟通将受到阻碍,家校共育的合力也将难以形成。更为严重的是,一个不够理想的家委会团队可能会成为家校共育的障碍,导致家校关系紧张,影响学生的全面发展。

第二个团队是班级干部团队。班干部是班主任得力的助手,一个健全且高效的班干部管理机制,不仅有助于班级的日常运作,更是实现班级管理专业化的关键所在。当我们成功构建起这样一个机制时,班干部们就真正地从简单的执行者转变为具有决策和规划能力的管理者。班级作为一个集体,其运作和管理需要高度的团队精神和协作能力。而班主任,作为学校的基层管理者,肩负着引领班级发展、培养学生综合素质的重要使命。在这个过程中,班主任的角色已经超越了传统的教育者身份,更多地向一个管理者的方向发展。对于班主任而言,管理并非仅仅与教学相关,它涉及更为广泛的领域,如组织规划、资源调配、沟通协调等。当班主任真正面对管理工作时,他们需要掌握更多的管理知识和技能,以便更好地应对班级管理中遇到的各种问题。

因此,对于班主任来说,建立班干部管理机制是一项必备的能力。这不仅需要班主任具备敏锐的洞察力,能够发现并培养具有潜力的班干部,还需要他们具备高超的管理技巧,能够指导班干部们有效地开展工作。同时,班主任还需要不断提升自己的管理能力,以适应不断变化的管理环境和需求。

(二)班级活动建设能力

锦小主张让孩子"在活动中学习,有品质地成长",这句话既讲到了育人措施,也讲到了育人目标。育人措施的选择要基于儿童的年龄特征,我们认为活动是最好的措施。与其在班级当中不停地谆谆告诫,甚至变得啰唆,不如我们把所需要表达的教育理念分解,转变为让学生喜闻乐见的活动,让学生愿意表达、愿意参与。将教育理念融入活动,促进学生有品质地成长,这就是智慧。因此,班主任要精心策划和组织各类活动,将所要传达的教育理念巧妙地转化为活动的主题和内容,让活动不仅具有趣味性,还富有教育意义,能够激发学生的参与热情,培养他们的主动性、创造性和团队协作精神。通过参与活动,学生不仅能够获得知识,还能够提升能力、锻炼品质,实现全面而有品质的成长。

在活动的实施过程中,班主任要注重学生的体验和感受,关注学生的参与度和反馈,并通过学生的表现和反馈不断优化活动设计,提高活动的教育效果。

(三)班级突发事件应对能力

在班级管理中,班主任的应急处理能力往往成为衡量其专业水准的重要指标之一。对班级突发事件良好的应对能力,不仅体现了班主任处理问题的敏锐性和及时性,更彰显了其全面性和前瞻性。在某些情况下,班主任可能因疏忽而未能及时回应家长的关切,如未能接听家长电话且忘记回电,这样的疏忽虽属小节,但可能因此引起家长的不满和误解,进而对班级氛围和家校关系造成不良影响。

同样地,对于学生之间的矛盾冲突,班主任的敏感性至关重要。若未能及时察觉并采取恰当措施,不仅可能导致受伤学生的情绪得不到安抚,还可能使矛盾升级,影响班级和谐。因此,班主任需要具备高度的敏感性和前瞻性,能够及时发现并妥善处理各种潜在问题。

在班级安全管理方面,我们必须强调"预防胜于治疗"的原则。"宁愿事前听骂声,不愿事后听哭声",这不仅是对安全事件的深刻反思,更是对我们应急处理能力的明确要求。

因此,为了更好地应对班级突发事件,我们必须刻意培养和提高自身的应急处理能力。这包括提高敏感性,及时发现并处理问题;提高全面性,从多个角度考虑问题的解决方案;提高前瞻性,预防潜在问题的发生。只有这样,我们才能更好地保障学生的安全和健康,营造一个和谐稳定的班级氛围。

(四)帮助特质学生的能力

在当今社会,教育并非孤岛,而是整个社会生态的直观体现。随着社会中焦虑情绪的蔓延,教育领域同样承受着不小的压力。各种社会因素影响着学生的校园生活,也在一定程度上影响着他们的价值观,其中家庭关系对学生的健康成长至关重要。特质学生出现的原因错综复杂,既可能与教育有关,也可能与教育无关。然而,作为教育工作者,我们有责任也有能力去应对这一挑战。出现问题是常态,而解决问题的过程正是体现我们专业能力的重要时刻。

在帮助解决学生特质性问题时,我们不仅要表达深切的关怀,更要运用专业的策略。优秀的教育工作者往往能够敏锐地察觉到问题的关键,通过关注少数和关键群体,有效地解决特质性问题。虽然大多数孩子表现正常,但仍有少数的孩子可能因心态或特征异常而需要特别关注。这部分孩子是我们需要重点关注和帮助的群体。

在解决特质性问题时,爱的力量不可或缺。爱是我们打开孩子心扉的钥匙,是解决问题的重要工具。我们要用爱心去理解和接纳每一个孩子,用爱心去引导和帮助他们，为他们提供个性化的支持和帮助，让每个孩子都能有一个美好的童年。

（五）家庭教育指导能力

许多年轻班主任在家校共育方面感到重重挑战，有的对召开家长会感到不安，甚至恐惧。这主要是因为年轻班主任在讲台上的自信度和说服力尚待提升。站在讲台上，用语言影响并改变他人的观念，无疑是一项巨大的挑战。

对于年轻班主任而言，尤其是那些没有育儿经验的，与家长沟通时难免会遇到信任问题。若教师自身缺乏自信，便难以获得家长的信任，这种不信任会极大地增加我们工作的难度。

首先，要提升家校共育的效果，班主任必须具备深厚的家庭教育指导方面的专业知识和理论素养。正如古话所说："要想给予别人一碗水，自己就要有一桶水。"因此，班主任应当广泛阅读教育管理方面的专业书籍，这包括对儿童心理学、教育学、家庭教育学等方面的了解，以便能够根据每个孩子的个体差异，提供有针对性的家庭教育建议。班主任应不断学习，更新自己的知识体系，确保自己的指导具有科学性和前瞻性。

其次，班主任需要具备良好的沟通能力。班主任应能够与家长建立信任关系，倾听家长的意见和建议，同时表达自己的看法和观点。在沟通中，班主任应注重尊重和理解，避免产生误解和冲突。通过有效地沟通，班主任能够更好地了解家庭教育的现状和需求，为家长提供更有针对性的指导。

最后，班主任还要了解家庭教育的其他方面，如夫妻关系对孩子教育的影响等。即使没有育儿经验，通过阅读和学习，我们也能为家长提供有效的家庭教育建议，进而提升家校共育的效果。这样，我们不仅能够得到家长对我们的信任，还能共同为孩子的健康成长创造更好的环境。

博学始于积累，智慧凝于勤思，班主任专业化成长发展之路，是一条充满挑战与机遇的道路。希望各位班主任老师坚守育人的初心和使命，秉持锦小教师"默默耕耘，静待花开"的精神追求，踔厉奋发，笃行不怠，始终保持昂扬的斗志，切实担负起教书育人的使命重任，用自己的爱与坚守，勇做新时代学生健康发展的引路人，为锦小的壮大和发展，书写精彩的篇章！

第二章

智慧管理

班级管理是向下扎根的过程,在平凡的岗位上,在温暖的教室里,根据学生的状况不断调整自己的管理方式,把先进的教育理念智慧地运用在班级管理中,根据班级发展特点巧妙地运用教育智慧去妥善管理班级事务。儿童是教育的唯一中心,智慧管理始终坚持:每个孩子都是一粒种子,只是花期不同,我们要用智慧,静待每一朵花开。

班级，孩子成长的摇篮
——一年级"常规教育"成果

张红梅　杜玲玉

要组建一个良好的班集体，班主任需要付出很多时间和精力，要有足够的爱心和科学的管理方法。班级建设应该像大海孕育生命一样，永远包容并且激情澎湃。每一位教师要用真诚去教育学生，没有爱就没有教育。给学生以爱心、真心、诚心，是一种对教育高度的责任感，是一种发自内心对祖国下一代无私奉献的情感。做教师应该一边做一边想一边总结经验，把班级打造成孩子们学习知识的乐土。

为此，一年级的班主任应该特别重视集体的常规教育，这个头开好了，整个小学的教育也就事半功倍了。组建一年级的班集体就像在建设一个可爱的大家庭，班主任应该强调先有"家的规则"后有"家的文化"，把这些规则习惯落到实处，每个孩子才会彰显其个性魅力。

一、用爱心构建，人文与制度相结合（班级制度建设，细化发展目标）

（一）构建"1+Nx"模式

爱，是教师职业道德的核心，一名班主任要做好本职工作，首先要做到爱学生。"感人心者，莫先乎情。"一年级班主任的工作千头万绪，但"师爱"是基础，是实施各种教育手段的基石。工作中，我们努力做到于细微处见真情，真诚地关心学生，热心地帮助学生，用爱心来构建，用责任心来落实，让每个学生健康成长。

在一年级班集体的建设过程中，每位教师都会遇到各式各样的家庭、各种性格的孩子，他们从四面八方而来，汇流成河。所以我们在接任新的一年级的班主任时，都会提前做好与学生、家长见面的准备工作：熟读并记住学生的名字，查阅学生的家庭信息，做好教室的卫生和欢迎的布置工作，准备好自我介绍。后期则利用家长会、电话沟通、家访、写信、家校联系卡等不同方式去了解班上每一个学生的家庭情况、新近状况，并记下每个家庭的点点滴滴，以便在和学生交流沟通的时候更得心应手。班主任对他们的优点和缺点、兴趣和爱好以及性格特征都要非常熟悉，这样才能实施具有针对性的教育，让学生乐于和教师交流，并对教师的话产生很强的认同感。

"N_1":入学一封信

(1)写给孩子的信(节选)。

亲爱的孩子们：

我是你们的班主任张××老师，今后你们可以叫我张老师。在得知要带一年级的你们时，我曾在脑海里无数次勾勒出每一个天真可爱的你：或有一双闪闪发光的眼睛，或有一对可爱的小酒窝，还有那缺了牙正微笑的小嘴巴，画面模糊，但我内心却充满了幸福。拿到你们的名字后，我在心里反复默念并记住了每一个美丽的名字，猜想着这些名字后面都是怎样的一个你，我真的太想认识你们了！就在这样漫长的等待后，今天，一个缘分开始的日子。我盛装打扮，坐在教室里激动地等待着。你们来了，牵着爸爸妈妈的手走来了！我们相互认识，我们合影留念，我们依依惜别，一切都那么匆忙！但是当爸爸妈妈把你的小手交给我时，我知道，从今往后，我的肩上多了一份责任，心里多了一份牵挂，我一定会小心翼翼地去呵护每个你。

期待你们的成长，展翅，高飞。

爱你们的张老师

(2)写给家长的信(节选)。

亲爱的家长们：

因为可爱的孩子，我们相识在美丽的锦小，孩子来到五班，我的心就与你们的心连在了一起，教育和成就你们的孩子是我追求的真谛。为了孩子，为了更好地相处，我首先说明以下几个问题。一、教育，从来就不是教师个人的事，你们是孩子的第一任老师，也是孩子永远的老师，孩子是你们最大的财富，孩子的成长需要你们支持，六年的成功之路才刚开始，我们需要相互尊重、相互理解、相互帮助，才能给孩子创造一个和谐轻松、积极向上的环境。二、老师要面对四十多个孩子，有时难免会心有余而力不足，希望你们一定教育孩子要有拼搏的精神，好好表现自己，全心全意努力"开花"，用"花"来证明自己。三、老师是成年人，要担当很多角色，但我们会尽力关注你的孩子，帮助孩子更好地成长。也请你嘱咐孩子学会自我管理，孩子有很多的事，你我可以去包办，但这也会剥夺孩子成长的权利，所以我宁愿看着孩子磕磕绊绊地自己前行。四、孩子们年纪小，相互之间难免会出现矛盾，当孩子被误解或受到伤害、委屈时，请嘱咐他(她)，及时与我沟通，我会竭尽全力提供帮助，千万别事后很久才上报或找其他人，因为这些事最终还是要由我们来解决、处理。五、一个人的成长，必须遵循纪律的约束，有许多事你想做而不能做，也有很多事你不想做，但必须去做。所以有时候外力的强制也是一种必要，请你一定要告诉孩子，要维护集体荣誉，没有集体纪律和集体荣誉感的人到最后往往也会影响自己。六、青春犹如一片沃土，不种庄稼必定杂草丛生。读书是很好的爱好，所以请和你的孩子一起捧起书，感受书的魅力。

教育需要爱,还需要智慧,相信在我们班优秀家长群体的共同奋斗过程中,我们一定能用爱心汇聚更多的智慧,为孩子的成功奠定坚实的基础。

诚致敬意
你的新朋友

"N₂":一张小小调查表

除了了解表2-1学生的情况,教师还要了解他们最爱的人、最爱的颜色、最爱的动物、最爱的游戏、长大最想做的事情……这些都是孩子最喜欢谈论的。知己知彼,以后的教育才能有针对性,孩子才能真正理解教师对他们的爱是多么真实。

表2-1 学生情况调查表

姓名	陈××	家庭住址	成都市高新区××××××	个人照
写最难忘的几件事	(1)周末和父母一起到峨眉山去看日出。 (2)自己亲手种下的豆子发芽了、长大了,心里十分激动。			
我的爱好	画画、写字	我的好朋友	吴××	我的身份证号码	4203032013012720××
		我最尊敬的人	父母、老师		
……			……		

"N₃":一次班级公约大讨论

建设班集体就像建立一个大家庭,教师要让学生认识到班级就是一个集体,要有"集体的规则",且"集体的规则"需要大家共同去遵守和维护,连教师也不例外。"集体的规则"中要求学生做到的事,教师自己也一定要做到。开学之初,我们就会通过班主任、家长和学生的不同形式的大讨论,制定细致的规则,设计各种面值的奖卡,把"常规工作"落到实处。

我们定下的班规如下(节选):

一、纪律(每人每天有纪律分10分)

1.扣分

(1)上课说小话、注意力不集中、搞小动作,一次扣2分。

(2)排队不整齐、讲话,扣2分;上课迟到,扣2分;逃课,扣5分。

(3)上课铃声响后不按时静息,一次扣2分;被老师点名批评,扣2分。

(4)对同桌上课不遵守纪律的情况置之不理者,扣2分。

(5)早读、自习课和午餐时有随意说话的现象,每次扣2分。

(6)借阅图书时不经允许拿书扣2分,不按时还书扣5分。

2.加分

(1)每次举手回答1次问题,加1分。

(2)排队整齐、不说话,加2分。

(3)早读和自习课时安静专注者,加5分。

(4)午餐时及时洗手,有序排队等候,安静就餐,加5分。

二、学习

1.加分

(1)作业得"优⁺"加5分,得"优"加3分,得"优⁻"加2分。

(2)得"☆"加2分,得"☺"加1分。

2.扣分

(1)得"中"扣2分,得"☹"扣2分,得"差"扣5分。

(2)忘带作业扣2分,不做作业扣5分。

三、清洁

1.加分

(1)主动做清洁加5分;值日时工作认真加5分。

(2)清洁经检查一次性合格,加2分。

(3)周一得到流动红旗的,每人加10分。

2.扣分

(1)不按时做清洁,扣5分。

(2)清洁经检查不合格的,扣2分。

(3)被老师和清洁委员检查出保洁差的,扣2分。

四、两操

1.加分

(1)周一得到流动红旗的,每人加10分。

(2)被老师点名表扬,加2分。

2.扣分

(1)排队、行进过程中说话或被值日同学提醒,扣2分。

(2)被老师点名批评,扣2分。

(3)动作不到位被两操委员点名,扣2分。

(4)不做眼保健操扣2分;做操时说话,扣2分。

五、备注

（1）一天之内被扣10分以上者，需要为班级做一件有益的事情。

（2）加分、减分均由班长和纪律委员完成，班级"银行"负责人每月统计一次总分"存款"，并按照"存款"自行兑换相应的奖品。班级"小金库"如图2-1所示。

图2-1 我们的班级"小金库"

针对一年级学生的特点，我们还把这些"在校常规"和"在校礼仪"编成了儿歌、口令，让学生经常读、记，使其在他们的心灵扎根。

当然，建立班级规则后，针对它的实施我们一定要静下心来思考，用科学的管理方法来"约束"这些"小精灵"，让学生有主人翁的参与意识，这样才会产生班级共治的愿望，而不是把班级变成班主任的"一言堂"。所以，我们建立了完善的"两委会"——班委会、家委会。

相关材料如下（节选）。

班委会、家委会职责表见表2-2与表2-3。

"N_4"：班委会

表2-2 班委会职责表

职务	相关职责
生活委员	分单、双周轮流管理中午分餐静息等候时的纪律；检查有序倒饭和整齐摆放餐具情况；点名让学生上台打饭，维护排队秩序；第四节课下课后4人一组一起端饭菜及餐具，并摆放整齐；4人合作分饭、打菜；轮流检查课桌上有无饭粒和油汤。
清洁委员	安排并检查中午、下午及大扫除的清洁卫生（过道地面、墙壁；教室分四组扫地、拖地；前门、后门；窗台；书柜；清洁柜；教室墙壁；讲台、后台；垃圾桶；黑板）；监督完成的时间和质量，不服从安排者可直接处理或告知教师处理；中午1:00检查；每天换课表，安排值日生；开窗户通风。
纪律委员	负责自习课时的纪律管理；统计班级学生奖卡情况；协助教师辅导后进生。

续表

职务	相关职责
安全委员	负责检查楼道安全及课间文明休息的情况;填写班级安全日志并在每周五交给教师。
电教委员	负责教室的灯和风扇,以及话筒、音箱、投影仪等电教设备的开关;师生不在教室上课时负责关门,并关闭所有设备。
体育委员	负责维持放学、集会、课间操时的纪律和喊口令;拿、放班牌。
图书管理员	负责阅读课时收、发图书和整理、修补图书。
礼仪委员	每天检查学生红领巾的佩戴和饭前洗手情况;每周一检查个人卫生,如指甲、发饰等。
学习委员	安排课代表与科任教师联系;协助教师辅导后进生;收作业本;领、发、收各种通知单、回执单;早上领早读。
植物管理员	(夏季)周一浇花;(冬季)半月浇一次花。
分发面包员	每天负责在大课间时分发水果或面包。
大组长	负责收发作业本。

"N_5":家委会

表2-3 家委会职责表

部门	相关职责
整体协调部	总体安排班级家委会的工作,向下协调各部门统筹、运作。有良好的社会资源和协调管理能力。同时担任校级家委会成员,配合学校工作的开展。
文体活动部	主要协助学校、班级活动的组织和实施,如亲子运动会、"世博会"、美食节等大型活动的组织和实施,并编写新闻稿等。
财务出纳部	落实班级各项活动费用预算、收支和账目登记;负责活动现场财物的清点和监督;每期末向全班家长公示。
后勤保障部	协调、确认整个家委会各项工作中的后勤保障,如各种活动中的安全督导、所需物资采购运输等。
宣传网络部	收集家长意见和建议;负责活动的摄影、录像,图片、文字、音像资料的收集、保存。

"两委会"的建立让班级管理工作更实、更细、更高效,让教师、学生、家长形成了真正的合力,让我们的"常规工作"得到科学、高效地开展。

(二)"一本一会"巧管理

在班级管理中,学生教育并不是一蹴而就的,也不是一成不变的,而是会随着学生的成长而变化。所以，教师更应该有一颗智慧的心，创造性地设计规则，落实"常规教育"，达到育人目标。

1."班级红黑账本"——成长档案

刚接手一年级的班主任的时候，我常常感觉到身心俱疲，这主要是因为学生平时无休止的摩擦和矛盾。小学是孩子成长的重要发展阶段，此时，其思维能力、判断能力等正在形成，缺乏对实际生活的体验和对恰当行为的认识。因此，常由于一些小事与同学发生矛盾。左思右想后我茅塞顿开，孩子们不是经常算一些鸡毛蒜皮的小账吗？不如给他们制作一个"班级红黑账本"："红账"，专门记录班上的好人好事、个人获奖以及为班集体作出的重大贡献；"黑账"，专门记录学校里发生的较大的违规违纪事件；但是，一件"黑账"可以用两件"红账"来弥补。班会课上我宣布规则后，孩子们跃跃欲试，都表示自己想多做好事。于是我把它放在了讲台前的盒子里，用它来时刻监督孩子们的行为。第二天，我们班上的两个孩子随地乱扔垃圾，被值周老师警告了，扣了我们班的常规分。于是我想抓住这次机会让"红黑账本"发挥作用，就利用五分钟班会请他们两人说出自己今天做了什么事让值周老师扣了我们班的分数，并十分严肃地在"红黑账本"上记下了两人的"黑账"。然后又让他们自己选择一种弥补的方式，两人都愿意为我们班做一周的清洁卫生。后来我看见桌子上有两张纸，是他们两人写的检讨书。看着稚嫩的童言童语，我满意地笑了。就这样，"红黑账本"让他们体会到了事态的严重性，使他们树立了严格的纪律意识，还让那些还蠢蠢欲动的孩子收敛自己的行为。此后，这个账本就在我们班上落了脚，时刻帮助我约束孩子们的言行，也让我的工作轻松了许多。

2."五分钟班会"

在班级建设中，我一直觉得每一年、每一月，甚至每一周，教师都应该抓住不同的重点对学生进行精细化的管理。所谓"精细化"就是指在学生行为习惯养成的初期，教师就要从生活和学习上给予学生无微不至的关怀并加以管理。而怎样才能做到这种精细化的管理呢？那就得靠教师每天不停地讲解、激励，最后让学生形成一种习惯。也有许多教师会利用班会课的时间来做这样的事，而在我看来这些时间是远远不够的。教师何不每天都用五分钟来开个班会呢？

"五分钟班会"有其独特的地方。首先，它时间短、易操作，只需要教师在学生精力集中的任意五分钟开展就行了。一般在早读开始后五分钟或午课前五分钟进行，这样就可以达到事半功倍的效果。其次，它的针对性强，面对学生出现的问题可以在短时间内逐个击破。针对学生新近的各种问题，教师都可以立即用五分钟的班会进行讲解、引导，甚至让学生围绕一个主题进行讨论，形成正确的舆论导向，从而形成良好的班风,同时也可以纠正学生的不良习惯。再次,它效率高、效果好。学生每天都会遇见许多事,教师如果每天能及时处理都尚且难以避免学生再犯,但如果是隔一天、两天或者等到班会课再来处理,这样的效果又是非常不好的。对好的方面巩固不够,对差的方面又批评、指导不够,学生的坏习惯没有得到及时纠正,容易酿成大错。如果能利用五分钟的班会马上就讲,不但能让学生印象深刻,而且能起到立竿见影的效果。

"五分钟班会"还可以让班干部来组织,效果更好。如果班级近期没有特别需要强调的常规,还可以用特别的方式开展班会。比如"五分钟故事会""五分钟诗朗诵""五分钟课本剧表演""五分钟讨论""五分钟活动"……教师如果能用好每天的五分钟,持之以恒的话,班级发展肯定会蒸蒸日上。当然,坚持一定会有更好的效果。

二、用恒心育人,用好几个主阵地,开辟育人新天地,落实行为训练

(一)家校自学主阵地(QQ、微信平台等)

班主任应该重视家校的联系,家校联系能形成合力教育。学生的进步与集体的成长,离不开教师,也离不开家长。为了更好地了解学生情况,教师应通过QQ、微信等多种形式与家长建立密切联系,进行友好交往,这样不仅沟通了信息,还增进了情感的交流;同时定期推送各种家庭教育的文章,指导家庭教育的优化实施。双向管理学生主要采取家校常联系的形式,主要内容是根据本学期教育教学计划,对家长提出要求。教师要向家长介绍实施素质教育的重大意义,以及一些教育孩子的方法、经验,有时还可推荐一些教育方面的书籍,如:《好妈妈胜过好老师》《正面教育》《妈妈教的数学》《怎样教育独生子女》《怎样使你的孩子更聪明》《父母必读》等,为学生在家里创造必要的学习环境,为学生做好榜样。

(二)师生共学主阵地(班会课、黑板报、活动课等)

爱国主义教育是学校教育的主旋律,对学生进行爱国主义教育是教师义不容辞的责任。因此,教师应充分利用晨会课、班会课,讲时事、讲历史、讲未来,对学生进行爱国主义教育,培养学生热爱祖国的情感,让学生通过一系列的活动懂得自身所肩负的重任,激发奋发图强、积极向上的斗志。

小学教育主要是常规的养成教育,一个人养成良好的行为习惯和高尚的思想品德的关键在于小学阶段的教育,尤其是一年级的养成教育。学生良好的思想、行为不是一朝一夕形成的,而是在教师、家长的正确引导下,在每次的班会课、活动课或教室内外墙板报的长期熏陶中形成的。

为建设良好班风,教师应着重抓日常行为规范的养成教育,培养学生的责任感和

自学、自理、自控的能力，使课堂教学中师生能和谐统一地完成各项教学任务。

刚接手一年级，班主任应该对学生进行常规教育，严格要求，一抓到底。一学期结束后，针对班上学生实际情况，利用一切有利时间、地点加强对学生学习习惯的培养。首先训练学生正确读书和写字的姿势，每天提醒他们注意"三个一"，读书时要求学生都拿起书，做到手到、眼到、口到、心到。只要做作业，就不停地提醒他们，纠正他们的不良姿势。当学生发言时，则要求他们站端正，两眼平视前方，态度自然大方，并且说话时声音要响亮，手势要清楚。在听的能力方面，则要求他们注意听别人说话，听清楚说话的内容，要记在心中，也要说得出来。

此外，在进行学生作业规范化训练时，提出及时、认真、独立完成的具体要求，即：突出时间上的要求——及时；态度上的要求——认真；思维上的要求——独立。刚开始的时候实行强制性要求，必须完成作业才能出去玩，让他们养成不拖拉的好习惯。到学期结束的时候，大部分学生都能认真及时地完成作业。

良好的行为习惯，对更好地进行人际交往、提高社会交际能力具有十分重要的意义。针对小学生的身心特点和认识水平，在文明礼貌方面重点要求他们做到语言文明，使用礼貌用语；孝敬父母，尊敬师长，关心他人。学校的桌椅、墙壁、班级中的其他设施都是学校的财产，因此学生应爱护班级中的一桌一椅，爱护学校中的一草一木，不随意践踏草坪和攀折花朵，养成良好的行为习惯。

为了培养学生的自理能力和竞争意识，使其在德智体美劳等方面得到全面发展，要让每个学生都有锻炼的机会。利用黑板，采取全班学生轮流做值日生的制度，激发学生的兴趣。在当值时，值日生要报告当天的学习、清洁、纪律、出勤以及戴红领巾的情况等，这样每个学生都有独立工作的机会，能在值日中学会管理，培养独立工作的能力，更重要的是，值日生要去管理别人，那首先要以身作则，才有说服力。实践证明，学生在值日中不仅严格地遵守纪律，而且表现出较强的工作能力和责任感。学生是班级的主体，学生是班级的主人，每个学生都有组织和管理好自己班集体的责任和义务，也有参与班级管理的权利。该方法能激励学生更加热爱自己的班集体，促进学生主体意识的培养。

班级值日生公约(节选)如下。

一、值日生顺序表(略)

二、值日生职责

(1)早上主动带上值日生标志牌。

(2)每节课上课前组织同学安静等待，并向老师问好；下课后先擦黑板再去做自己的事。

(3)中午吃饭后换水槽的水。

(4)下午放学后，擦黑板、摆桌椅、扫垃圾、倒垃圾、关门窗。

以上事情做好后即得5分,老师提醒三次,则不得获奖卡。

节选记录如图2-2所示。

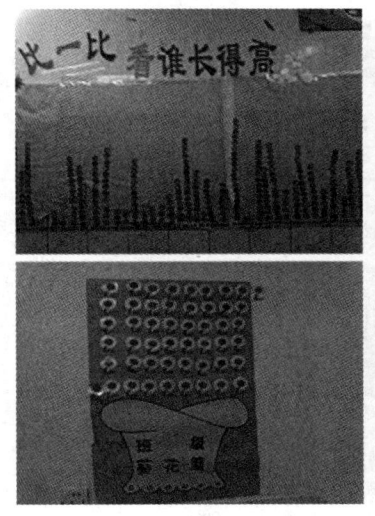

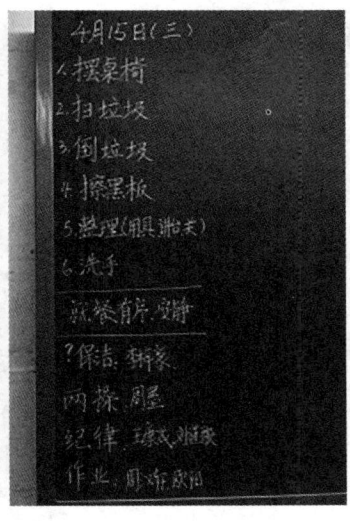

图2-2 学生评比和常规管理

三、评价与激励相结合,在活动中展现常规教育成果,培养孩子独特的个性魅力

教师常常说:要看日出的人必须守到拂晓。

教师面对学生,必须坚信每个人的"可教育性"。不管学生多调皮、多淘气,教师要透过其稚嫩的表情,看到他们广阔的内心世界,要乐于播撒真善美的种子。教师要把批评和赏识相结合,激励和评价相结合,以文化为引领,以活动为载体,追求学生持续发展,形成多元班级文化。这样学生才可以在班级的摇篮里健康、阳光、智慧地蝶变,追求卓越,个性发展。

班集体的活动是班级的生命。在活动中,教师能把常规教育的成果展现出来,培养学生的各种能力,这有利于学生集体观念的形成,还有利于培养学生奋发向上的品质。学生把赏识的力量转化为学习的动力,体会到成功的滋味,受激励后会向着更高的目标前进。

学生是在活动中获得发展的,学校应为学生提供活动和表现能力的机会与条件,放手让学生进行各种活动,让他们感受到自己是有能力的,并从中获得个性展示的机会,进而增强自信心。班级整体积极向上,学风浓郁,班级的常规习惯自然也就好了。为了发现学生身上的闪光点,教师应为每一个学生提供展现才华的舞台,让他们积极参加自己喜欢的课本剧比赛、手工作品比赛、"世博会"、数学节和绘画比赛等活动。面对充满荣耀的舞台,学生的兴趣十分高涨,教师更应趁热打铁,鼓励学生报名参加,并组织学生排练。在学生和家长的共同努力下,学生取得了可喜的成绩,这也让全班学生都感受到了成功的喜悦。(部分学生作品展示如图2-3)

图2-3　学生作品

除此之外,教师还应组织一些融思想性、教育性和趣味性于一体的班队活动(图2-4)。如"我是背诵小达人"儿歌背诵比赛,"我爱中华""学会如何学习""美好生活,从'心'开始""摸鼻子""今天我当家""我向队旗敬个礼""十二生肖"等活动,学生在活动中陶冶情操,得到感情的体验,并感受人生的价值。

图2-4　班队活动

各种各样丰富多彩的活动让学生乐此不疲,使他们充分展示自己的才能、彰显自己的个性,让班级的凝聚力得到加强,更让这些一年级的孩子能把有限的精力用在更有意义的事情上。

充分信任孩子,一定会有奇迹发生。班级建设是个任重道远的过程,教师并不是想从对学生倾注的爱心中得到回报,也不想索取报酬。教师只想对他的每一个学生负责,让他们成长得更优秀,走得更远。

一年级班主任开学前的准备工作

韦 妙

一年级的班主任将要迎来一群懵懂的小可爱,带领他们开启快乐的小学生活。要做好几十个小不点的"班妈妈",帮助他们平稳适应小学生活,确实是一项艰巨而又辛苦的工作。锦小教育高速发展的需要以及当前家长们对学校教育的高期待和高要求,也让班主任工作面临着更多的挑战。因此在开学前,一年级班主任要提前做好准备工作,"事前定,则不困",充分的准备工作可以帮助我们更好地、高效地开展班主任工作。

一、学科工作准备

(一)提前备课,准备好教学内容

学科教学任务对于新手教师来说是一个不小的挑战,我校班主任一般由语文、数学、英语老师兼任,所以开学后班主任既要上好专业课,又要管理好班级,双重任务会很耗费他们的精力。因此,提前备课,精心准备好教学内容,可以帮助班主任更好、更出色地完成教学任务,留出更多的精力管理好班级。

(二)准备好教学物品

班主任的工作繁杂琐碎,教师提前准备好一些必备的教学物品,可以让工作事半功倍。如黑红两色笔、翻页笔、小蜜蜂(扩音设备非常必要)、润喉药、方便装以上物品的篮筐等。

二、心理准备

拥有良好的心态是一个好的开始,也是战胜工作中一切困难的武器。班主任要调节好状态,以积极、自信、勇敢的心态,迎接新学期的挑战。

三、了解学生信息

(一)建立班级群

班主任得到分班信息后,应尽快拿到学生名单及家长联系方式。提前打电话跟家长联系,进行简单的自我介绍,通知家长学生报到时间,告知班级群号,并请家长留存自己的联系方式。通知完毕后,将家长拉进班级联系群。

(二)活跃班级群

在班级群里先进行简单的自我介绍,不需要太详细,留下神秘感。鼓励家长将孩子的照片、姓名发到群里,由此教师可提前熟悉学生,和学生及家长拉近距离。

(三)指导家长做好开学准备工作

通过班级群,指导家长提前做好开学准备工作。

1. 学生学习及生活物品

学习工具:铅笔、橡皮、作业本、直尺、书包、饭盒、水杯、纸巾、消毒湿巾、口罩等。

2. 学生心理建设

请家长教导孩子要积极面对小学生活,主动结交新朋友,认真聆听老师的教导。

3. 学生行为准备

请家长让孩子在家提前学习小学生行为常规表,多进行行为练习。

4. 安全常识教育

请家长告知学生:不在校园追逐打闹,不玩危险游戏,不带尖锐物品到校,不在楼梯、高处玩耍;出现问题要及时向班主任或者其他科任老师求助,身体不适要立即向老师报告。

5. 其他问题

面对家长的其他问题,教师可以在群里及时进行解答,如果遇到拿捏不准、不好回答的问题,要及时向年级组长请教后再解答,若有必要可询问学生发展中心后再回复。

四、开学前一天的准备

(1)安排好教室桌椅,根据学生人数布置学生座位,确保桌椅数量足够,并摆放整齐。

(2)打扫与装饰教室,在黑板上写欢迎语,图文并茂为宜。提前领取班级必备物品,如粉笔、黑板擦、扫帚、拖把、抹布……,并摆放整齐。

(3)检查教室设备是否齐全、能否正常使用。电灯、多媒体设备、风扇、音响等,如果有异常要及时向后勤处报修。

(4)打印学生名单,提前熟悉学生姓名。

(5)在班级群里通知家长开学事宜,注意语言亲切活泼。

(6)清点课本,确保书本齐全。

(7)清点学生发展中心给学生准备的开学礼物。

(8)根据学生发展中心、教导处一年级入学典礼的安排,领取开学当天要用到的资料,随时关注学校广播和班主任工作群的通知。

最可爱的锦小班主任,你准备好了吗?祝你在锦小收获成长,收获幸福,收获满园桃李芬芳。

一年级新生报到日的重要工作

周　婧

对于刚从幼儿园毕业的小可爱们，小学开学报到意义重大，标志着他们跨入一个全新的成长阶段，小可爱的家长们也需要升级家庭教育"版本"。而作为一年级的班主任，为了报到当天能有条不紊地迎接新生，我们需要好好思考、提前梳理报到当天的重点和要点工作。

一、注重个人形象

（一）着装正式、大方

报到当天，班主任一定要提前到位，可以按照学校的要求统一着装，如无须统一着装，则也要着装正式、大方。女老师最好化个淡妆，不穿无袖上衣、超短裙等；男老师最好穿衬衫、西裤，不穿运动鞋、短裤、拖鞋等。班主任应精神饱满地迎接学生和家长。

（二）语言亲切，举止端庄

与孩子对话，语言要亲切活泼，可以与孩子有眼神、肢体语言的交流；与家长对话要随和亲切，给家长进行介绍或指导时要自信大方，处理事务时要沉稳利落。你的自信、优雅、专业，可以让你更快获得家长的信任。

二、细心安排好班级的各项事务

（一）清点学生人数

（1）提前打印好班级学生名单，提前熟悉学生姓名中的生僻字。班主任可以提前一天要求每位家长发送孩子的姓名和照片，便于提前熟悉面孔。

（2）请学生按照到班顺序自由选座位，按照名单清点学生人数，打电话通知未到场的学生。

（二）收集、上交学生资料

关注班主任工作群，按照学校相关部门的要求，列好应收取的资料清单，及时收集、清查、上交相关部门。

给学生发放常规资料：入学通知书。

（三）发放学生书本、礼物

与副班主任密切配合，确保快速、准确地将课本发放到学生手中，开学礼物要确保每个学生都有，千万不要有遗漏。

三、了解学生基本信息

报到当天，可以通过与学生、家长交谈，或者给家长发放调查问卷的方式，了解学生的基本情况，如是否有饮食过敏史或者遗传病史、特殊病史，是否有特殊情况需要照顾；等等。

四、物色家委会成员

家委会对学生的成长有着重要作用，组建优秀的家委会至关重要。教师可以通过调查问卷或当面交流，了解家长的意愿、时间、工作方面的信息，初步物色家委会成员。

五、组织家长会

家长会是家校交流的重要形式，是家长了解学校、班级、教师的重要窗口。在学生报到后组织家长会，主要是为了给予家庭教育指导，请家长配合老师的工作，尽快帮助学生适应小学生活，同时为家长答疑解惑。遇到特殊情况时，家长会可以在线上召开，但无论是线上还是线下，班主任都要为家长会做好准备，以下是为一年级新生家长会准备的一些参考建议。

（一）明确目的

教师想通过家长会给学生家长传达什么信息，想要达到什么目的，一定要心中有数。在发言时要做到条理清晰，最好提前准备发言稿，做到工作有的放矢，目的清晰明确。

家长会的主要目的如下。

(1)增进"家校""家师"之间的相互认识和了解，通过交流互动，让学生家长亲身感受到老师的工作态度、工作思路和工作风格，从而增进相互之间的信任、感情。

(2)表明班主任和科任老师对工作的自信、对孩子的责任心。让家长对学校有信心，对教师能放心。

(3)对家长提出关于班级管理、安全、家庭教育的具体要求。

（二）重要内容

(1)班主任做自我介绍，让家长尽快了解班主任。

(2)介绍自己的治班理念及班级管理计划,让家长放心。

(3)向家长说明班级管理要求,明确班级群群规,说明家校联系注意事项。

(4)向家长说明学校作息时间、课程安排,并在班级群转发电子档,向家长明确并强调接送学生注意事项及交通安全规则等。

(5)结合一年级学生适应期的特点,给家长提供一定的家庭教育指导建议。

(6)物色家委会成员,进行宣传。

六、关于家庭教育指导

要帮助一年级的小朋友尽快适应小学生活,家庭教育也应同步跟进,现在有的家长虽然在学历、学习能力等方面都比较厉害,但是由于工作忙碌、家庭矛盾、教育理念不合等种种原因,在进行家庭教育时有一些不利于学生成长的问题存在。班主任需要从学生成长的角度出发,给予家长一些专业的引导。一年级新生适应期的家庭教育指导可以从以下三方面进行。

(一)心理适应

从幼儿园生活到小学学习生活,对孩子来说是一个很大的转折。因此,家长要帮助孩子做好上小学的心理准备。比如,与孩子聊天时有意识地聊一聊小学学校的事情,要由衷地祝贺孩子长大了,要成为一名小学生了,让孩子感受成长的自豪,从而增强自信心,内心产生羡慕小学生、想当小学生的愿望。家长要特别注意的是,绝不能对孩子施加压力,进行恐吓,如:"你再不听话,让学校的老师管你""学校的老师可厉害了",家长这种恐吓的话会使孩子对上学产生恐惧感,产生心理压力。

(二)物质准备

1.备齐学习用品

(1)文具用品应当简单实用,不可过分花哨和追求时尚,避免分散孩子上课的注意力;也避免孩子养成攀比、虚荣的心理。

(2)为孩子的健康着想,最好挑选面料轻薄、双肩背的书包。

(3)挑选大小适宜的笔袋,不建议使用铁质文具盒,避免孩子上课时频繁地开关文具盒影响学习氛围;功能不要太多,简单为好,以免分散孩子的注意力。

(4)铅笔选用铅芯为HB的木质铅笔。这种铅笔硬度适中,颜色适度。不建议使用自动铅笔,这种笔铅芯细、易折断,不适合小学生使用。准备的铅笔数量为6支左右,于前一天晚上在家削好,削笔刀或削笔机不带到学校。

(5)橡皮挑选质地柔软适用的,不要过度追求颜色和形状的美观。

(6)制作好姓名牌。课本一定要包书皮,并且在书皮上写上孩子的姓名、班级。

2.备好必需的生活用品

(1)准备一个水壶或水杯,要实用、易打开。您也可以为孩子自备饮用水。

(2)准备如厕的卫生纸,教育孩子养成下课如厕的习惯,但有困难时也要敢于请假。

(3)准备好餐盒,要教会孩子餐前洗手,餐后清洁、收纳自己的餐盒。

(4)准备好替换的口罩,教会孩子正确地佩戴口罩、更换口罩。

(三)能力准备

1.自我管理能力的培养

(1)教给孩子有关学校生活的常规知识,要求孩子爱护和整理书包、课本、画册、文具;让孩子学会削铅笔,使用剪刀、削笔刀、橡皮和其他工具。

(2)家长要让孩子知道,他们已经长大了,即将成为一名小学生了,生活、学习不能再完全依靠父母和老师,要慢慢地自己学会生活、学习和劳动。

2.专注力的培养

小学老师的语速普遍要比幼儿园老师的快,内容的教授次数也较少,不会一遍遍地重复,因此需要孩子集中注意力,关注老师;小学新生的座位有前后的顺序,不再像幼儿园里那样围成半圆坐,师生之间有一定的距离;另外,小学每节课时间为40分钟,较幼儿园有所延长,对孩子的注意力要求提高。因此,家长可尝试给孩子布置任务,如给父母讲故事、绘画等,并要求孩子在完成任务的过程中保持安静、注意力集中,以增强孩子的时间意识和专注力。

3.独立意识的培养

小学的学习生活与幼儿园生活的差距是非常大的,幼儿园老师对孩子的生活护理是很精细的,孩子的学习也是在游戏中进行的。而上小学以后,学习的模式变为课堂教学,学生要自己整理书本、喝水、吃饭、上厕所等,自己的事情要自己做,遇到问题和困难要自己想办法解决(遇到不能克服的困难时要告诉老师)。

开学一周的常规训练

田 魏

没有规矩，不成方圆，一年级开学第一周最重要的工作，就是常规训练。常规训练是开展一切教学活动的基础，具体可以从以下几个方面入手。

一、安排好座位

班主任可以先为学生编排学号，安排座位。应尽快地认识班上的学生，记清楚所有学生的姓名，在常规训练的一周内根据观察结果进行座位的调整。在安排座位和调整座位时，要考虑周全，如果家长有不满或者其他建议，可以向有经验的班主任请教，再妥善安排。

二、建立融洽的师生、生生关系

(一)师生互相介绍、熟悉

教师要准备简单有趣的自我介绍，同时可以提前通知家长帮助学生准备简单的自我介绍，并且做好学生的姓名牌。

引导学生进行自我介绍时，教师可以采用向一名学生提问，组织其余学生认真倾听的方式，也可以采用比赛记姓名的方式，或者分发积分卡给认真倾听的学生，总之要用丰富多样的方式，让自我介绍的环节有序地进行。这个过程本身也是让学生学会认真倾听，尊重同学、教师的常规教育。

(二)游戏破冰，增进了解

教师可以找一些简单的游戏让学生进行破冰活动，比如说数字游戏，根据学生人数准备相对应的数字纸条，请每名学生抽签。抽签后让学生寻找抽到相同数字的同学，并进行交流。这一活动的目的是进行初步的班级建设工作，让学生更快地认识同学，更快地融入班集体。

三、建立有效的奖励机制

奖励机制可以激发学生的主动性，提高学生的配合度。教师可以提前制定好班级奖励机制，如采取发放班级积分卡，累积积分后可兑换礼物等方式鼓励学生完成教师的指令。

四、引导学生熟悉校园生活

(一)熟悉校园环境

教师可以带着学生游览校园,向学生介绍重要的地方,比如医务室、垃圾房、厕所等,并强调安全要求。

(二)认识铃声

让学生认识学校铃声的作用,在讲解时教师告知学生不同铃声响时应做的行为。比如预备铃响时,要回到教室准备好课本、文具;正式上课铃响后,要向老师问好;下课铃响且得到老师的同意后,先上厕所再玩耍等。可以利用一些简单的口令来让学生熟悉铃声,如:"预备铃,书本笔。"

(三)课间安全

学生人数多,在校内的活动场地有限,教师一定要注意引导学生课间文明休息。可以根据教室的位置划分出一个学生大概的活动区域,反复对学生强调课间安全,叮嘱学生不要在走廊奔跑打闹,不做危险的游戏,保护好自己的安全,如果出现受伤的情况先去医务室处理,并通知老师。

(四)就餐训练

学生须携带自己的饭盒就餐,教师要提前告知家长为孩子准备饭盒,教育学生饭前洗手。打饭时可以安排三位能力较强的学生打饭,教师在一旁进行指导,并指挥其余学生洗手,然后准备好餐具和纸巾在座位安静坐好,对于个别活跃的学生可以要求其在座位上静息。全班打完饭后教师一定要检查,确保每名学生都打到了饭。饭后指挥学生将剩余的食物倒进回收盆,让学生用纸巾或者湿纸巾将饭盒擦拭干净,打扫自己座位的卫生。

注意一定要提前了解清楚班级学生有无某类食物过敏的情况,做好记录并告知副班主任及其他科任老师,避免学生在学校就餐时出现过敏情况。

(五)清洁卫生训练

带领学生认识清洁工具,并排好清洁人员的名单,制定好教室卫生的奖惩制度,同时对学生进行垃圾要扔到垃圾桶里、劳动最光荣等思想教育。开学一到两周后,可以布置一些卫生方面的劳动训练,比如在家扫地、清洁饭盒或者整理书包等。

(六)整理书包训练

一年级学生放学时,他们整理书包、餐具等的时间较长,加上有的学生自理能力较弱,还会丢三落四。教师可以给学生示范如何整理书包,并让学生练习,然后限定时间让学生整理书包,按时按要求完成的予以奖励,没有完成的继续指导,帮助学生提高收拾的速度。

(七)文明礼仪训练

拥有良好的文明礼仪可以受用终身,所以从第一周开始就要训练学生讲文明、懂礼貌。教导学生上学时要跟家长说"再见",看到老师说"老师好",见到同学时"你好""请""谢谢""对不起""没关系"等文明用语要挂嘴边,下午放学时,要对老师说"再见"。对坚持完成的学生,教师要给予高度表扬。

(八)列队训练

让学生列队训练时,班主任可以和体育老师进行配合,建议男生、女生各一队,按身高排列。前期学生列队时容易出现走不整齐和掉队的情况,可以让学生手牵手走,防止有学生掉队。列队行进时,要求学生不讲话、队列整齐。

(九)专注力训练

静坐练习和静站练习有利于培养一年级学生的专注力,在静坐时要求学生身体坐端正,双脚平放于地,双手平放于桌面,可以用口号进行提示:头正身直脚放平。静站时要求学生双脚并拢,双手紧贴裤缝,对齐前面的同学。

良好的班级常规,是开展班级学习活动的基础,常规训练也是贯穿小学六年的重要工作。常规训练,要根据学生心理发展的特点,创造性地运用一些口令,用奖励机制、比赛等加强常规训练的效果。这些都需要我们每个班主任在常规训练中不断去摸索,寻找有效的方法,凝结出自己的教育智慧,服务于学生的成长进步。

关于一年级新生适应问题的解决

郭谨雯

孩子在从幼儿园进入一年级时，新的校园环境、新的上课模式、新的作息时间，都会让他们产生身体上或是心理上的不适应，班主任要做的，就是帮助一年级新生平稳地完成"幼小衔接"，通过思想引导、能力提升训练帮助他们尽快适应小学的生活。作为去年刚带过一年级新生的"过来人"，我将就如何引导学生适应学校生活做一个简单的分享，希望能够对大家有所帮助。

一、一年级新生适应问题

新生在进入一年级的时候，在适应阶段，往往会出现各种不良反应。

（一）学习方面

（1）上课注意力不集中。有些学生会在上课时站起来，在教室后面走一圈，或者在自己的座位上玩书包。

（2）学习不积极主动。上课的时候，不愿出声，不愿举手，老师提问也不回答，老师讲什么就听什么。

（3）有畏难心理。有些学生一开始对学习有好奇心，可是好奇过后，就会觉得学习是种负担，做作业时要么不想做，要么很磨蹭，喜欢花大量时间在自己认为简单的功课上。

（4）对自己要求过高。有些学生写一个字，如果觉得不满意，会反复擦掉重写，效率低。

（5）身体不能适应小学的作息安排。经常有学生会在下午的课堂中打瞌睡，甚至睡着。有的学生贪睡，不能按时起床，上课迟到。

（二）人际关系方面

面对一大群陌生的学生，有的学生成了"闷葫芦"，害怕和同学玩耍逗乐，完全是个"独行侠"，每天在学校，最期待的就是放学。他们在将近放学时，眼睛骨碌碌地盯住门口，等下课铃响就立刻出去找父母，上学已有一两个星期，在班上却一个朋友都没有。有些学生比较含蓄腼腆，遇到问题不会找老师解决；有些学生不尊重同学，捉弄欺负同学的现象时有发生。

(三)心理方面

有些学生不愿意上学,每天说这里痛,那里不舒服,假装身体不适,进校门前都要抱着妈妈大哭一场,拉着妈妈的衣角不愿放手;有的学生找借口,到医院检查又没病;有些学生一进入教室里面就大哭,怎么哄都没有用……

(四)纪律方面

有些学生在课堂上一直都坐不住,经常发出声音;有些学生在回答问题时喜欢按自己的想法随便发言,没有按照老师的要求回答,常答非所问;有些学生在午睡的时候经常跟邻座同学讲话……

二、做好迎接新生的工作

以上这些现象的产生,都跟新生刚入学不适应有很大关系,如果处理不好,会影响新生的学习和心理。怎么样解决这些问题,可以从以下两个方面来尝试。

(一)布置童趣环境,缩小环境反差

幼儿园的教室布置生动活泼,小学教师也可参照幼儿园进行相应的布置,让学生爱上新教室。

在开学前,教师可以把教室装扮得更贴近学生的生活,用漂亮、可爱的教室来迎接新生,使新生喜欢新的环境。开学后,教师可以邀请学生共同布置有各种花草的植物角、科技角、图书角;桌椅也可以有创新的排法,以更利于师生的交流学习为准,使学生以愉悦的心情全身心地投入学习;教师可以用笑脸、无表情脸和哭脸的贴纸,为学生评比栏打分,生动形象地激励学生力争上游;可以在教室的后墙、储物柜上贴上漂亮显眼的"我长大了""我能行""相信我"等提示语。缩小环境反差,可以减轻学生刚入学的心理压力,帮助他们快速适应小学集体生活。

(二)采用符合儿童心理特点的教学方式教学

教师采用符合儿童心理特点的教学方式,可以减轻一年级新生的学习负担。在学习内容和形式上充分做好"幼小衔接"工作,让学生慢慢完成从"玩童"到"学童"的角色转换。这就要求一年级的教师要精心设计教案,用童趣的情节把知识串起来,让学生渐渐地发现学习的乐趣,从而轻松地进入学习状态。而且,教师要重视对学生能力的培养,通过启发学生,为学生提供创造空间,让他们成为真正意义上的"学习的小主人"。

三、加强对学生习惯、能力的培养

(一)及时提醒

在培养学生学习习惯的过程中,行之有效的提醒是非常必要的。持久性和自控

性较差是一年级学生的特点。为了取得更好的学习效果,教师不仅要从学生实际出发开展丰富多彩的活动,还要注意及时提醒。当发现哪个学生的表现不好时,及时送去一个眼神、一个手势或者是一下轻轻的爱抚,就会吸引学生的注意。

(二)树立榜样

在学生的眼里,教师是完美的榜样,学生的许多习惯都能从教师身上找到影子。因此,教师在课堂内外应特别注意言传身教。小学生具有向师性、模仿性特点,教师必须发挥示范作用,凡是要求学生做到的,教师首先要做到。这对学生良好习惯的形成的作用不可估量。小学生还有模仿性强且争强好胜的心理特点,教师要多树立榜样,激励他们向他人学习。

(三)恰当评价

恰当的评价是调动学生学习积极性的重要因素,也是培养学生良好学习习惯的重要手段。对学生取得的每一点微小的成绩都要给予充分的肯定,激励其不断取得新的成就。值得注意的是,课堂评价要多样化,要有针对性,语言要丰富。对一年级学生来说,一句表扬,或是一个小红花、五角星都可以充分调动他们的学习积极性。

(四)制定班级规章制度

制定明确的班级规章制度,让学生在心中对规则有一个清晰的认识,让他们在学习生活的过程中有章可依、有规可循,使学生在校期间能够很迅速地规范自身行为,同时也为教师的班级建设与管理提供便利。

心中有爱,眼中有光,请用爱心去拥抱每一个学生,用耐心去引导每一个学生走过适应期,用智慧去引领每一个学生成长,相信在学生的笑脸中,你会领略到教育的真谛。

小学一年级课堂教学常规训练

唐　琴

只有教师加强学生课堂常规训练,学生才会在课堂上积极配合,自觉遵守课堂纪律,纠正不良行为,养成良好的行为习惯。一年级是小学学习生活的开端,良好课堂习惯的培养至关重要,我们可以从以下几个方面入手进行学生课堂教学常规训练。

一、抓好课前准备习惯

(一)让学生明白什么是好的习惯

抓好课前准备习惯首先得让学生明白什么是好的习惯。小学生有很强的模仿能力和可塑性,但辨别是非的能力较差。我的做法是坚持从正面启发诱导,教会学生应该怎样做,并使他们明白简单的道理,从而调动他们积极主动地、自觉地按照要求去做,让他们逐步形成良好的学习习惯。不要等学生出现了不良习惯时再费九牛二虎之力去纠正,培养正确习惯总比纠正不良习惯容易得多。因此,开学第一天我就会跟学生讲清楚:课间应做好课前准备,如课前摆好书本、削好铅笔、拿好本子……。这样可以帮助我们更快地进入课堂教学,充分地利用上课时间,让学生养成良好的学习习惯。

(二)现学现用

叶圣陶先生曾经说过,历练到成为习惯,才算有了这种能力。虽然学生已经明白应该怎样去做,但这并不表示他们已经能够做好,养成好的习惯还必须依赖于行为强化训练。有的学生前脚答应,后脚就忘了,把做好课前准备的事抛到九霄云外。因此必须通过实际演练,学生才能按规则去做,进而养成习惯。因此在每节语文课结束之后,我都会先创设一个情景:下一节是数学课,你该怎么做准备工作呢?数学课上要用到哪些东西?你要准备哪些学习用品?我会提出一系列问题,让学生明白什么是"课前准备",然后让学生进行实际操作,反复演练,做到又快又好。

(三)相互督促

下课了,美妙的铃声响起,学生的心已经飞到外面去了,哪还会想起课前准备有没有做?记得有一次,我刚说"下课",学生们就像快乐的鸟儿一样飞奔出教室门,果然第二节课课前我再去检查学生的课前准备情况,发现大部分的学生没有做好准备。

之后,我每次在"老师再见"这句话的后面,都会加上一句"温馨提示"——"下节课是什么?你做好准备了吗?"一说完这句话,他们就恍然大悟,立刻开始做准备工作了。其实有时候,他们并不是不做,而是真的没有想到。只要教师在一开始多一些这样的提醒,学生就很容易形成习惯。

(四)检查激励

小学生自制力差,忘记是难免的。所以我就在班上选了四个课前小检查员,比比哪组做得最好。检查时,发现做得不好的,尽量避免批评,然后教给学生正确的做法,并指导学生具体地去做;当学生做得规范,并且连续几天都做得很好时,就给予奖励——一张"好习惯之星"贴纸。这样学生的斗志就更强了,会时时以争"星"为荣,时时警醒自己要做好每一节课的课前准备。久而久之,学生课前准备的习惯就养成了。

二、课堂习惯的培养策略

(一)以身作则,树立榜样

叶圣陶说过,教育是什么?往简单来说,就是培养习惯。学生在学习中接触最多、关系最密切的莫过于老师,特别是小学生,他们从模仿中学习,而且他们的模仿能力是惊人的。教师在学生心目中有着一定的威信,教师的行为习惯经常成为学生的模仿对象,家长经常会从小学生的嘴里听到一句话:"我们的老师是这样说的。"在这里,我要提出的是教师在要求学生养成良好习惯的同时,自己也要养成良好的习惯。比如:要求学生做作业时画直线要用直尺,教师就不能在讲课时徒手在黑板上画直线;要求学生书写正确规范的字,教师就不能在黑板上写得"龙飞凤舞"。所以,教师在教学中应表现出良好的习惯,以身作则,使学生在学习中受到潜移默化的影响。只有在这样的学习环境下,学生才能更好、更快地养成良好的学习习惯。

(二)注重细节,持之以恒

在提倡素质教育的今天,让学生养成良好的学习习惯必须从细节开始。在教学中,有许多的细节,如坐姿要端正、回答问题的声音要响亮等,教师在教学中要注重细节,让学生养成好的习惯,老子的《道德经》中有这样一句话:"合抱之木,生于毫末;九层之台,起于累土;千里之行,始于足下。"教师必须从一点一滴的小事抓起。习惯是经过重复或练习而形成的自动化行为动作,它不是一朝一夕就能形成的,而是必须经历一个过程,要养成良好的学习习惯,需要不断强化和持之以恒。久而久之,学生的习惯自然就形成了。

(三)家校配合,共同监督

从开学到放假,学生每天在学校的时间一般是9个小时,其余时间基本是在家。

因此,教师在教学工作中,除了在学校处处培养学生的良好学习习惯外,还要与家长密切联系,请求家长配合自己的工作。在家庭中,家长也要监督学生的行为,时刻提醒学生要养成良好的学习习惯。此外,教师要经常进行家访,可以是面访,也可以是电访,及时了解学生在家的学习情况,对学生的不良行为及时进行纠正。教师与家长要不断沟通,互相配合,从而让学生养成良好的习惯。

(四)自主自觉,养成习惯

孔子曰:"知之者不如好之者,好之者不如乐之者。"自觉是一种积极向上的生活态度,它能使"要我学"变为"我要学",让学生自己成为学习的主人。一旦有了自觉性,学生就会心甘情愿地、积极主动地去养成良好的学习习惯。这样,教师的工作就能事半功倍。

三、不良行为的纠正

一个班集体中总会有一些行为习惯不良的学生,面对行为习惯不良的学生该如何是好呢?

(一)了解学生不良行为的形成原因

不同的学生,其不良行为也是不同的,在纠正他们的这些不良行为前,我们要先了解这些行为的形成原因。是家庭教育中父母的过度宠爱或是不正当的教育方法造成的,还是在学校学习期间造成的;是外在因素造成的,还是心理因素造成的;是长期以来就有的,还是最近才养成的。只有明确这些不良行为的形成原因才能对症下药,有的放矢。因此我们要保持与家长的联系,家校互通,取长补短。通过沟通,教师能进一步了解了学生在家里的具体表现,并能及时调整教育教学策略。家长也能及时了解自己孩子的不足,明白如何根据自己孩子的特点配合学校督促孩子逐步养成良好的生活习惯和学习习惯。

(二)注意方式,以理服人,引导发展

首先要有一颗宽容的心。学生不良行为的形成并非一朝一夕的事,对学生的不良行为要保持宽容的态度,学会包容,不要视这些学生为另类,动不动就发脾气,指责他们,而应该进行理性分析。有些学生的自尊心较强,有些学生的心理承受能力较差,有些学生的性格比较孤僻,我们在纠正学生的不良行为时,还要根据学生的个性差异,采取合理的教育方式,要以宽容的心与学生接触,动之以情,晓之以理,心平气和地指出利弊是非,让学生自己认识到错误。

(三)要尊重学生的人格

亲其师方能信其道,在纠正学生的不良行为时,教师既要尊重学生的人格,不讽

刺挖苦学生,不损害学生的身心健康,不给学生留下阴影,又要拉近与学生的距离,打开学生的心扉,打动学生,让学生真正接受我们的建议,改正错误。

(四)善于发现学生的闪光点

其实有不良行为的学生可能只是在学习或行为习惯等方面表现差一点而已,在智力、交际能力、文体比赛等方面可能远远胜过所谓的优生。教师要善于发现并利用这些闪光点,找准入手的角度,以便拿到开启他们心灵、矫正他们行为的"金钥匙",引导他们追求真、善、美,正确对待假、丑、恶。有不良行为的学生一旦从教师的一个赞许的眼神、一个真诚的微笑、一句由衷的赞语、一下轻柔的抚摸中意识到自己是被重视、被赏识的,便会感到无限的温暖,如同干渴的小苗吮吸甘甜的晨露,进而点燃希望之火。

(五)跟踪观察,防止不良行为反弹复发

有些学生,尤其是不良行为习惯顽固的学生,他们的不良行为,经教育之后可能暂时改过,但又很容易复发。这就需要教师跟踪观察,采取有力措施,加大监管力度,做到奖惩分明,必要时可建立监督举报制度,对彻底改正的学生适时给予表扬,对那些屡教不改的学生要有耐心,切记不可一味地批评指责。应该从心理上说服他、教育他,使他明晓是非,真正拥有改过的决心和毅力。学生向哪个方向发展,受到了教师的教育导向的很大影响,所以我们要持之以恒地跟踪观察,使其彻底改正不良行为。

四、课堂口令的有效使用

当学生注意力不够集中的时候,教师可以运用事先约定好的一些课堂口令组织教学。具体做法是:教师说"1,2,3",学生马上回答"请坐端";当教师说出"挺胸抬头",学生边说"背打直"边坐端正。还有"1,2——安静""小眼睛——看黑板""请你跟我这样做——我就跟你这样做""耳朵耳朵做什么——耳朵耳朵在听讲"等一系列口令,既简单又很有教育指向性,教师可根据实际情况具体实施。

总之,组织课堂教学是一门艺术,吸引学生的注意力是上好一堂课的先决条件,教师只有在教学中不断提高自己的教育教学素养,不断实践总结,才能更好地驾驭课堂,达到最优、最佳的教学效果。

班级突发事件处理

郭婷挺

会处理班级突发事件是每一位班主任的必备技能,在我们平时的教育教学过程中,班级里往往会发生一些难以避免的意外事件。这种事件来得突然,班主任要立即作出反应并妥善处理,就需要对事件本身有一个全面深入的分析和认识,并根据教育学、心理学相关知识,处理好突发事件。突发事件处理得好,对今后班级的管理意义非常重大,反之,将会产生不良的影响和后果。

因此,为了能够科学、有效、迅速地处理班级突发事件,班主任就需要在平时多下功夫,尤其是对一年级的新生,我们可以对班级一般性的突发事件作出预设,有针对地梳理应对策略,帮助一年级学生顺利适应小学学习生活。

一、可能的突发事件

(1)生活自理、身体不适突发事件:没有养成课间及时上厕所的习惯导致尿裤子;早上吃多了造成呕吐;一年级是孩子掉牙期,上课时或课间突然掉牙齿,肚子疼,发热发烧等。

(2)课间休息安全事件:摔倒、磕碰,进行一些存在安全隐患的活动,下雨天淋雨,衣服鞋子被打湿等。

(3)同学相处事件:和本班或其他班的同学产生争执、扭打等。

(4)其他事件:忘带书,忘带作业本,忘带学具,忘带回执单等。

二、按照突发事件的类型,明确处理原则、流程

在一个班级中,突发事件不可避免。如何处理好班级内的突发事件,关系到一个班级的稳定发展,也反映出班主任的管理能力。以下是班主任处理班级突发事件的十个原则。

(一)教育性原则

这是处理突发事件的首要原则。班主任必须抱着教育的目的和心态对待突发事件,本着教育从严、处理从宽、教育全班的原则,既不能一棒子打死,又不能草率行事。公平、公正地对待学生,用科学的态度深入了解调查,从动因分析到全面评估,这样才能达到惩前毖后的目的。

(二)目的性原则

处理突发事件,目的要明确。既不能仅仅就事论事,敷衍搪塞,也不可小题大做,上纲上线。处理后,要让学生从中体会什么是错、什么是对,处理结果要达到教育目的,从根本上治愈学生心灵深处的创伤。

(三)客观性原则

学生之间有很大差异,学生有优点,也有缺点,每个学生的成长环境不同,行为习惯、性格也不同。多站在学生角度思考,坚持客观性的原则,不能受自己"定式思维"的影响,避免处理问题不公。

(四)针对性原则

班主任应该在弄清楚事情的性质后再着手处理。用不同的方法解决不同的问题,要注意事情不同层面的差别和不同个体之间的差异。针对性要强,切不可"眉毛胡子一把抓""一刀切",教育若是太宽泛和针对性不强,就形同虚设。

(五)启发性原则

班主任在处理突发事件时不要一听到或一看到就下结论,一定要留有余地,调动学生接受教育的内驱力,让学生充分认识到自己所犯错误的性质和危害,引导他们依靠自身的积极因素去克服消极因素。

(六)有效性原则

教育的关键在"育",在处理突发事件时,班主任要注意所采取的方法,既不能简单粗暴,也不能主观武断,更不能烦琐而无实际意义。处理或教育重要的是结果,而采取灵活有效的方式,往往事半功倍。

(七)一致性原则

在处理突发事件时,一定要考虑学校、家庭、社会等各方面的因素。各种因素的力量、步调要一致,相互配合。这样对学生形成连续不断的一致性教育,才能达到良好的教育效果。

(八)可接受原则

处理突发事件不可忽视的一点就是当事双方对处理意见或结果能否心悦诚服地接受,不能把处理的意见或结果强加于人,让处理流于形式。要让受教育的对象从内心深处认识到错误,进而改正。

(九)因材施教原则

受教育的对象在各个方面的情况和素质是不同的,处理突发事件时要照顾到学生的个性特点和差异,做到因材施教、因人而异。

(十)冷处理原则

冷处理是对班主任自身而言,在处理突发事件时,我们不能急于表态和下结论,要弄清楚事件的来龙去脉。太过于草率和盲目,往往会使自己陷于被动。保持冷静、公平、宽容、服务的心态,班主任工作会顺利得多。

三、突发事件的后续跟进处理

(一)生活自理、身体不适突发事件

尿裤子、肚子疼等情况:了解学生情况,安顿好学生后→马上与家长沟通→写出门条→核实是否到家(是否到医院)→了解情况进展,适当关怀,并确认返校时间,做好学生返校安排(同时在班上要根据本次事件给予学生正确的引导,不能让学生投以异样的眼光,也要教育孩子合理安排课间活动,身体不适要及时报告给老师)。

(二)课间休息安全事件

不严重:第一时间到场→了解情况→查看伤情→紧急处理→班主任或任课老师送医务室处理→马上和家长交流→总结反思,在班级及时进行预防教育→后续关注(协同家庭教育一起关注)。

注意:一定要了解清楚来龙去脉,再跟家长联系,且必须在放学前和家长沟通此事;如果涉及面部、头部挫伤或者划伤一定要尽早与家长沟通,并要及时拍照记录,留存证据,也要记录在班主任安全日志里。

严重:第一时间到场→了解情况→查看伤情→紧急处理→汇报年级主任→送医院或打120→汇报学校→和家长交流→班主任、年级主任、学校领导看望→处理意见达成一致→总结反思→班主任后续关注。

注意:无论事情发生的前因后果是什么,班主任一定要多站在学生的角度去和家长沟通,多为学生着想。

(三)同学相处事件

1. 班级内部

前期做好问题处理引导→安排安全员→到场分开当事学生→查看是否受伤→分别了解原因(书面材料)→从其他人那里了解情况→分别做当事学生工作→与家长沟通→形成教育合力→处理意见达成一致→班内说明→总结反思→后续关注。

2. 班级之间

第一时间到场→分别带离当事学生→查看学生情况→了解原因(书面材料)→从

其他在场学生那里了解情况→班主任沟通→与级部主任沟通→与家长沟通→形成教育合力→处理意见达成一致→班内说明→总结反思→后续关注。

(四)其他事件

忘带东西对于一年级的学生来说是非常常见、日日会发生的事情。如果是当日急用的物品,及时与家长联系,看能否带来。如果是回执单类的物品,可以让家长在放学接孩子时带来,并让孩子放学及时交到办公室即可。

同时也要单独与孩子沟通,进行鼓励让学生做个人物品的小主人,做合格的小学生。如果做到了,及时肯定、表扬他的进步,让学生学会心中装着自己的事,培养责任感。

四、预防突发事件的策略

未雨绸缪,防患未然。突发事件是无法避免的,班主任遇到突发事件也不要慌张,如何做到从容应对突发事件呢？其实,就是尽可能地在事情发生前做一定的准备。

以上所有突发事件可简单分成两类:安全类和习惯类。

安全类:安全教育日日有,简单却不能减掉。可以根据班级近期的事件和学校的安全教育主题,有针对性地进行每日"安全5分钟"宣讲,可以在下午大课间进行。对好的、文明的课间休息行为毫不吝啬地给予表扬和肯定,这也是对不安全行为的一种提醒。

习惯类:一、二年级是习惯培养的黄金期,也是关键期,一年级是孩子从幼儿园转入小学最重要的过渡期,每个孩子好习惯的程度不同,因此应尽可能地通过树立榜样让孩子模仿学习。比如:文具管理习惯、个人物品收纳整理习惯、课间合理安排习惯、作业记录习惯等。也可以按每1~2月重点培养1~2个习惯的目标,寻找习惯小标兵、习惯突破小先锋等,及时总结,及时表扬。班级氛围积极向上,习惯培养就会事半功倍。

做好班级建设

雍 元

班级是学校最基本的单位等,也是学生学习与生活的大家庭。它对学生的身心发展、人格健全、成绩提升等方面有着极其深刻的影响。我们不仅要重视对班级的管理,更要着眼于对现代班级的建设,这更符合现代教育和未来人才培养的要求。基于此,我们要不断摸索班级形成的特点和规律、运转和发展的方法,根据学校的实际,顺应现代教育的发展趋势,建设现代班级,培养出有理想、有道德、有文化、有纪律的新时代人才。

但是班级学生构成复杂,思想和行为各异,对学习和人生的态度也大不相同,因此班级的建设是一个不小的挑战。如何做好现代班级的建设呢?可从以下六个方面着手建设。

一、班级物质文化建设

班级是家庭,教室是家园,我们要美化我们的家园,让每一面墙壁、每一个角落、每一张桌椅都能"说话",都能"育人"。①教室前面有班务栏、课程表栏、值日栏,黑板右上角设每日格言区,右侧是今日课表。教室内专门开辟班级制度栏、班委会栏、个人操行评定栏、班级荣誉栏;教室后的墙壁有学生作品风采栏、学生目标栏、学校班级活动展专栏;教室后面还有班级照片树、愿望树、班级宣言,还可以设置表扬与批评栏、今日提醒栏。②建立班级图书角,学生每人带1~3本图书,贴上姓名和书签,专人管理;创设书香班级,组织读书会,激励学生多读书、读好书。③绿化班级环境。组织学生带一些小绿植,贴上姓名,自己管理,让教室充满绿意,让生机在此勃发。④医疗应急物资及其他物资准备。

二、班级精神文化建设

班级精神文化是使班级凝聚在一起的核心力和向心力。班主任、班委会组织全班同学一起确定班名、班级口号、班歌、班主任寄语,设计班徽、班旗、班牌,并把这些作为班级对外展示良好精神的元素。同时,要经常组织学生参加各项活动,如学校的运动会、文艺活动、竞赛、军训、观看励志电影等,这些活动可以增强班级的凝聚力,使班级形成励志竞学的风气;通过班会、队会、生活会来关心班级所有学生,表扬表现好的学生，帮助改正不良习气，不断营造积极向上的学习和成长氛围，形成互帮互助、互相关心、互友互谅的同学人际关系。

三、班级组织文化建设

家庭是人生的第一所学校，青少年问题多起源于家庭，显现在学校，危害在社会。家庭、学校、社会以不同的空间和时间占据了青少年的整个生活，任何一方"脱节"或"失控"，都会削弱甚至抵消教育的合力效应。构建"家校社合育"的绿色教育生态体系，是人民群众对优质教育的向往，也是时代的要求。随着现代教育研究的深入，现代班级一般都要有两委会，即班委会、家委会。

班委会要在开学一个月后（这时学生互相之间有所了解，确立之前可由临时班委暂时管理），由班级同学自荐、同学推选，然后经竞聘演说，最后由全班同学投票决定。一般我们设立班长、副班长、学习委员、纪律委员、文艺委员、卫生委员、体育委员、生活委员、小组组长，发放聘书，明确职责，各司其职。班委会要严以律己，以身作则，管理好全班的纪律、卫生、学习和思想，一周总结一次，使整个班级团结一心，积极向上。各成员要接受同学监督和评价，一个学期选举一次。班主任要对班委会做好引导、培训和培养。

家委会视情况而定，未确定时可以以家委会筹备组的形式请有意愿的家长进入群组。家委会一般需要后勤、财务、活动、宣传、课程等委员，明确职责，各司其职。家委会最重要的职责之一是对班级舆论进行正向引导。家委会成员需要明确自己的双重身份，既要代表自己，也要代表全体家长，从大局和整体来思考问题，对班级发展提出建设性建议。

四、班级制度文化建设

"没有规矩，不成方圆。"班级学生来源各异，个性不一，要建设好现代的班级制度文化，首先要让班级学生对班级制度绝对认可。这需要一个班的师生共同制定并遵守该制度。在创建班级制度文化的过程中，班主任和其他教师是组织者、策划者和建议者，真正的设计者和制定者应该是全班的学生，他们才是班级的主人。因此应该由班委会组织全班同学讨论、制定班级各项规章制度，包括《班级公约》《班级管理细则》《班级卫生管理制度》《班委岗位轮换制度》，然后遵照执行。

现代班级的建设，首先是文化的建设。通过文化的建设，让学生不自觉地喜欢这个班级并受到熏陶，从而能在班级中积极向上、健康成长。班级文化是一种无形的力量，具有巨大而长远的影响。

五、打造民主管理机制

班主任要明确一个思想:班级不是班主任的,而是学生的,班级应该由学生自己来管理,要营造民主管理氛围,让学生真正成为班级的主人。魏书生说,凡是老百姓能干的事情,班委不干;凡是普通班委能干的事情,班长不干;凡是班长能干的事情,班主任不干。这就是一种民主管理思想,让学生自己管理,放权下去,调动学生管理的积极性,培养他们的责任心,锻炼他们的能力,他们一定会把班级管理得井井有条。

首先,民主推选班委。由学生进行推选更能赢得学生的配合和支持。因此,先设立班委框架,确定职责,然后由全班同学民主推选班委成员。其次,民主制定班规班训班约。由班委带领全班同学一起制定班级的规章制度和公约,并细化每一条条款,大家签字后共同遵守执行,并建立民主监督系统。班委的工作接受全体同学的监督。同时班级分成几个小组,每组6~8人,人人有分工,人人有事做,互相进行监督。再次,每周召开民主生活会。在生活会上,班委总结本周出勤、学习、纪律、卫生、三操等情况,表扬表现好的同学,也提醒后进(会后要专门帮助和跟进)学生。同时各小组进行评比,形成一种良性的竞争。每一位同学都可发言,就班级事情和同学表现畅所欲言。最后,建立民主沟通渠道。师生之间,同学之间,包括学校与学生之间,都应该是开放的、尊重的、互通的关系,学生可以与同学交流学习或生活习惯问题,可以与教师交流学习方法、态度和内容问题,也可以和校领导交流班级甚至是学校建设问题,人人都是参与者,人人都是管理者。

民主管理机制的打造,是学校和班主任的一种生本思想的体现,是以学生为主人的教育改革,是尊重、关爱,是培养、实践,是引领、成全。

六、形成凝聚力超强的班级

积极组织学生参加和开展各种活动。班主任和班委要积极组织学生参加学校相关活动,如运动会、科技大赛、辩论赛、学科赛、球赛等,同时开展班级故事会、读书会、情景剧、生日会、节日活动、种愿景树、研学、远足等活动,增强学生之间的互动,提升他们为班级争取荣誉的使命感,使他们焕发青春蓬勃的朝气和活力。让学生在活动中愉悦身心,发挥特长,增强主人翁意识,不断增强凝聚力。只有大家有共同的目标,共同的意愿,心往一处想,力往一处使,才能形成一个团队,才能创造"1+1>2"的效果,才能走得更远,创造更大的辉煌。

建造学生心灵的栖居地
——创建和谐的班级文化

李雨花

作为班主任难免会遇到许多琐碎的小事,事虽小却很难处理。对学生大动干戈、声色俱厉反而显得黔驴技穷,毫无威信;苦口婆心、循循善诱有时又显得苍白无力,如此反反复复,自己也感觉到日益沉重且压抑。长此下去,年复一年的班主任工作,势必会变成可怕的"劳役"。所以我试着为自己的教育行为注入理性和艺术的力量,用健康和谐的班级文化感染、引导学生,让自己也能做一个智慧而快乐的班主任。

谈到班级文化,简言之,我认为就是由班主任创建的班级物质和精神氛围。班级文化不是一种刚性的、粗暴的、说教的固定模式,而是一种柔性的、温和的、充满情意的氛围。班级文化的作用往往是潜在的、长期的,而不是一下子就能看出来的,是一种深层次的影响,可能使学生终身受益,也可能终身受损或终身抱憾。

我认为低年级的班级文化建设,重点应该落在养成教育上,即对良好道德品行的培养与良好行为习惯的引导。根据低年级孩子的年龄特点和心理特点,我从以下两个方面进行班级文化的建设。

一、建设优雅的环境文化

生动、形象、优雅的班级文化,具有"桃李不言,下自成蹊"的特点,能使学生在不知不觉中,自然而然地受到暗示、感染和熏陶,给他们的学习和生活增添无穷的乐趣,同时也带来希望和活力。

创建净化、美化、知识化的班级物质环境,要求教室保持干净整洁、窗明几净,物品放置井然有序,逐渐形成"班级就是我的家"的良好氛围。用苏霍姆林斯基的话说就是,无论是种植花草树木,还是悬挂图片标语,或是利用墙报,我们都将从审美的高度深入规划以便挖掘其潜移默化的育人功能。

在教室环境的布置上注重审美效果和实用效果的结合,这样教室环境既优美,又能发挥环境布置的教育作用。

在我们班教室的生物角,都是学生自己栽种的植物,这样一来,不仅美化了教室,锻炼了学生的动手能力,还培养了他们热爱植物的感情。学生通过亲身栽种,体会到了园丁的辛苦,也感受到了劳动、收获后的喜悦。

在教室的文化墙上,设计了体现学生个性化成长的评比栏——"蝴蝶飞呀,飞向梦中的城堡"。表现好就能得到一只漂亮的"小蝴蝶",得到的"蝴蝶"越多,距离"城堡"就越近。学生们对这个评比栏充满了热情,都希望能早一天飞到梦幻的"城堡"中。另外,我设置的栏目还有纪律小标兵,这是由一棵棵小树组成的;卫生小天使——做成一个个可爱的小天使的样子;还有小水滴形状的识字大王、写字大王、数学高手、英语能人、绘画大师、体育健将等。我们班的学生对这些精美的标志都很喜爱,所以他们都积极主动地争取进步。我们班的家长也很激动地告诉我,孩子得到这些小标志后兴奋不已,一回家就迫不及待地把这个消息告诉他们。其实每个孩子都有一颗上进的心,老师应小心地保护他们的自尊心,激励他们不断进步,并创造机会让他们体会成功的喜悦。有了自信,孩子就会自觉地争取更多的成功。

在教室的布置上,我们班不仅有个性化的评比栏,还备有一个书橱,学生们还给书橱起了个可爱的名字叫"毛毛虫书橱"。这个名字带有寓意,即希望孩子们不断吸取知识,像毛毛虫一样,终有一天会破茧成蝶。别看它的个头儿不大,但是里面摆满了学生爱读的各类书籍。他们在课间休息的时候都爱拿上一本心爱的书独自品味,或者和小伙伴们一同分享。书橱也让我们班级充满了书香的气息。

总的来说,低年级的教室文化建设应以快乐为主题,因为只有以学生为本,他们才乐于参与,并能从中获得知识、锻炼能力。

二、建设和谐的精神文化

建设优雅的环境文化,只是为班级穿上了一件漂亮的外衣,班级真正的文化还体现在和谐的精神文化建设上。班级精神文化的灵魂,表现为一个班级的班风、班训。

班风表现了一个班级的整体精神风貌。良好的班风对班级所有成员都有一种心理上的自律和自约作用,它是在班主任的引导下通过全班同学共同和长期的努力,逐步形成的一种精神力量。

班训是班级整体精神、目标的体现,主要是对学生的要求、训导、告诫,注重对学生的文化人格和非智力因素的培养。因为这些素质是人赖以立志、立业的道德基石,如勤奋、诚实,既是校训或班训要求的共同点,又是中华民族文化的传统美德。

记得刚刚担任小学班主任时,我曾因学生不停地告状而感到困扰。他们告状的内容大多数都是鸡毛蒜皮的小事,常常对别人的小错误耿耿于怀,甚至还放大别人的不足,所以在班训中我就提出"欣赏、学习别人的优点"。渐渐地,告状的情况减少了。他们也慢慢学会了用欣赏的眼光去发现别人的长处,并向对方学习。同样,我和学生之间也常常用这种赏识的眼光相互学习。赏识教育让我和学生之间的关系更加亲密、和谐，使我得到更多学生的喜爱和信任。赏识能使孩子走向成功，也使我们的教育走向成功。

学生一旦置身于班级集体的文化氛围之中，他们的思想观念就会潜移默化受到影响，日积月累就会形成一种与班级文化相融合的价值观。

班级文化要充分体现人性和人道主义精神。健康积极的班级文化能发挥"随风潜入夜，润物细无声"的效果。班级文化的建设不是一蹴而就的，我将不断地进行探索。

浅谈小学班主任治班策略

陈 敏

小学班主任工作内容繁杂琐碎,已经是毋庸置疑的事实。工作中,教师几乎是保姆、父母、警察的化身,每天都忙得不可开交。我作为工作量本来就很大的英语老师,要在高质量完成几个班的教学任务的同时,完成班主任的工作,这对我来说这无疑是一项挑战。要想管理好一个班级,若只是凭借一腔热情,是远远不够的,于是在工作中我不断学习、摸索、反思,逐渐形成了自己的治班策略。

一、以智慧管理班级

(一)人人参与班级管理

叶圣陶先生曾说教是为了不教,管是为了不管。除了充分利用班干部的核心管理外,若是能在班级管理中尽量让所有同学参与班级事务,落实"人人有事做,万事有人管",不仅能激发同学们的热情,还能增强班级凝聚力,也能为班主任分担一些压力。所以在我的班上几乎每个人都是小干部,这让每个同学都能感受到自己在班级中的重要地位,从而逐渐培养他们"我是班级小主人"的责任心,增强他们的责任感。班级内除了常规班干部以外,有负责检查红领巾的,有照顾教室花草的,有管电灯、风扇、空调、电脑的,单是负责午餐管理的就有负责打饭的、负责点名的、关窗帘的等多项职务。总之,班上事无巨细,几乎都有学生参与。

(二)设立奖励机制

"不以规矩,不成方圆",制定的班规在最初就一定要落实到位,否则班规将会成为一纸空文。当然班规不能只罚不奖,让人一看就心生逆反。只奖不罚也不行,到了高年级,一些学生可能对奖励持无所谓的态度。所以一定要奖罚皆有且奖罚分明。每周班会课班主任总会留一些时间总结当周班级的情况,该批评的批评,该惩罚的惩罚。班上有一项奖励是最重要的——"班级贡献奖"。此项奖励每期一次,主要有两个加分方面:在无任何人提示的情况下主动为班级做事,完成班级、学校让学生自愿完成的作业或活动。

二、以身作则，以爱为纽带，让孩子家长信任老师

（一）和孩子交朋友

"亲其师，信其道"，学生们喜欢老师，信任老师，能消除师生之间的隔阂。首先以爱为先，用平和的态度、亲切的语气与他们谈话，学生会觉得老师是和母亲一样关爱自己的。教师要与学生交朋友，了解他们的特长、爱好和家庭情况。

在班上，不能要求每个学生都一样优秀，所以我的教育理念一直都是"努力成为最好的自己"。因此无论是成绩还是常规事务，我对每个学生的要求都有一定的差别，但我一定会要求每个学生在自己的能力范围内把该做的事做到最好。由于我评价学生都是纵向比较，只要他们和自己比有进步就会得到肯定，所以学生们在我面前不会有太大压力，反而听话懂事，也愿意听我的教导，和我交流谈心。

（二）和家长真诚交流

我们要真诚地与家长沟通交流，让家长充分感觉到教师是真心地为学生成长和发展着想，对学生有爱心和责任感。班主任要尊重学生家长，摆正自己的位置，在交流学生在校事宜时，既要客观描述，更要站在家长角度为学生着想，家长若感受到你的真诚，也会更愿意与你真心交流。家长与教师一样都是学生健康成长的引路人，都肩负着教育好他们的重任，教师与家长加强联系，目的是一致的。家长与教师之间不存在地位的高低之分，教师与家长若能够相互信任，相互激励，则可以营造出友好、愉悦和互相合作的气氛。所以教师要以真诚与平等的态度对待学生家长，取得他们的信任，争取他们最好的配合，共同探讨对学生的最佳教育方法，以达到共同的教育目的。

班主任工作繁多，如何在工作中化繁为简，提高效率，这需要他们多学习、多总结，用教育的智慧来建设一个班风良好的集体，并利用身边所有的教育力量形成对学生的教育合力。

提升班级管理的有效性

唐宏梅

诺贝尔物理学奖得主卡皮查在发表获奖感言时曾经指出，他不是在什么大学，而是在幼儿园学到了他认为最重要的东西。他告诉人们把自己的东西分一半给小伙伴们；不是自己的东西不要拿；东西要放整齐；吃饭前要洗手；做错事要表示歉意；要仔细观察周围的大自然。从根本上说，我学到的全部东西就是这些。这段话用最朴素的语言给予了我们深刻的启迪。这位科学家所说的都是一些最基本的东西——是人们从小就应该养成的品德、态度和习惯，无论是学校还是家庭都不应该忽视这些"最重要的东西"。从教二十多年，以前很多高年级老师抱怨高年级的学生难教、难管，心气浮躁，上课不守纪律，不尊重老师，打架、骂人、厌学，好像所有恶习他们身上都有。可我现在听到的不仅仅是高年级老师的抱怨，各种难管的学生身上表现出的各种"意想不到"的陋习在中低年级的学生身上也愈来愈明显：学生以自我为中心，缺乏规则意识；同学间容易产生矛盾，缺乏宽容、大度的精神；珍视集体荣誉、把集体放在第一的观念非常淡薄，不是自己丢的垃圾坚决不捡，做错了事，只要没有直接证据就坚决不承认错误……。老师的权威正受到前所未有的挑战。我现在正从事三年级教学和班主任工作，综上所述，我明显感觉到了孩子们的这些变化，心里有隐隐的担忧，班里的孩子到了高年级该怎么管理？我的内心不由得产生了这个困惑。时代在变，家长受教育程度在变，对孩子的家庭教育方式也在发生变化，自然，我们的孩子展现出来的个性也在变。这些变化有正面的、积极的一面，但同时在变化的过程中必然会产生这样那样的"不适"，在我们老师看来，这些变化让孩子变得不是那么"听话顺从"，还给我们的教育增加了种种障碍。一方面我们抱怨，另一方面这也逼着我们去走近他们，了解他们，学习新的管理方法，提升自己的管理能力。相信只要"对症下药"，"花儿"会开得和以前一样灿烂！下面就我在二十多年的班主任工作中的一些管理心得浅谈一下个人的认识和看法。

如今孩子所处的时代是一个高速发展、经济繁荣的时代，他们的父母大多数是"80后"或者"90后"，受过高等教育：从知识层面上看，他们获得知识的渠道非常多，获得的信息量大；从观念上看，他们对前沿、创新的东西接受度也非常高。因此他们的孩子自然也会个性突出，不人云亦云，坚持己见。面对这一切，作为老师，尤其是我们这些年龄稍长的老师，若抱着固有的、守旧的教育方法，自然就会有很多不适应，也难免会产生种种抱怨。那怎么办？如何应对？这是摆在我们教育工作者面前的一大课题。我认为可从以下几方面做起。

一、与时俱进，提升管理能力

提升能力，不是一蹴而就的。我们可以从以下几个方面提升自我。

（一）做一个阅读型老师

读"经典"可以积累教育智慧，读"榜样"可以汲取精神力量，读"学生"可以获取源头之水。

（二）做一个紧跟时代的老师

我们有大把的存储起来的管理经验，但可能有些所谓的"经验"用在现在的孩子身上已经不起作用了，那我们也不能因循守旧。我们可以走近孩子，了解他们所喜欢的游戏、明星，了解他们现在唱什么歌曲，跳什么舞蹈。正所谓心灵靠近了，共同语言就会多起来，获得的真实的第一手资料也会变多，这对于我们及时调整管理方式大有裨益。

（三）做一个勇于尝试的老师

正所谓"实践出真知"，把所学所看所感用于我们平时的教育教学中，在实际运用中发现问题，总结经验教训，这对我们的管理能力的提高也颇有益处。

二、宽严结合，民主治理班级

虽然时代在变，家长在变，孩子在变，但我认为"立德树人"这个教育任务和方向不会变，因此作为老师，尤其是班主任，我们依然应该坚守教育底线和原则，对学生严格管理，严格要求。但"严"并不意味着严酷，"严"还必须建立在法治的基础上。每学期，我都要和学生一起制定一些规章制度细则。大的方面，依据校规制定班规，做到"有法治班"；小的方面，诸如课前准备时书本摆放的位置、教室桌椅如何摆放、清洁用具绝不允许乱丢在墙角、起立时不能东倒西歪、向老师问好不要拖拖拉拉、周末必须剪指甲等，对细节都有相关要求。涉及班级的每一个细微之处，都有"明文规定"。一旦违反，绝不姑息迁就。特别是开学之初，哪怕是牺牲几节课不上，也要加大力度培养学生良好的习惯，这会省很多事。我曾经专门用一节课训练学生的坐姿和起立姿势，也曾经专门抽出时间向他们示范清洁用具和桌椅的摆放方法。同样，学生违反了规定，还应给予他们适当的处罚，让他们知道哪些能做，哪些不能做。当然，在这个过程中，绝不能感情用事，对学生干部和普通学生、对优秀生和后进生不能区别对待，而应一视同仁。在我眼中，学生再怎样优秀，违反了班规班纪就该受到处罚。有些学生面子观念重，自尊心强，可能心里对处罚并不服气，所以私下里老师还必须做好被处罚学生的思想工作，使其正确认识错误，正确看待老师对他的教育，当然也包括提出自己的申诉意见或者陈述不为老师所知的委屈。这样严中带宽,收放自如,在循序渐进的培养过程中,学生的良好习惯也一天天养成了。一切走上正轨,大家也其乐融融。到今日,我常常为学生能拥有自觉剪指甲、捡碎纸片、时时注意桌椅是否摆放整齐、自觉做好课前准备等好习惯而骄傲。

三、实施自我管理,培养管理能力

魏书生认为"管是为了不管",要充分发挥学生在教育管理中的主体作用,做到"管放集合"。班级常规管理是一项整体的育人工程,把学生的积极因素调动起来,才能形成合力,共同构筑学生自我管理机制。因此,在构建学生自我管理体制时,可设置多种岗位让每一个学生都有机会上岗"施政",有服务同学、锻炼自己、表现自己、提高自己的机会。当然,根据班级的实际和学校的要求以及学生年龄的变化,班规的具体内容每学期应及时地做出适当的调整,使班规跟上学生、班级的变化,引导学生的行为和品德向更高的层次发展,促使学生通过自我教育、自我调整而不断成长。

(一)建立中队干部值日制和岗位体验制

每天有两名中队干部值勤,班中的事由他们全权负责。学生按座号依次进行岗位体验,负责检查当天的卫生、纪律,督促每一位同学做好分内的事。他们在工作上相互协调,相互监督,极大地提高了主动性,这使他们的自我管理能力得到了加强,也使班级凝聚力更强了。

(二)事事落实到人

明确每名学生在班级中的位置和责任,使学生体会到自身的价值和尊严。要调动每一名学生的积极性,就要使每一名学生都可以在班级中找到自己合适的位置,承担一项具体的工作,人人都为集体做贡献,人人都意识到自己是班集体中不可缺少的一员。我在班级管理中建立起了一套"事事有人干,人人有事干"的制度,它包括"班队干部管理制度""岗位体验制度""承包责任制度",各项任务包括图书管理、灯具管理等。我班的邹同学,他是一个普通学生,在我没让他负责管理班级灯具之前,我发现,几乎每一次上室外课,他都会有意识地去观察教室的灯具是否关好,从来没让我操心。当然,在表扬他之后,越来越多的学生都抢着这样干了,周同学、小白同学负责每天中午借阅图书管理。他们收发有序,把一本一本的书放得整整齐齐,可负责了!我班的大白同学有时有点调皮,我让他和另外一名沉稳的同学参与班级和学校安全管理,由于肩负"重任",在参与过程中,大白同学也明白了哪些该做,哪些做不得。可以说他是在管理别人的同时提高自我管理能力的典范。毕竟是孩子,"自管"和"他管"过程中会犯各种的错误,我会默默观察,与他们探讨管理方法,让他们一天天成长起来。这种广泛的参与过程,使学生在集体中找到自己的"位置",觉察到自己和集体的利益所在,从而形成责任意识。

　　班主任们,该放手就放手吧!别对学生不放心,他们比我们想象的能干!管大放小,管主放次,经常给自己的心灵放放假,可能在不经意间,学生的很多能力、习惯就都培养起来了。

四、建立竞争机制,形成竞争氛围

　　参与竞争是学生提高心理素质、增长才能的重要途径。在现代社会,我们更应增强学生的竞争意识,培养学生的自尊心、自信心和耐挫力。这样,才能使学生将来适应社会的发展。因此,我在班级中建立了竞争机制,营造了良性竞争氛围。

(一)人人都有一个竞争对手

　　每个学生自己找一名水平相当的对手,和他比学习、比行为、比体育等。一旦超越,及时更换竞争对手,并且老师要时时提醒学生什么是良性竞争。长此以往,班级优等生更优,后进学生也不甘落后,奋起直追,班级形成浓烈的竞争氛围。

(二)组组都有一个追击目标

　　除了个人竞赛,我还在班上组织"一帮一、一盯一""最佳表现小组""富有挑战小组""最佳合作小组"等比赛,每月分别对得分最高小组、竞争最激烈小组、最为团结小组的进行奖励,鼓励其他小组都朝这个方向发展,并帮助尚需努力的小组。通过竞争,班级中形成了一种互相监督、互相帮助、你追我赶的氛围,这样不仅充分发挥了学生的主体作用,还促进学生和谐、生动、活泼地发展。

五、抓典型,树榜样

　　榜样的力量是无穷的,利用身边的正面和反面的典型教育学生,极具震撼力。可将学校提出的、年级学生中出现的典型,作为案例讲给学生听,时时提醒他们要具有换位意识和安全意识。我班的黄同学,在学生心中,肯定是他们学习的榜样,她虽家庭非常困难,但理解父母、体谅父母,总是以最优异的学习成绩回报父母。我经常给他们讲黄同学是怎样乐观对待生活、怎样在家里为父母分担忧愁的,学生在了解同学的家庭情况的同时,也从他们身上学到了许多美好的品质,同时还用实际行动对身边困难的同学伸出了援助之手。

　　学生良好行为习惯的养成不是一朝一夕的事,需要一个漫长的过程,需要教师付出努力,付出艰辛。通过以上的尝试,我有效调动了他们的积极性,学生学有方向,赶有目标。有了良好的习惯,我相信他们能平稳过渡,去迎接人生新的挑战。今后我在班主任的岗位上,也会继续用心地去读懂他们,提升自己的管理水平,进行有效且高效的班级管理。

"双减"背景下小学班主任德育实践初探

杜阆南

一、引言

随着当前时代的不断变迁以及科技的迅速发展,综合国力的竞争也逐渐成为智力、人才以及教育的竞争。特别是在教育改革不断深入的今天,德育已经提上了教育改造工作的日程。秉承着以人为本的"双减"理念,我们不断地改革创新教育机制,培养全能人才,让学生能够全身心地投入到学习和爱好中,更加独立自主地安排日常的学习。作为班主任,我们更要对"双减"背景下的小学德育工作进行一系列的分析和研究,有序地开展教学工作和落实教学任务,培养德智体美劳全面发展的时代新少年。

二、班主任开展德育工作的重要意义

(一)满足发展需要

小学教育所涉及的小学生人群,在生理方面仍然处于不断成长的阶段,身体的各个机能还没有发育成熟,大脑皮层仍然处于旺盛的代谢期,自身的发展能力迅速增强,但对外界的抵抗能力仍然较差,心理状态在很大程度上也还未能趋于稳定。因此,基于学生记忆、想象、情感等特点,根据学生自身的实际情况以及他们情感的实际需求,班主任应合理地对学生的学习、生活、习惯作出相应的评价,在德育工作中帮助学生形成良好的性格、思维逻辑以及意志观念。

(二)维护教学秩序

"双减"政策推动德育工作持续向好发展,因此为了达到这个目标,学校应该通过营造良好的秩序和纪律环境,来保证班级规章制度的正常运行,确保学生能够得到相应的成长和发展。学校可通过奖惩来约束学生、激励学生、促进学生健康成长,确保学校的教育管理工作有序开展,使学校的教学秩序能够得到充分的维护。

(三)健全师生关系

班主任开展德育工作的举措要让学生们接受并且理解,学生能够因此受到激励、改正自身错误,从而进一步形成足够信任的师生关系。这个过程,有利于培养教师和学生的情感,让学生得到充分的尊重和关怀,也能够让教师树立更强的责任心,保证教师的教育权,同时实现学生健康成长的再突破。

三、小学班主任德育工作的举措和做法

(一)坚持一个合作,搭建家校合作的沟通桥梁

在学生的培养过程中,家长应加强对子女的教育培养。家长要给予学生更多的关爱,在教育他们好好读书、好好学习的过程中,更要教育他们如何做人,如何树立正确的人生观和价值观,塑造出更具有个性的品质。班主任要以家长和学生的需求为服务导向,通过电话、微信或者座谈会等沟通方式,了解学生的情况和家长对学生的督导情况,实时地了解学生和家长内心的真实想法,并且结合得到的信息和资料,做相应的教育教学内容的安排。特别是考虑到个别学生会存在特殊问题,班主任更要积极开展心理疏导工作,给予学生更多的关心爱护。

(二)突出两个认识,指引教学育人的工作方向

1. 明确观念认识

小学阶段是基础教育的阶段,教师要明确培养人、塑造人和形成人的正确的教育观念。教师应将学生的知识增长、能力进步作为标准,结合价值观和道德品质,提升对德育工作的认识程度。

2. 倡导个性认识

德育应注意松弛有度。在规范学生行为的同时,也要让学生感受到人性关怀,使学生能够个性化地、健康地成长。让学生们能够从潜意识里意识到求同存异、和而不同在自身成长中的意义所在。而教师作为教育工作的引领者、组织者和参与者,更应该铭记"双减"政策的基本理念,引导学生不断地实现自我发展,丰富自我内涵、充分地展示出道德教育对学生成长的重要意义。

(三)推进三个提升课堂,打造全面开展的德育课堂

1. 丰富教学内容

教师要以开放的思维、开阔的视野重新审视当前"双减"工作开展的新局面,严格按照准则和具体标准的要求,依据学生的实际情况,贯彻落实各项教学任务,对教学课程进行科学的设计。教师可以通过课堂教学、校本课程和特色课程实现知识的传授,也可以通过多种形式的竞赛、志愿活动、主题研学等满足学生的个性化需求,激发其学习兴趣,增强其自信心和自豪感,让教育更具有时代气息。学生体验到学习的乐趣,加深对知识的理解,形成团结的精神,通过实际发生的事情来更好地培养自身的能力,形成不可估量的学习动力,从而体现"双减"发挥的实际效果。

2.提升评价指标

多元化的评价意义非凡,它可以全方面、多角度对学校的工作进行衡量和考核。这对于学生的激励和塑造,具有关键作用,也为教学质量的提升和教学事业的改革带来助力。无论是学校、家庭,还是学生个人,都应该建立起多元的教育模式。教育在尊重个体独特性的同时,也要按照一视同仁的原则,不设置多重的标准,注重事实依据,不随意怀疑任何对象,根据具体化的惩罚和奖励举措,结合公平正义的程序和流程,确保学生得到公平、公正的评价,实现学生自觉性的提高,以此来满足学生成长的需要。

3.提升素质素养

小学班主任是德育工作的直接组织者、实施者和管理者,因此,要树立正确的德育观念、改变教育模式。加强德育知识学习,形成合理的知识结构。提高德育教育能力,实现德育教育目标,培养学生优良品质,从而促进学生全面和谐的发展。

四、结论

新形势下德育工作虽然取得了一定的成绩,但不可否认的是仍然存在着需要完善的内容和事项。我们需要不断加快改革的步伐,在发展的道路上,强化学生的教育工作,更好地传达出相应的基础理论,夯实发展的实践根基,充分地显示出教育工作的优势以及长处。特别是在当前时代的高要求下,更要围绕"双减"政策的教育精髓开展相应的教育活动,增强学生自身的自信心和自豪感,充分地发挥出德育工作在小学教学中的实际效应。

德育先行
——小学高年级德育教育策略

陈 敏

一、引言

小学高年级正是儿童期向青春期过渡的关键时期,该阶段学生处于心理发展的骤变期,他们的自我意识、独立意识迅速发展。现在信息技术不断发展,电子产品逐渐地融入人们的生活学习中,很多学生对电子产品也很痴迷。网络上存在的一些不良风气会给学生的价值观和人生观带来一定的负面影响。因此,在小学阶段开展德育教育工作非常关键。教师在实际的教育教学过程中不但应该重视基础知识的传授,还应该重视对学生进行思想道德方面的渗透。要在实际的教学过程中以"德育先行"为教学理念,将德育教育渗透在学生学校生活的方方面面。

二、小学高年级德育教育策略

(一)优化激励策略

激励策略的制定和实施会对教师的德育起到非常重要的作用。小学教师在对高年级的学生进行德育教育时,一定要结合学生的实际需求,积极地对自己的教育理念和教育方式进行调整、创新和优化。首先,制定好班规。班规一旦制定就一定要落实到位。班规要科学可行,既不能只罚不奖,让人一看就心生逆反,也不能只奖不罚,因为高年级的一部分学生无论对什么奖励都持无所谓的态度。所以一定要奖罚皆有且奖罚分明。其次,每周班会课我总会留一些时间总结当周班级情况,该批评的批评,该惩罚的惩罚。还在班上设置了一项最为重要、奖励也最为丰厚的"班级贡献奖",每期一次。此项奖励主要有两个加分方向:在无任何人提示的情况下主动为班级做事,完成班级、学校让学生自愿完成的作业或活动。学生在这样的激励下,会更加关注集体,更加积极地参与班级建设。这种激励策略可不断增强学生的集体荣誉感和班级凝聚力。

在教学中也可以实行加分制,比如给课堂上积极回答问题的学生加一分,在凑够十分后教师就可以给学生一些小礼物作为奖品,或者是减少学生的一部分作业,通过这种方式有效地激发学生的学习兴趣,进而激励学生更加积极主动地回答问题。这样既能提高教学质量,又能顺利地在课堂教学中渗透德育知识。

(二)对待所有学生要一视同仁

由于每个学生的学习情况和表现情况是存在差异的,所以小学教师在对高年级学生进行教育教学时要因材施教,但在教育过程中对所有学生要一视同仁,避免出现差别对待的情况,影响教育效果。这个阶段的学生自尊心较强,教师在教育过程中一定要宽容地对待学生,避免在学生情绪不稳定的时候对其进行严厉的批评,要结合学生的实际情况合理地进行正确的引导,帮助学生树立正确的人生观和价值观。这样才会使教育更有效,避免因教育不当使学生出现逆反心理,有助于培养学生良好的思想品德,进而使学生能够健康快乐地学习和成长,为学生今后的学习和发展打下好的基础。

(三)加强与学生的交流,建立良好的师生关系

目前,在实际教育教学过程中少数教师依旧受传统教学观念的影响,认为自己的地位要高于学生,在学生面前应保持威严的形象,但这样的形象可能会使学生比较惧怕教师,很多时候都不敢与教师进行交流,这样一来,对学生的一些问题,教师就不能及时发现并对其进行合理的引导。因此要想避免这种情况的出现,教师就应该积极地打破陈旧的教育教学理念,加强和学生之间的互动和沟通,以朋友的身份与学生相处,这样学生才会对教师敞开心扉,遇到问题才可能首先想到寻求教师的帮助。进而教师才能更了解学生在学习或者生活中遇到的问题,然后正确地引导学生,并且更有针对性地制定德育教育方案,更好地传输正确的思想道德,使学生的个人素养也能不断地提升,这样学生在日后的学习和生活中才更加顺利。

"亲其师,信其道",学生喜欢老师,信任老师,才能消除师生之间的隔阂。首先以爱为基础,用平和的态度、亲切的语气与他们谈话,学生会觉得老师是和母亲一样关爱自己的。其次与他们交朋友,了解他们的特长、爱好和家庭情况。最后还要与家长联系,掌握学生的性格特征,有针对性地对学生进行教育。

(四)分层教学,引导学生做好自己

由于每个学生都是一个独立的个体,对知识的接受能力和思想道德意识都是存在一定差异的,所以我的教育理念一直都是"让学生成为最好的自己"。因此在班规之外,我对每个学生的要求都有一定的差别,但我会要求每个学生在自己的能力范围内一定把该做的事做到最好。比如在开展德育教育时,教师可以设置几个不同的任务,引导学生结合自己的实际情况选择自己要完成的任务,这样能够使班级整体教育教学质量都得到提升,使所有学生的德育素质都得到提高。这样还能将德育教育的作用充分地展现出来,使学生在学习过程中形成正确的思想品质和价值观。由于我评价学生时都是进行纵向比较,只要他们与自己比有进步我就会给予肯定,所以他们

在我面前也不会有太大压力,反而听话懂事,也愿意听我的教导,和我交流谈心。在教学方面,教师要想在教学过程中使教学的效果不断地提升,渗透的德育教育效果越来越好,应该结合学生的实际情况选择分层教学法进行教学,将班级学生科学地分层,然后给不同层次的学生制定不同的要求和目标,但是在这个过程中一定要避免让学生感到自己被区别对待,打击学生的自信心。总之,教师要用自己的教育智慧,在学校生活的各个方面渗透德育教育,让学生健康成长,全面发展。

三、结语

随着新课标的发布与实施,教育教学对小学教师的要求也逐渐增多,要求小学教师在进行教学的同时重视对学生渗透德育教育,培养学生的综合素质。因此教师要想顺利地实现这个教学目标,就应该在教学过程中积极地打破陈旧的教学观念,并且对自己的教学方式进行创新和优化。通过多种教学方式对学生开展德育教育,这样才能够有效地增强学生的学习兴趣,让学生更加积极主动地学习,使课堂的教学质量和教学效率得到提高。因此提升学生的个人综合素质,将小学阶段开展德育教育工作的作用充分地展现出来,可为学生日后的学习和发展打下一定的基础。

"乐群梧桐　幸福人生"

——幸福育人理念下的班级管理

雍　元　唐　欢

自教书以来，我一直努力探索让学生觉得幸福的班级管理模式。这个想法最初源自一本书的启发——《幸福教育的样子》。我一直推崇幸福教育，努力追求苏霍姆林斯基所说的教育的恒久性和终极性价值，那就是让每一个从自己手里培养出来的人都能幸福地度过一生。

我的班级有38个"小梧桐"娃娃，其中男孩24个，女孩14个。他们像一片森林，几朵红花，恰如梧桐繁茂的枝叶，充满生机与活力，而我愿吾生如梧桐，永远充满蓬勃的生命力，高大挺拔于丛林之中。班上还有5个孩子身体上存在一些特殊情况，正因如此，我们班的孩子更需要学会在群体中友爱互助。基于幸福教育的主张，我将自己的班级管理育人理念表达为三句话：养成习惯成就幸福人生，树立理想奠基幸福未来，学会共处走向幸福远方。

理念是行动的先导，目标是努力的方向。2020年接手这个班级后，在了解班情的基础上，我采纳科任老师和学生的意见，确立了班级发展的近期、中期、长期目标，开启了我们的幸福之旅。（近期目标：抓好常规，做班级主人。中期目标：争当优秀，做学校表率。长期目标：奋力前进，创幸福班级。）

实践中，我围绕幸福教育的终极价值着力探索主题育人方式。以"吾爱吾班，我们在一起；和而不同，我们不一样；敢想敢试，我们一定行"为主题，将习惯养成教育、理想信念教育、人际交往教育融合在班集体的管理中。

一、吾爱吾班，我们在一起

《三国志》中有这样一句话："和羹之美，在于合异。"汤羹的美味，在于味道间的调和，由此可见，"合"的意义与价值。要让新组建班级的学生趋同合异，攥指成拳，我们要尝试用好三"力"。

第一，同心协力，打造班级名片。班级文化是班级的灵魂。以生为本，班级合照由学生手绘而成。班徽又是文化内涵的外化，能潜移默化地影响学生的精神世界。

2020级(5)班35个孩子在寒假自主设计班徽,并附创意解说,全员优化完善后形成了最终的班徽(如图2-5)。这个班徽体现了班风,并从构图、色系等角度彰显了学生的精神追求、家园情怀和未来意识。在此基础上,我们规划设计了诸如班级加油牌、班级积分手册、每日评分手册、班级奖品、班级公约儿歌、班级兑换券、班服等一张张班级名片(如图2-6~图2-12)。

图2-5 锦城小学2020级5班——班徽

图2-6 锦城小学2020级5班——加油牌

(a) 积分手册封面

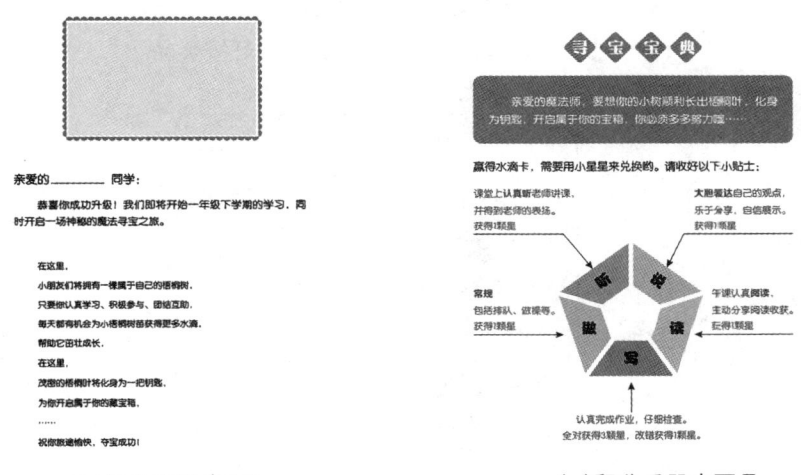

(b) 积分手册内页Ⅰ　　　　　　　　(c) 积分手册内页Ⅱ

图2-7　锦城小学2020级5班——班级积分手册

图2-8　锦城小学2020级5班——每日评分手册

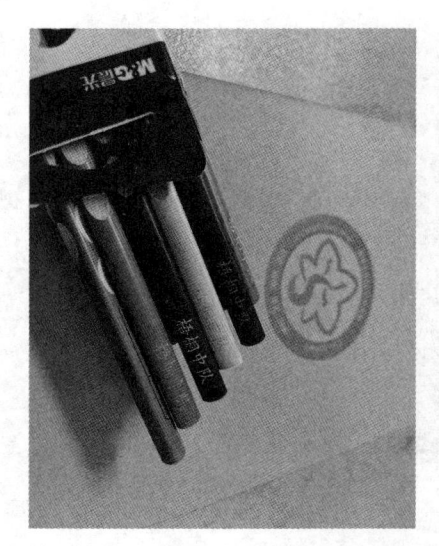

图2-9　锦城小学2020级5班——班级奖品

图2-10　锦城小学2020级5班——班级公约儿歌

图2-11　锦城小学2020级5班——班级兑换券071

正面　　　　　　　　反面

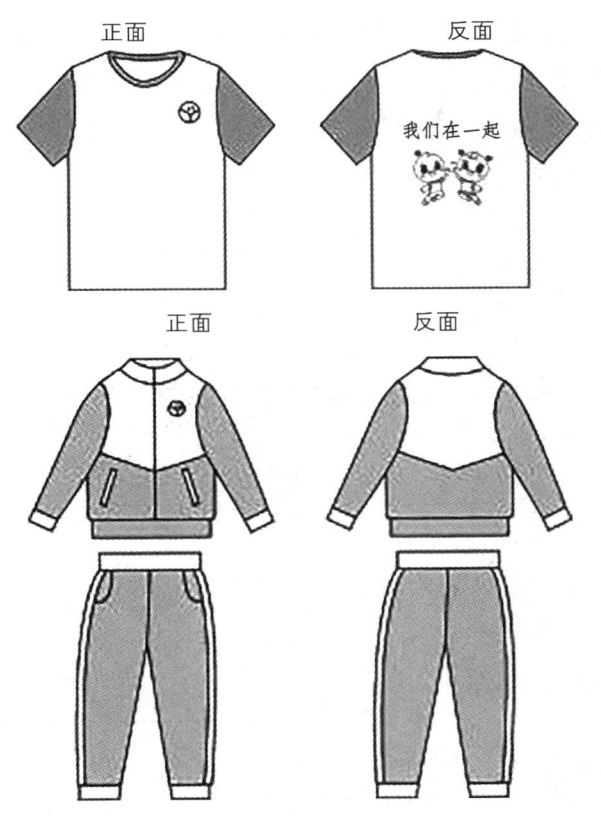

正面　　　　　　　　反面

图2-12　锦城小学2020级5班——班服

第二,群策群力,拟定班级制度。在初步选拔班干部后,组织学生按流程制定常规管理公约。小组就各自负责的板块拟写、解读、完善、表决(民主投票),班干部各司其职,如图2-13所示。为了强化学生"人人是班级管理者"的主人翁意识,公约先经集体讨论再定稿发布。学生集体讨论拟定的公约,有助于学生个体行为态度的转变。常规公约拟定后就是进行细化和落实,2021年,(5)班的班级管理将形成更加具体的分工,如图2-14所示,从而实现班级时时有人管,事事有人管,人人有事做,事事有人做的工作局面。同时,班主任还要做好每日点评小结,经常召开班委座谈会,阅读班级日志,培训班干部,以便及时发现问题、解决问题。

第三,凝心聚力,点亮信念之灯。习近平总书记在2018年9月召开的全国教育大会上强调:"要在坚定理想信念上下功夫。"[1]2016年,习近平总书记在庆祝中国共产党成立95周年大会中引用:"志不立,天下无可成之事。"[2]主题班会作为开展德育工作的重要形式,具有导向作用,能促进学生的自我教育。该学年,我依托学校"乐群"教育

---

[1] 新华社:《习近平:坚持中国特色社会主义教育发展道路培养德智体美劳全面发展的社会主义建设者和接班人》,2018年9月11日。
[2] 学习时报:《习近平:志不立,天下无可成之事》,2016年7月2日。

思想，根据学生成长中遇到的问题，围绕"乐群"设计了"你好，同学""对不起，同学""一起来，同学""同学，你真棒！"系列主题班会。后期，我打算立足"四格""幸福"构想设计两个系列的主题班会。（"四格"即品格、体格、人格、语格，培养诚中、形外、慧心、秀言的乐群儿童）（如图2-15）

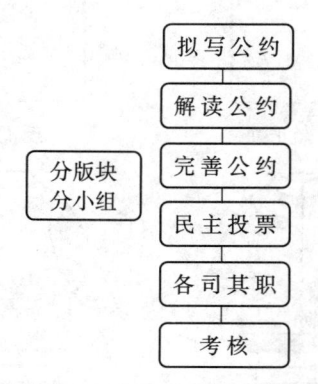

图2-13　分组拟定班级制度

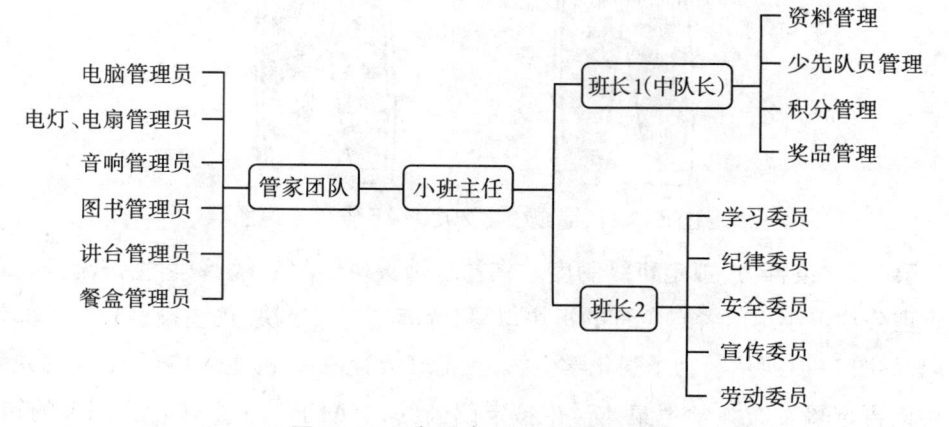

图2-14　班委会分工思维导图

● 乐群

"你好，同学"
引导学生，明确同学含义。
"对不起，同学"
引导学生，面对交际问题。
"一起来，同学"
引导学生，乐于交往。
"同学，你真棒！"
引导学生，欣赏同伴，悦纳自己。

● 四格

诚中——诚实守信
形外——强健体魄
慧心——传承美德
秀言——乐于表达

● 幸福

潜心学习，成长之幸福
和谐共处，友谊之幸福
积极奋进，奋斗之幸福
求实创新，创造之幸福

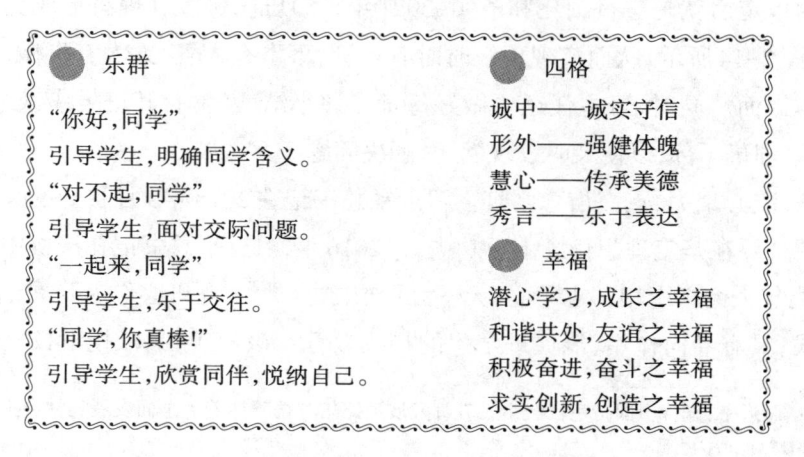

图2-15　锦城小学2020级5班——班本课程

二、和而不同，我们不一样

幸福的教育应该各美其美，美人之美。孩子们能够自信地欣赏自己创造的美，懂得包容地欣赏别人创造的美，将自身之美和他人之美融合在一起，以实现美美与共的幸福教育。实践中，我全力利用好德育的三个阵地（环境阵地、活动阵地、课程阵地）。马克思说：人创造环境，同时环境也创造人。除了利用好文化墙、图书角、植物角这些环境阵地，我还用上了学生最感兴趣的电脑桌面，上学期，我把学生作品设置为电脑桌面壁纸，学生很高兴。这学期开学，我又设置了一条励志语作为壁纸，如图2-16所示。往后遇到合适的图片我都会将其设为桌面壁纸，内容涉及习惯养成、理想信念教育等方面，有时会根据特殊主题日或节日进行调整。电脑桌面的功能很强大，我充分发挥这小小荧屏的作用，让孩子们各美其美，成为幸福的主角。

图2-16 锦城小学2020级5班——教室电脑桌面壁纸

根据《中小学德育工作指南》的要求，在带班过程中我重视并利用活动阵地，鼓励学生在活动中打造自己的高光时刻，由点到面，树立自信，让孩子拥有幸福的成就感。重大节庆日、主题日的学校活动，丰富的研学活动、科技活动、学科互动、运动会、"世界民俗博览会"、美食节等，让学生能够在各类活动中学会做人，学会做事，学会学习，学会共处。

德育不是班主任的独角戏，每个学科都有其独特的育人价值。在学科德育的基础上，班主任还要整合学科资源和家长资源，开发班本课程，实现协同育人。本学期，我尝试设计了"我是小小演说家"课程，如图2-17（a）所示，多方联动的劳动教育课程，"我的精神颜值树"礼仪课程，如图2-17（b）所示，美丽、美力体育活动课程，幸福系列课程"潜心学习，成长之幸福""和谐共处，友谊之幸福""积极奋进，奋斗之幸福""求实创新，创造之幸福"等都在构思当中。最终通过环境、活动、课程三个阵地，实现校园生活的全方位育人。

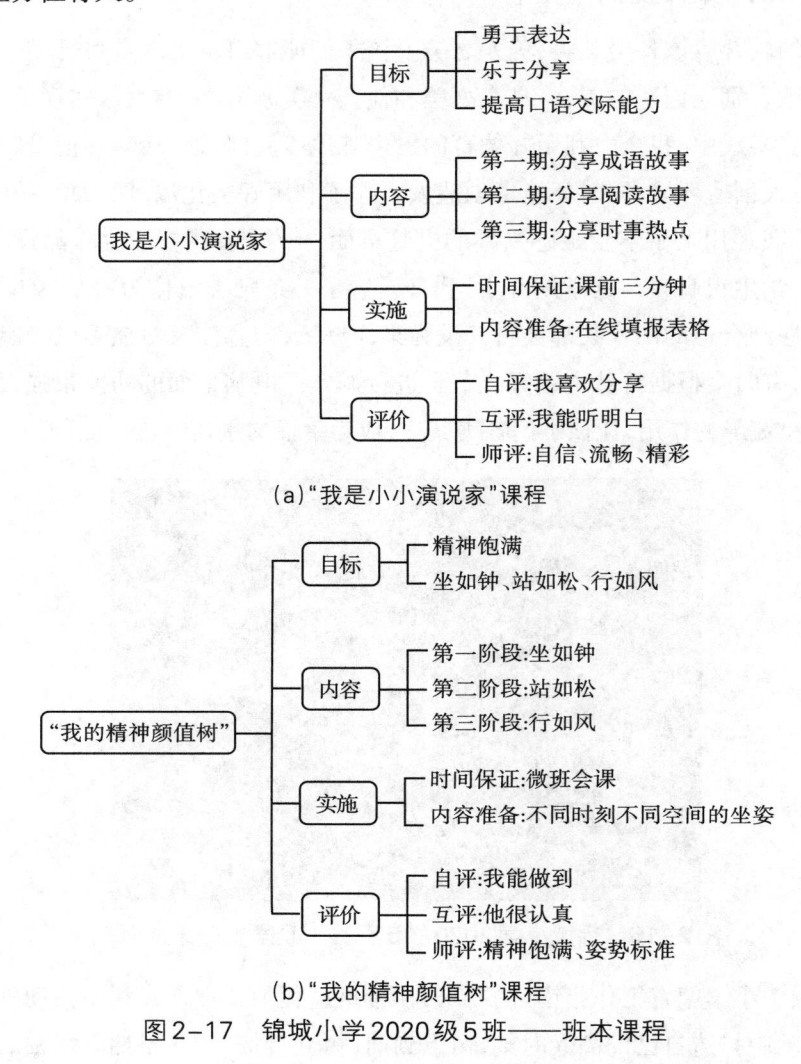

```
                  ┌─ 目标 ─┬─ 勇于表达
                  │         ├─ 乐于分享
                  │         └─ 提高口语交际能力
                  │
                  ├─ 内容 ─┬─ 第一期:分享成语故事
                  │         ├─ 第二期:分享阅读故事
我是小小演说家 ──┤         └─ 第三期:分享时事热点
                  │
                  ├─ 实施 ─┬─ 时间保证:课前三分钟
                  │         └─ 内容准备:在线填报表格
                  │
                  └─ 评价 ─┬─ 自评:我喜欢分享
                            ├─ 互评:我能听明白
                            └─ 师评:自信、流畅、精彩
```

(a)"我是小小演说家"课程

```
                    ┌─ 目标 ─┬─ 精神饱满
                    │         └─ 坐如钟、站如松、行如风
                    │
                    ├─ 内容 ─┬─ 第一阶段:坐如钟
                    │         ├─ 第二阶段:站如松
"我的精神颜值树" ──┤         └─ 第三阶段:行如风
                    │
                    ├─ 实施 ─┬─ 时间保证:微班会课
                    │         └─ 内容准备:不同时刻不同空间的坐姿
                    │
                    └─ 评价 ─┬─ 自评:我能做到
                              ├─ 互评:他很认真
                              └─ 师评:精神饱满、姿势标准
```

(b)"我的精神颜值树"课程

图 2-17　锦城小学2020级5班——班本课程

三、敢想敢试,我们一定行

　　幸福的教育还应该能成人之美。宋代朱熹对"成"作出这样的解释:"成者,诱掖奖劝,以成其事也。"作为学生的精神关怀者,我们要有成人之美的情怀,立己达人,关心学生的内心世界,关心他们的发展需求,关心他们的精神成长,让他们追求至善的道德生活、美美与共的境界。实践中,我倡导陶行知先生的理念,教会学生做自己的主人,将孩子的现在和未来勾连起来,鼓励他们做班级管理的主人,做美德涵养的主人。

　　班级管理中,我尽量放手让学生自己解决能够解决的问题,一年来,在自主管理中,学生的能量一次次刷新了我的认知。他们用新鲜的晨读创意激活校园清晨;他们通过设置自习课堂状态栏将自习课管理得井然有序；他们动员组织家长参与班级活动。但放手的前提是班主任要始终在线，因此后期我打算设置班级心语信箱，及时了解班情，让学生更有主动性、针对性。美好德行的养成是终身幸福的根基。班主任应该成为学生健康成长的引路人，成为塑造学生品格的大先生，做学生为学、为事、为人的榜样，用人格魅力和道德情感这两道最美丽的光环，照耀每个孩子，而不是大水漫灌地说教。幸福的人生是可以预约的。教育是引领学生幸福成长的艺术。陪伴孩子成长，我期待把时间流成幸福的河，这幸福不仅是此刻的享受，还是持续发展的过程。不仅要让孩子享受幸福，还要引导孩子创造幸福，传递幸福，走出自己的幸福之路，成就自己的幸福人生。

班主任处理学生冲突的技巧

冯朝群

一、平时防范,制度先行

(一)制定班级规章制度

一个班级要正常运行,规章制度非常重要,它是班级管理的根本大法,是班级运行的根本保障。要减少学生冲突,班主任须制定简单易行的班规,但没有必要把学生容易做到的事都写进班规。班规一定要简而精,使学生都能记住。最理想的状态是学生不违规,若有违规,一定要说清楚处理方法。

学生彼此之间最容易因为言语不和产生冲突,然后进一步导致肢体冲突。为了减少学生之间的冲突,我制定了"三不"班规:①不骂脏话;②不发生肢体冲突;③不撒谎。这样简单的三条班规,学生、家长都能记住,若有违反,一定严格参照学校违纪处分条例严肃处理。若违反其他班规,通常是批评教育,不会动用学校违纪处分条例。

(二)畅通师生信息渠道

班主任应教育班上的学生要在发生冲突的第一时间就找班主任汇报,若班主任不在,要及时找副班主任汇报,若副班主任不在,就找离得最近的任一老师寻求帮助,总之,需要告诉学生有任何异常情况要第一时间找老师汇报。这样班主任才能在第一时间掌握学生冲突的第一手资料,准确摸排冲突原因,若需要家长配合处理,则应及时联系家长。

(三)构建良好的家校联系通道

若学生在学校外面有了冲突,或者因多种原因班主任没有在第一时间了解到事情的经过,学生回到家里把情况告知家长,班主任必须在家长会之前与家长达成共识。学生家长有任何情况都应及时联系班主任,而不是在班级微信群里质问老师或对方家长,不能越级向学校学生发展中心或者校级领导反映,更不能在朋友圈发布或向媒体透露信息。我们要防止家长借助媒体的舆论力量倒逼学校从有利于自己一方的角度处理学生冲突问题。

班主任要理解家长担心学生在学校受到不公正待遇的心情,因此要随时保持家校联系通道畅通,要及时接家长的电话,回复家长的手机短信或微信消息。若不能在第一时间接电话或者回复信息,事后一定要说明原因。

二、现场化解,勇者运筹帷幄

(一)不搞"态度挂帅"

学生之间起冲突的时候,常常顶撞询问或干预的老师,很没礼貌,有时近于蛮横。老师出于自尊或者碍于面子,有可能不顾一切地想要压倒学生的冲突气焰,打击学生的恶劣态度,这种心情是完全可以理解的,但是这会转移教师的注意力,让教师就很难冷静地调查问题和分析问题,也会在学生面前失去威信。不得已,只好由第三方(学生发展中心或校长)出面解决。这种"态度挂帅"的思路容易让教师后续再次介入冲突处理时陷入被动。

(二)把握冲突规律

一般来说,学生冲突都会经历三个阶段:一是语言冲突,这是冲突的起点,如果这时教师能够敏锐发现,及时处理,很多冲突都是可以避免的;二是轻微肢体冲撞,这是矛盾激化的明显信号,这时候教师应及时介入;三是有目的地伤害,这是怨恨已久,且有蓄谋的行为,如果稍不注意,后果不堪设想。因此,教师应密切关注学生冲突,及时化解冲突。

(三)全面了解冲突的经过

学生之间有了冲突,班主任一定要第一时间全面了解事情的经过,可以采取以下三步:

①不要偏信单方面的说辞,学生或家长都是从自己的角度说话;
②找第三者(班委干部或旁观者)调查情况;
③必要时要求双方当事人如实把情况写下来,也可要求旁观第三者公正地写下情况说明,避免学生或家长事后推翻已有的说辞。

为了避免学生将已有的说辞推翻,学生写完情况说明之后,特别是学生进入高年级以后,我会要求学生做出承诺:若以上写的情况说明有任何隐瞒或撒谎的情况,将接受怎样的处罚(如帮助班级做卫生或当值日生,或者当着全班同学公开检讨,或者自己请家长到学校交流等)。这样就不至于因为学生后续推翻说辞而陷入被动局面。

(四)找准冲突双方的过错要点

处理学生的冲突一般要把握以下要点:①找准过错在先的一方;②找准过错严重

的一方;③找准只说对方过错的一方;④找准涉嫌撒谎的一方。

(五)安慰要动之以情

学生起冲突,一般受伤一方的学生或家长往往感到很委屈,这时老师一定要站在感到委屈方的角度共情处理。动之以情安慰学生,安抚家长,让过错一方的学生进行赔礼道歉,过错严重者,必须态度诚恳鞠躬三次,体现老师对弱势一方的人文关怀,处理问题公平公正。

三、后续教育,恒者贵在坚持

(一)提供发泄平台

学生之间发生冲突,不管起因如何,双方可能都有委屈要诉说和发泄,或者有某些"愿望"没有得到满足。这时,可以让他们仔细地说出或者写出他们的想法与需求、内心的委屈……利用各种表达方式引导学生从自身找原因,找对方的优点,并让他们彼此沟通交流、倾吐感受,矛盾往往就能被消除了。

(二)检讨要作出保证

找准了冲突双方的过错点,接下来批评时就不会冤枉学生了。但批评应到位,说出学生的过错点,让学生充分认识到自己过错的原因,达到入木三分的效果。学生检讨要作出保证,说明以后再犯将如何处理,并接受大家的监督。

(三)监督要落实到位

学生间起冲突时,老师介入处理不能完全消除矛盾,后续一定要加强监督管理,不定期找学生了解情况,要看冲突双方私底下是否还有矛盾,是否还有冲突的可能。有些学生有了第一次被老师教育或批评的教训经历后,以后可能违反班规更隐蔽了,比如骂脏话、欺负同学等,因此后续的监督管理一定要落实到位,发挥集体的力量监督过错方是否说到做到。

(四)冲突双方的学生及家长要握手言和

在调停冲突之后,班主任切不可简单地认为风波已平息,问题已解决,还应该采取一些补救措施,以消除双方情感上的隔阂。如在编排座位时,让他们坐在一起,给他们更多接触的机会;课堂提问时,让他们共答一个问题,相互补充;打扫卫生时,把他们分在一组,让他们共同完成。通过共同参与各种活动,最后双方和解。

(五)思想教育,贵在引导

冲突发生后,都会不同程度地影响全体学生。因此,班主任要利用冲突事件对全体学生进行教育,要引导他们从全局的角度对自身的行为给予评判,并思考解决问题的最佳方案和手段。这样既有利于班级稳定,也可以消解冲突带来的负面影响。学生在不断地思考与判断中,会不自觉地设身处地对照、检查自己和他人的行为,增强对真善美、假恶丑的理解和认知。这样做有利于日后班级建设的稳定性。

四、家校调解,仁者公平公正

(一)让家长坐下说话

学生彼此有冲突,不代表家长有过错,班主任请家长到学校交流并解决学生的问题时,一定要尊重家长,平等对待冲突双方的家长,让家长坐下来说话。我见过班主任请家长到办公室交流学生的情况,交流时,自己坐着家长一直站着。我估计家长会感觉自己是犯了错误来接受老师教育的,导致以后不愿意到学校的结果。

如果办公室有多余的椅子,我一定让家长坐下交流;若办公室实在没有多余的椅子,我会与家长一起站着交流。在人格上尊重家长、平等交流时,这样家长会更乐意接受我们的一些建议,达到良好的家校沟通的目的,大幅度减少学生冲突现象。

(二)学生、家长及老师共同交流

学生起了冲突,学生、家长和老师要一起坐下来共同交流、沟通。班主任作为第三方先简要叙述冲突的经过,陈述哪一方过错在先,哪一方过错更严重,然后询问学生看是否有陈述有误的地方。在学生确认无误后,肯定学生或者家长做得好的方面,同时要教学生吃一堑,长一智,以后遇到类似的情况选择正确的处理方法。批评学生严而有格,尊重学生的人格,做到公平公正,不偏袒任何一方。尤其是家长做得不好的地方也要严肃地指出来,不要怨气连天,更不能轻视鄙夷家长没有教好学生。

(三)灵活执行学校的规章制度

学校的规章制度是刚性的,学生违反了班规校纪,理论上老师要按照班规校纪严肃处理学生,平常要把这些"利剑"高悬在学生头上,让学生对班规校纪有敬畏感。但真正落地需要谨慎,学生年龄小、心智不成熟,可能非常害怕受处分。特别是初犯的学生,还有被迫卷入冲突的学生,老师一定要宽容对待学生,必须给学生讲明白,这次的宽容并不代表学生的行为是正确的,如再犯一定会严肃处理,让学生体会到老师的仁爱,学会感恩学校和老师,心存感恩之心的学生会听从老师的教育,教育效果会非常好。

但是老师也不能一味宽容。每带一届班级,我都会主动到学生发展中心申请给起冲突的严重过错方给予处分。同时要争取家长的配合,让家长明白处分的含义,单

方面给家长说清楚,给予处分不是目的,目的是教育学生成长,不要在错误的道路上越走越远。

我也曾遇到过一些家长,一味把过错归结到对方身上,若是遇到这样的家长,一定要软硬兼施,依据学校的规章制度,有理有据,给予有严重过错的学生合理的处分,既做到公平公正,又可以在班上警示其余学生。

总之,老师只要公平公正处理问题,一定会赢得冲突双方的理解与尊重。

五、减少冲突,智者防患于未然

以上讲到的处理学生冲突的技巧仅算是下策或中策,优秀的老师一定要考虑上策,以下是一些上策建议。

(一)全力以赴带领学生前进

把问题生晾在一边,全力以赴带领全体同学前进,不去刻意关注和教育问题学生,这是上策。这种思路最能体现教师工作的专业色彩——教师主要是一个教育者,而不是一个管理者。这种办法对教师的教育水平要求很高,也最有利于提高教师的教育教学水平。教师不要有"一粒老鼠坏了一锅汤"的想法,应该看到班级主流,把班级整体舆论导向调整在正确的方向上,全力以赴带领全体学生前进,这是减少冲突现象的上上策。

(二)引导家长关注学生品格的培养

做事先做人,做人先修德,古人云:"天行健,君子以自强不息;地势坤,君子以厚德载物。"未来社会不需要无良的专家专才,而需要具备良好品格并能与他人合作的人。品格可以决定一个人未来事业的方向和成就,品格和成功有着密不可分的关系。人们通常喜欢和具有良好品格的人交往,良好的品格就是通行证。

班主任要引导家长关注学生品格的发展,这是学生以后立足社会的根本,不要只关注学生的学习成绩。家长可以从以下角度关注或引导学生品格的发展:善良、诚信、勇敢、自制、孝敬、感恩、乐观、宽容、守法、惜时、自立、公正、节俭等。家长若能做好以上工作,我坚信学生在学校的冲突现象会大幅度减少。

(三)给容易起冲突的学生把准脉

容易起冲突的学生身上或多或少存在一些问题,教师要善于寻找这类学生产生问题的根源。一般来说,行为习惯上有问题的学生的特点是"懒惰",有厌学倾向问题的学生的特点是"懈怠",心理比较消极的学生的特点是"古怪"……教师要把握不同类型学生的特质,找到与他们相处的方法。

教育行为习惯有问题的学生时,教师应该像个耐心的长辈;教育有厌学倾向问题的学生时,教师应该像个科研人员、学习问题专家;教育心理上有问题的学生时,教师应该像个心理医生;教育在品行上三观不正的学生时,教师应该像个足智多谋的谋士。班主任学会给容易起冲突的学生把准脉,有针对性地采取措施,冲突发生的次数会大幅度减少。

当然,没有一个办法可以彻底解决学生的所有冲突问题,哲学上有这样一句话,如果某个办法能解决一切问题。那么它肯定什么问题也解决不了。我想这句话有一定道理,如果某种药包治百病,差不多就可以肯定,这东西实在不是药。因此班主任还要与时俱进,不断学习,不断进取,学会具体问题具体分析,形成自己独到的行之有效的处理冲突问题的技巧。

赏识教育在小学班主任工作中的作用

钟 群

人的教育,起源于家庭,塑造于学校,实践于社会。学生在家庭教育中,学习和模仿家人的言行,养成基本的生活习惯;在学校教育中,塑造人格,树立三观。学校教育是人一生中所受教育最重要的组成部分,从某种意义上讲,决定着一个人社会化的水平和性质,是个体社会化的重要基地。随着教育改革的不断深入,其对教师也提出了更多、更高的要求,班主任作为重要的教育工作者也在不断地寻求能够适应时代和学生发展的有效的教育方法。优秀的教育方法不仅可以从教育学的角度对学生的教育发展起到促进推动作用,还可以从心理层面关注人的核心发展、人格基础发展及未来全面发展。小学中低段的学生,往往都会以父母和教师为榜样,学习和模仿两者的言行,在言行和道德判断上也以两者的判断为参考。因此在小学学校教育中,教师的评价往往会影响学生的言行。基于上述学生心理发展特征,赏识教育逐渐走进我们的教育视野,走进我们的课堂教学和班级管理中。

一、赏识教育

美国著名心理学家罗伯·罗森塔尔和雷诺尔·贾克布森曾做过一个实验,他们进入一所学校,随机从花名册上选取一部分学生,并告知老师这些学生都非常优秀。老师们对这些学生积极引导,恰当评价,使学生的自信心倍增。一段时间之后,这些学生的学习成绩显著提高,取得了出乎意料的教育效果。这就是著名的皮克马利翁效应,也称为罗森塔尔效应。这项研究的研究者解释说,学生之所以能够取得出人意料的进步,主要是因为教师给予了其高度的重视、期待。这一良好效应的产生源于教师对学生的尊重、鼓励、赞扬、信任,甚至是更高的人格期待。这为赏识教育提供了丰富的理论基础。我国教育专著《礼记·学记》中说过:"教也者,长善而救其者失也。"《左传·襄公十四年》中也说过:"善则赏之,过则匡之。"这里的"赏",就是赞赏、表扬的意思。

"赏识"作为一种教育概念,最早出现在德国著名教育学家卡尔·威特的《卡尔·威特的教育》一书中。将其系统地应用在教育教学理论中,并形成完整教育方法的则是我国的周弘先生。我国著名教育家周弘在《赏识你的孩子》一书中谈到,赏识教育就像教孩子说话走路的一种教育,承认孩子的差异,允许孩子失败,宽容对待孩子的表现,无论孩子做得怎样,都给予鼓励,在宽容和鼓励中让孩子学会说话和走路。赏识教育不只是鼓励和表扬,还有批评和挫折,在给足孩子爱的前提下,不断修正孩子的方向,让孩子能承受挫折,追求幸福快乐的人生。"赏识"在《现代汉语词典(第7版)》中的解释是"认识到别人的才能或作品的价值而予以重视或赞扬"。赏识是源自心里的内在动力,是对别人的肯定、赞赏。赏识是言语、动作,或是神情、眼神等表现出的发自内心地对别人的正向评价。

二、赏识教育的作用

(一)正向引导学生行为,培养学生行为习惯

赏识教育倡导多鼓励、多表扬学生,在正面的评价中给予学生具体的行为步骤指导。合理地运用赏识教育,能正向引导学生行为,帮助学生调整行为,培养良好的行为习惯,尤其在学生犯错和产生困惑的时候特别有效。班主任在带班前期,还未充分地了解学生性格,建立和执行一些规则时容易遇到阻碍。如当学生犯错时,教师惩罚学生,容易引起学生的抗拒心理和逃避行为,如果鼓励学生积极承担错误或者鼓励积极改正的学生,就能给抗拒和逃避的学生提供一种行为指南,学生为了能得到老师的赞赏,就会慢慢地改正自己的行为。心理学中有一个术语是"赞赏效应",即指当你对一个人的价值进行肯定时,对方会怀着一种潜在的快乐的心情满足你对他的期待。表扬学生的良好行为,不仅能促进该生行为发展,还能带动班级的其他学生学习和模仿良好的行为习惯,从而使整个班级的行为习惯得到发展。

(二)促进学生心理发展,增强学生自信心

儿童天生是弱小的,无论身体还是心理都是如此。因此,他们天生需要被认可和被支持。尤其是在儿童早期,儿童会把父母和老师的认可或赞许当作他们寻找的主要目标。赞赏学生能让学生获得满足感,如果在班级或者人多的环境中表扬学生,还能增强学生的班级荣誉感。学生被表扬后,能感受到自己是被关注的,被需要的。这样的心理建设能让学生强化自己良好的行为,进一步发展认知,从而促进学生心理健康发展。教师表扬学生后,能让学生相信自己和认同自己,从而增强学生的自信心。

(三)激发学生潜能,促进学生全面发展

性格外向的学生,赞赏能加深该生对自己的认同,能强化该生的正面行为;性格内向的学生,赞赏能促进该生表达自己,引导该生发现自己的不足之处。教师的赏识会让学生有更加广阔的思维空间,且有利于学生人格的发展和个性的张扬,能够不断地促进学生朝着自己理想的方向发展下去。俗话说:"良言一句三冬暖,恶语伤人六月寒。"针对学生出现的问题和能力不足的方面,老师多鼓励和赞赏,才能激发学生的

兴趣,调动学生的积极性。在有兴趣的前提下,学生做事才更积极,因此赏识教育能促进学生弥补自己的不足,引导学生全面发展。

(四)促进班级良好沟通,建立良好的师生关系

面对赞赏和鼓励,学生能更容易接受他人的意见,积极地调整自己的行为。当学生犯错后,教师首先鼓励他勇于承担错误,再用委婉的语言指出孩子的不足,最后给出行为建议,孩子在放松的环境中能容易接受。赞赏和鼓励能帮助学生放松心理,从而营造良好的沟通氛围;教师的赞赏也能让学生感到被关注和被尊重,从而培养良好的师生关系。

三、在小学班主任工作中如何运用赏识教育

(一)在班级中树立赏识教育理念

无规矩不成方圆,在班级管理中要运用好赏识教育,就要给班级营造赏识的氛围。班主任在管理班级的时候,多运用赏识教育,学生自然而然地就会学习和模仿教师的行为;针对班干部的管理和培养,班主任也应鼓励班委运用赏识教育,自上而下贯彻赏识教育的理念。

(二)真诚表扬,慎用批评

赏识教育不仅是鼓励和表扬学生,还包括对学生进行批评和挫折教育。没有人不喜欢客观公正、真心诚意的赞扬,儿童尤其喜欢。教师的赞扬对学生起着积极的强化作用:每当教师的赞许行为减少时,学生课堂的破坏行为就会增加;当教师的斥责行为增加时,破坏行为增加最为显著。赞扬,是对行为的肯定,可满足学生自尊的愿望,能激发他们的学习动机。在真实的情境下,鼓励和赞赏孩子做得好的行为,从孩子具体的行为出发,给孩子细化的行为反馈。赞扬要善用,批评则要慎用、少用。批评会让孩子害怕犯错,从而压制孩子的创造性思维。塞利格曼认为,过度批评会给孩子造成内疚和羞辱感,不利于孩子改正错误。批评时要注意以下三点:一是批评时,以不伤害儿童自尊为底线;二是批评要及时;三是批评要具体,提倡采取乐观委婉的批评方式。如指出孩子的不足时,采用"你要是……就更好了"的语言来引导孩子改正。

(三)尊重差异,合理运用赏识教育

因人而异,进行赏识。俗话说:"十个手指有长短,人无完人。"教师在评价学生时要做到承认差异,正视学生个体的差异,因材施教。教师首先要了解学生,深入地认识学生,这样才能根据孩子不同的性格实施不同的教育方法。面对不同的学生,赏识

教育的度就有不同：针对外向、粗心、性子急的学生，教师应多采用客观的评价，不过分夸奖，以培养学生的耐心为主；针对内向、缺乏自信的学生，教师则要多鼓励和表扬，以调动学生的积极性，激发学生的潜力。

（四）家校共育

除了在学校班级中运用赏识教育，班主任还应抓住家长会和平时沟通的时机，引导家长赏识孩子，及时赞美和鼓励孩子，保证学校和家庭同步进行赏识教育。环境对学生影响是很重要的，如果学生在家庭和学校中接受的是不同的教育方式和理念，学生则要调整自己的状态，这在无形中给孩子增加了适应的难度和困惑。家校携手，理念一致，才能更好地保障学生的成长，促进学生更好地进步。

2001年教育部指定出版的《素质教育观念学习提要》书中指出，每一个儿童都希望自己是成功者，都期望着收获肯定和赞美。美国心理学家戴维·奥苏贝尔的附属驱力相关理论更是明确指出，在儿童早期，他们主要寻找的东西，就是家长和老师的认可和赞许。赏识学生就是班主任通过对学生的观察和了解，进而认识学生，发现学生的才能，激发学生的潜能，并给予肯定和赞赏，以激励学生树立自信，促进学生主动积极地发展，有利于学生创新精神的培养。赏识教育是面向全体学生的教育，是能引导学生积极向上、得到正向反馈的教育，是能鼓励学生全面发展、注重培养学生自信心的教育。教育，从赏识学生开始！

小学生责任感的培养

宋海燕

受到应试教育制度的影响,部分人会过多地关注学生的成绩而忽视了对其品德和责任感的培养。小学生对事物的认识不够全面,因此需要教师积极的引导,才能形成正确的世界观、人生观、价值观。我们要通过潜移默化的影响,让他们明白责任的重要性,让他们明白一个人来到这个世界上,就要对自己、他人、家庭、国家负责,这样才能彰显自身的价值。

一、小学生责任感的培养意义

(一)人生影响

小学是教育的初级阶段,对学生来讲非常重要,这个时期内必须养成良好的习惯,为以后的学习打下坚实的基础,这就是对自己负责的表现。知道在特定的时期内应该做的事情,这样才让学生有更好的发展轨道,有效避免了不利因素对学生的诱导。一个成功人士会积极承担起自身的责任,用高标准来严格要求自己,将来才能在社会上更好地立足。所以小学生责任感的培养是非常重要的,这决定了他们的发展前景,教育者必须非常重视并制定切实有效的教育策略。

(二)更好地学习

学生的主要任务就是完成学业,用充足的知识来丰富自己,不断提升精神世界的高度。更好地学习需要先明确目标,制订有效的学习计划,不断克服过程中的困难,才能实现自我突破。取得优异的成绩不仅是对自己负责,更是对教师和家长负责,同时要感谢他们的谆谆教诲。责任感会让人充满前进的动力,以更加饱满的热情和充沛的精力投入学习中,明确自己当前的主要任务,同时也培养他们敢于挑战、奋发向上、不怕困难的品质。

(三)形成优秀的品德

学习文化知识固然重要,但是也要重视学生的品德修养,这样才能实现更好的发展。例如一些学生的成绩优秀,但是却自私自利,很难与其他同学和谐相处,如果不及时改正这种行为,一旦步入社会就会很可能违反道德规范,误入歧途,甚至触碰法律的红线。所以要让他们对自身的品德负责,做一名合格的小学生,严格规范约束自己的行为,不好的事情坚决不做。要利用榜样的作用,让大家向他们看齐,逐渐营造出良好的道德氛围,让学生在互相学习中共同进步,从而提高道德品质修养。

二、小学生缺乏责任感的原因

(一)不明白责任是什么

很多学生都不知道读书的目的是什么,只是简单、机械地完成教师安排的任务,没有理解学习的重要意义。基于这种情况,他们不会认真读书,即使成绩不好也不会过多在意,在思想观念上没有形成正确的认识。此阶段的学生认为家长和教师可以满足自己的一切要求,而且这一切都是理所应当的,长此以往他们根本不知道责任是什么,养成了"衣来伸手饭来张口"的习惯,而这会对孩子的成长造成不良的影响。很多事情他们都不会主动去做,而是依靠别人的力量来完成,这十分不利于形成健全的人格。

(二)缺乏责任担当

小学一般都是六年制教育,随着时间的推移,学生对责任有了更深的了解,开始明白自己所要承担的责任,但是在日常生活中的表现难令人满意。例如上课忘带书本,就说是妈妈忘了给自己装进书包,将责任推给别人;与别人发生矛盾的时候,即使是自己的错也不会主动道歉。这些现象都说明了学生没有责任担当,总是想办法推卸自己的责任,慢慢地就会养成不好的习惯,觉得自己做什么都是对的,主观思想上不想去承担责任。

(三)狭隘的责任意识

学生对责任的认识不够全面,只停留在固定的范围内。例如有的学生只帮助和自己关系好的同学,对于不熟的人根本不会理睬,觉得和自己没有关系;还有人把自己的个人卫生整理得特别好,但是却在公共场所乱扔垃圾,觉得自己这样做并没有什么错误,无形之中就形成了思维定式,没有从整体去考虑问题。这些行为都是自身狭隘的责任意识导致的,只关心自己身边的人和事,没有用发展的眼光去看待问题,只停留在浅显的层面,造成了责任意识的偏差。

(四)家长的溺爱

目前大部分的小学生都是家里的独生子女,享受着最好的物质资源,即使犯错了家长也不会刻意地批评。例如学生之间的打架问题,不管谁对谁错家长都一味地护着自己孩子,长时间下去孩子就会养成蛮横、不讲理的性格,无论什么时候都是"以我为大"。

在这样的成长环境中,孩子缺乏基本的是非观念,完全凭借自己的主观意志去做事,如果不及时地纠正,将来会造成严重的后果。当孩子认为不用为自己犯的错误负责,慢慢地就会变本加厉,完全忽视规章制度,严重的可能会走向违法犯罪的道路。

(五)教育的偏差

就目前的情况来看,在课程设置方面,文化课基本占据了绝大部分时间,虽然小学设有思想品德教育课,但是课堂上教师讲得不够深入,学生的理解还停留在文字层面。这可能让学生形成只要成绩好,道德品质和责任感并不重要的认知。这种错误的认知不利于健全人格的形成,使学生缺乏立足社会的基本素养,将来很难适应社会发展的需要。

(六)教师很难有效管理

俗话说得好——严师出高徒,但是这种方式已经不符合当今教育的需要。当下教育强调要尊重学生的个人权益,所以教师管理学生非常困难。学生犯错教师只能讲道理,如果采用体罚的方式可能会引起家长的不满,所以在管理的时候就会束手束脚。而说服教育的效果有时并不是很好,长此以往学生就会不以为意,在没有约束的情况下就会更加肆无忌惮,这样更加谈不上道德品质和责任感的培养。

三、小学生责任感的培养方法

(一)健全独立自主人格

小学生在生活和学习中的每一点进步都值得肯定,例如系鞋带、做家务、给父母倒水等都是很好的表现。教师要用发展的眼光去看待学生,及时地表扬、鼓励他们,有助于他们养成良好的习惯,树立自信,从而实现更大的进步。只有树立起自信心,他们才能承担更多的责任,从而意识到自己应该做更多的事情,逐渐感受到成功的喜悦。相反,如果一个孩子很少得到他人的夸赞,那么潜意识里就会觉得自己没用,得不到同学、教师的重视,那么他就很难积极地面对身边的人和事。所以教师要善于发现学生身上的优点,这样才能促进他们独立自主人格的形成。

(二)加深自我认识

大部分学生自我认识不足,没有明确自己的角色定位,所以要引导他们了解个人在家庭、学校、社会中的责任,同时体会责任带来的幸福。例如父母在日常生活中对学生的帮助;教师辛苦地工作,传授丰富的知识;国家颁布的优惠教育政策等,都能让学生感受到爱与关怀。所以学生怀有一颗感恩的心,才更加发奋图强地学习,回报社会。明白他们并不仅仅是为了自己而活着,同时需要对很多人负责,只有自己不断地强大才有能力去担当起这些责任。自我认识在小学时期是非常重要的,可以帮助他们明确自己未来发展的方向,这样内心才会充满学习的动力,朝着目标前进。

(三)树立正确的世界观、人生观、价值观

小学生处于世界观、人生观、价值观形成的初期,所以班主任必须非常重视,并做好正确的引导工作。要培养学生适应社会的能力,使其拥有高度的责任感,可以让他们参加一些实践来锻炼。例如通过植树节活动树立起他们的环保意识,提醒他们不能随意地破坏一草一木,要携起手来共同构建我们的绿色家园;帮助敬老院的爷爷奶奶打扫卫生从而传输"孝"的意识。学校是弘扬社会主义核心价值观的重要场所,学生担负着继承中华传统美德的责任,所以教师一定要很好地将教育工作落实下去,让学生成长为新一代有见识、有担当的社会主义优秀公民。

(四)发挥家庭教育的作用

父母是孩子的第一任老师,所以家庭教育对一个人的影响非常大,父母要在日常生活中言传身教。孩子的生活方式、道德品质、行为举止都有父母的影子,所以父母一定要起到良好的榜样示范作用。要注意的是不能溺爱孩子,犯错误要采用适当的方式进行批评,起到良好的教育作用,让孩子保证下次不会再犯。发现孩子身上有不好的习惯时要及时纠正,这样才能促进他们道德品质的进一步完善。在日常的学习生活中也要帮助他们形成良好的道德修养,告诉孩子看到别的同学有困难要伸出援助之手,从而形成团结友爱的品质。

(五)实行责任教育

学校应该开设专门的课程对学生实行责任教育,逐渐增强学生自身的责任意识。教师讲解的时候语言一定要生动形象,这样比较容易理解,同时鼓励他们在生活中去锻炼。例如今天轮到自己值日,就要把黑板擦干净、讲桌收拾整齐等,要时刻提醒自己要做的事情,这看似平常的活动对学生责任感的培养有巨大的作用。责任教育并不是简单说说,要将效果落到实处,在实践活动中培养起来,这样才能真正起到教育的作用。另外要坚持从学生的实际情况出发,不断创新优化策略,更好地推进责任教育。

(六)提高教师素质

因为学生明辨是非的能力不足,没有形成较为成熟的思维方式,所以其责任感的形成在很大程度上需要教师的引导。文化课知识的学习固然重要,但是道德品质的

培养也是必不可少的,所以要实现二者的协调发展。对犯错的学生,要采用合理的手段进行教育,既不能伤害他们的自尊心,又要有很好的教育意义。每个学生的家庭条件、成长环境、学习能力都是不一样的,所以教师要尊重他们的个体差异,采用因材施教的方法,有效提升整体的责任感意识。

综上所述,培养小学生的责任感需要家庭、学校各方面的共同努力,使他们从小树立起正确的世界观、人生观、价值观。责任意识不是一朝一夕就能形成的,需要漫长的积累,要不断地引导才能达到预期的效果。要始终坚持学生的主体地位,把他们的情感体验放在第一位,积极创新教学方式从而制定符合他们自身情况的策略,让他们成长为新时代需要的人才,为社会发展作出自己的贡献。

树立理想信念，领航多彩童年

刘青霞　宋海燕

习近平总书记在党的二十大报告中强调"加强理想信念教育"，指出大力发展社会主义先进文化，加强理想信念教育，传承中华文明，促进物的全面丰富和人的全面发展，还指出坚持不懈用习近平新时代中国特色社会主义思想凝心铸魂……加强理想信念教育，引导全党牢记党的宗旨，解决好世界观、人生观、价值观这个总开关问题，自觉做共产主义远大理想和中国特色社会主义共同理想的坚定信仰者和忠实实践者。①学校要创造良好的理想信念教育环境，引导学生扣好人生的第一粒"扣子"，从小坚定不移听党话、跟党走，刻苦学习，树立理想，增长本领，努力实现德智体美劳全面发展，立志肩负起民族复兴的时代重任。我校深入分析小学理想信念教育存在的问题，结合新时代的形势特征，秉承"儿童是教育的唯一中心"这一教育思想，遵循儿童身心发展、学习认知的规律，尊重学生的主体性，充分发挥学生的主动性，明确小学理想信念教育的目标，丰富理想信念教育载体，创新理想信念教育形式，拓宽理想信念教育渠道，构建符合学生成长规律和思想特点的理想信念教育。

一、主要问题

（一）师资队伍有待持续加强建设

教师是落实立德树人根本任务的重要角色，是切实利用好小学理想信念教育校园阵地、发挥课堂教学作用的指导者。新时代要求教师坚持以实际行动加强社会主义核心价值观的引领，以广博的学识、丰富的阅历和经验点燃学生对真、善、美的向往，对广大学生产生潜移默化的影响，从而使共产主义远大理想及中国特色社会主义共同理想深深植根于学生的心田，使社会主义核心价值观切实融入学生的日常生活和学习当中，增强广大学生对是非善恶的辨别能力，促进学生形成正确的价值取向。习近平总书记强调：坚定理想信念是终身课题，需要常修常炼，要信一辈子、守一辈子。②但是坚定的理想信念，不是一蹴而就的，也不是一劳永逸的，其形成是一个需要

---

① 中华人民共和国中央人民政府官网：《习近平：高举中国特色社会主义伟大旗帜为全面建设社会主义现代化国家而团结奋斗——在中国共产党第二十次全国代表大会上的报告》，2022年10月25日。
② 光明网：《坚定理想信念是终身课题》，2021年10月27日。

不断检验、持续深化的过程。教师作为小学理想信念教育的实施者,必须不断加强自身的学习,坚定理想信念,才能做好学生的榜样,言传身教。

(二)理想信念教育的目标不明确,课程形式单一

理想信念教育作为小学德育的重要内容,开展要规范化,但是理想信念教育的目标不够明确,会导致理想信念教育内容空洞。现阶段其课程设计缺少灵活性和趣味性,形式单一,很难引起学生的兴趣,教育实效性较弱。

(三)家庭教育观念错位

家庭教育对学生的影响深远,家长行为失范、对孩子期待过高、溺爱孩子等,都不利于学生的理想信念教育,因此小学理想信念教育要重视家校协同。

(四)规避网络不良影响的能力不足

随着抖音等短视频平台的火爆,各种繁杂的、参差不齐的思想及文化内容快速传播,小学生也深受其影响。由于小学生好奇心强,思想认识处于基础阶段,对短视频中的消极内容缺乏判断能力,因此互联网正在深刻地影响着小学生正确价值观的培养。因此,小学理想信念教育还应有效引导学生主动规避网络的不良影响。

二、明确目标

针对小学理想信念教育存在的问题,结合新时代的形势特征,我校明确理想信念教育的目标为:

(1)促进学生良好习惯的养成,培养学生成为具有社会公德、文明行为习惯,遵纪守法的小公民。

(2)加强家校协同教育,引导学生逐步树立正确的世界观、人生观、价值观;学会做人,学会做事;掌握科学文化知识,为将来成为社会有用人才做准备。

(3)努力培养有理想、有道德、有文化、有纪律的,中国特色社会主义事业的建设者和接班人。

(4)在学生中树立起党的形象、祖国的形象、人民的形象,使学生产生自豪感、荣誉感和责任感,做到爱党、爱国、爱人民,树立全心全意为人民服务的思想,从而把人民的需要作为自己的理想。

三、具体实施

(一)加强思想政治队伍建设

小学理想信念教育中,教师队伍要率先垂范、以身作则,自觉坚守精神家园。广大教师只有带头弘扬共产主义远大理想和中国特色社会主义共同理想,才能引导和

帮助学生树立正确的价值取向,培养坚定的理想信念。我校以党建引领,持续加强教师理想信念教育,组织教师开展思想政治理论学习、参观纪念馆、缅怀革命先烈、新教师入职宣誓等活动,打造一支政治意识强、社会主义情怀深、眼界宽广、自律严、人格正、综合素质优良的教师队伍。

(二)立足课堂,坚定理想信念

课堂是实施理想信念教育的重要阵地,我校以"道德与法治"课程为主阵地,从具体的社会生活和学校课程出发,结合时代要求与自身特点设计出符合当前国情、符合学生个性和能力特征的理想信念教育内容。同时还结合《习近平新时代中国特色社会主义思想学生读本》进行理想信念教育,唤醒学生的道德情感,提升思政教学质量。实施小学思政课一体化,起到系统性、长效性的潜移默化作用,加强"课程思政"与"思政课程"协同建设,促使各类课程与思政课同向同行,形成协同效应,提高理想信念教育的合力。将理想信念教育作为各门课程的思想基础,充分利用主题班队课,开展传统文化、革命教育、少先队知识学习等相关活动,坚定学生理想信念。

(三)丰富活动,播种理想信念

活动是开展理想信念教育的主要形式,丰富的活动非常符合小学生好奇心强、乐于在实践中进行探索认知的特点。我校开展了丰富多彩的理想信念教育活动,将理想信念的种子深埋于学生内心。

1.传承红色血脉,根植红色精神

红色资源可为理想信念教育提供丰富的教学素材,我校通过整合红色资源,组织学生开展了红歌会、红色故事会、诵红色经典、拍摄红色课本剧、红色场馆参观等活动,把崇高的社会主义理想、宝贵的革命斗争精神播撒在学生心间。

2.争先创优,做榜样好少年

身边的榜样是大家学习的对象,争先创优的活动过程就是理想信念教育实施的过程,有利于学生在实践中不断严格要求自己,不断提升超越自己,一步一步朝着自己的理想去努力奋斗。我校每月评选语言文明标兵、就餐文明标兵、课间文明标兵等,以激励学生养成良好的行为习惯。以入队为契机,引导学生积极参加少先队知识学习,努力向少先队组织靠近,还通过考核、庄重的入队仪式,让理想信念在学生心里生根发芽。

3.纪念活动常态化,激发爱国爱党情

重要纪念活动的常态化有利于理想信念教育常态化,让学生在纪念日活动中产生认同感,感知祖国在共产党领导下的飞速发展,激发学生的爱国爱党之情,从而使学生树立远大理想并为之不断奋斗。我校每年开展烈士纪念日活动,让学生在肃穆

的氛围中向革命烈士致以崇高的敬意,培养其爱国主义精神。

4. 志愿服务活动,激发社会责任感

志愿服务活动促进学生在实践中知行合一,让学生通过亲力亲为,感知个人与社会、人与人、个人与国家之间的密切关系,同时了解社会,践行志愿奉献精神,在实现自身价值时,激发强烈的社会责任心与使命感,增强理想信念。我校组织学生走进社区、走上街头,多形式开展志愿者服务活动,让理想信念教育在志愿者服务活动过程中真实可感。

5. 传统节日活动,弘扬理想信念

中华优秀传统文化的丰富内容犹如一座大宝库,为理想信念教育提供了精神滋养,其中传统节日作为一种传承,蕴含着爱国、团结、立志、奋进等诸多文化内涵,已经成为新时代理想信念教育的重要载体和内容。我校在端午节开展缅怀屈原活动,在清明节开展缅怀先烈活动,让学生在节日活动中树立理想信念。

(四)强化自我管理,锤炼理想信念

我校坚持"儿童是教育的唯一中心"这一教育思想,充分尊重学生的主体性,发挥学生的主动性,以大队部引领带动全体少先队员,让学生自主进行管理、自主组织活动,并在这个过程中提升综合能力素养,提升自信心,自觉成为理想信念的信仰者、拥护者、践行者。在自主活动中,高度的参与感、体验感、获得感让学生更加乐在其中,并因为兴趣爱好相同而在活动过程中互相产生影响,彼此学习进步,自觉形成共同目标、理想信念。在大队部的带领下,学生积极参与日常校园纪律、卫生等各项组织管理活动,自主组织银杏小舞台等活动。(图2-19)

图2-19 大队部自主组织银杏小舞台活动

(五)搭建家长讲堂,渗透理想信念

家校协同是进行理想信念教育的途径之一。在家校协同中,学校帮助家长转变教育观念,促进家长发挥榜样作用。同时,优秀家长也是理想信念教育的重要社会资源。请家长结合自身专业、工作的优势,挖掘家长的行业模范事迹到课堂中来,为学生树立理想信念的榜样,同时也对家长群体起到引领作用。

(六)规避网络不良影响,护航理想信念

网络已经成为当下工作、生活必不可少的组成部分,有效避免网络不良信息对学生的影响,提升学生的网络信息鉴别力特别关键。我校开展了系列网络安全主题学习活动,引导学生学会辨别网络信息,安全上网,抵制不良言论、思想的影响。同时,通过微信公众号平台、视频号平台,选择学生喜爱的内容,以学生喜爱的方式进行网络理想信念教育。

四、评价机制

对理想信念教育效果的评价具有一定的难度,因为理想信念是一个人内在的反映,我们无法直观地看到它,因此制定多维度的评价机制至关重要。理想信念教育成效如何,很大程度上受到思想认识层面和心理状态方面的影响,而这些因素又会通过其他方式间接地作用于学生,进而形成一种潜移默化的效应。所以结合学生的年龄认知特征,我们主要侧重于过程性评价,采用档案袋评价方式,并通过教师评语、同伴评语、家长评语、自己写表现评语总结来实现评价主体的多元性,以真实反映理想信念教育的成效。

理想信念教育作为小学德育的重要内容,也是思想政治教育的起始内容,是思政一体化中的重要环节。我校将会继续探索理想信念教育开展的方式,全力培养符合时代要求、国家需要的新时代好少年。

谈谈赏识教育
——心理学应用到学生教育中的实践例谈

张红梅

美国心理学家威谱·詹姆斯有句名言：人性最深刻的原则就是希望别人对自己加以赏识。赏识从本质上来说就是一种激励。詹姆斯还发现，一个没有受过激励的人仅能发挥其能力的20%~30%，而当他受过激励后，其能发挥的能力是激励前的3~4倍。因而在学习过程中，激励的存在至关重要，任何学生都需要激励。"赏识教育"可以帮助失败者找回自信，重建精神世界的大厦，找回自我教育的能力。

赏识用通俗的话说就是"看得起"。

对孩子而言，赏识就是"你真棒，你真行"，这是让孩子快乐成长的奥秘。

赏识教育的图案标志是竖起的大拇指，在大拇指里面有一张生动活泼的笑脸，仿佛孩子受到赏识后发出的会心一笑。

给予孩子一个赏识的微笑，就像阳光照在含苞待放的花朵上。对一个渴望赏识的孩子而言，这很可能是他一生的转折点。

一、以心灵赏识为契机，赏识孩子，给他们自信

作为一名班主任，多年的实践经验告诉我：教育最佳的办法是表扬教育。表扬，更能发掘学生潜能。"你做得不错""你真棒""你真了不起"，这些赞美之词，对习惯差的孩子更能产生激励的作用。

案例1：

一位年轻的母亲告诉一个朋友一件令她痛心的事情："我的小儿子经常犯错误，在犯错误的时候，我都不得不当面责怪他，但有一天他做得很好。那天晚上，我把他送上床后，我听到他哭了，我发现他把头埋在枕头下，正抽噎着，他问我'妈妈，今天我难道还不是一个好孩子吗？'那个问题像把刀一样刺在我心上。"这位母亲又说："他做错事时，我及时纠正他，但当他做得好时，我却忽视了他，一句表扬的话都没说就把他放到床上了。"

上面案例提到小孩做错事的时候经常受到批评,所以在表现好的情况下非常渴望得到表扬。正如现在的小学生行为习惯养成一样,他们经常做错事,经常受到老师的批评,所以他们对老师充满敌意,老师也因此很难教育他们,其实他们心里是非常渴望得到老师的鼓励的。当老师和学生的关系处理得好时,学生就能接受更多的知识;当关系处理得不好时,老师传授知识,他们就不用心学习,或根本不学习。这就很难处理了,所以只有正确处理好与学生的关系,对学生行为习惯表现得好的方面及时给予表扬和鼓励,才能塑造好他们的人格。

案例2:

笔者班上的一名学生,他上课不认真听讲,课后又欺侮同学,为了让他养成认真听课的好习惯,我经常找他谈话,每次都严厉地批评他,可是越严厉批评,他却表现得越差。经过一番细致观察,我发现他头脑聪明,字也写得不错,在班内学生中的号召力也很强,所以我决定用另一种不同的教育方法来引导他。有一次他又犯错了,我找他来办公室,心平气和地对他说:"小海,其实你很聪明,字也写得漂亮,如果你在学习上能用心,是可以考出好成绩的,假如你有决心改正坏习惯,那你就很了不起,还可以当班干部。"他听过后,学习态度发生了很大的转变,上课能认真听讲,也不欺侮同学了,成绩也直线上升。

自信,是一个人成功的基础。然而在孩子的成长过程中,有些人总是以过高的标准要求孩子,仅仅视"得到100分"为"成功",因此孩子总是生活在"失败"的阴影中,并时时感觉到"失败"的痛苦。我们经常说"虚心使人进步,骄傲使人落后",这些教导是正确的,但如果我们只看到缺点,那是不全面的。其实一个人在看到自己缺点的同时,还要看到自己的优点,反之也一样。如果一个人看不到自己的优点,那他就缺乏最基本的自信。试想,一个没有自信的人能取得成功吗?答案只有一个:"不能!"

那么,如何树立孩子的自信呢?表扬和鼓励对树立孩子的自信尤为重要。首先,我们应该坚信每个孩子都有优点,当然也都有缺点,这是一个最基本的评价。其次,要善于发现孩子身上的才能。例如有些孩子思考能力欠佳,但动手能力很强,如果他考不上大学而成为一名优秀的汽车修理工,你能说他不成功吗?最后,要创造一个鼓励性的环境,给每个孩子定一个切合实际的目标和要求。一个成绩较差的孩子,成绩由60分提高到65分再提高到70分,我们应该给予表扬。如果我们每次都以是否得到100分为标准来衡量成绩的好坏,并说出一些伤害孩子自尊的话,那他经历的将是一次又一次的"失败",但如果动态地观察他个人的成绩,他却是在进步、在前进的。

案例3：

我班上的一个女孩子性格有些孤僻。她有一张快嘴，常因为其他同学的一点小毛病就叽里呱啦地不停指责，读书时常因为拖音难听被同学们嘲笑，同学们都不喜欢她。但是，她能积极地举手发言，回答问题声音响亮，写作文篇幅较长，我就在课堂上针对她的优点给予了肯定，并在课后悄悄给她指出了不足。慢慢地，她逐渐树立了自信心，认为自己能做好，在老师的鼓励下，她不再害怕失败，而是害怕错过任何能表现自己的机会。她由在班上积极参加各种朗读比赛、讲故事比赛、作文比赛等，到参加学校大型的诗歌朗诵比赛、演讲比赛、唱歌比赛，发展到参加区级的各种比赛，终于在一次区级作文比赛中，她获得了一等奖。当她双手捧回奖状的时候，她已经完全找到了自信，随之而来的是更大的推动力，她的学习成绩得到了更大的提高。

从中我们不难看出，赏识教育的奥秘就是让孩子觉醒。推掉压在孩子生命上无形的自卑的巨石，他们的潜能就会像火山一样爆发，排山倒海，势不可挡。所有的学习障碍在孩子巨大的潜能面前，都是微不足道的。这正如美国著名心理学家罗杰斯所说，学生只有在亲密、融洽的师生关系中，才能对学习产生安全感，并能真实地表现自己，充分地展现自己的个性，创造性地发挥自己的潜力。

二、以课堂教学为主渠道，实施赏识教育

课堂教学的各个环节都要求教师做到正确地认识学生、评价学生，并逐渐地形成以"赏识教育"理论为指导的教学模式。在教学过程中，教师应采用多种教学方法——多种学科渗透、探索发现、多元评价、审美心理发现等，并与其他学科的教师合作施教。同时，增强学生的主体意识，充分调动学生学习积极性，引导学生主动参与学习，积极思考，主动探究，自觉实践，让学生始终保持一种愉快的情感状态，使学生自觉、主动地投入教与学的过程中，形成和谐的教学气氛。

（一）让学生把课堂当成表演的舞台

学生在课堂上因自卑、害怕、懒惰、从众心理等诸多因素，在课堂中不敢发言，不敢大胆地参与教学活动。课堂气氛沉闷，学生学习效率低，更谈不上在快乐中求知。因此，我改变以往的教学态度，把微笑带进课堂，以微笑服务学生。我的眼睛里没有差生，只有一个个有待进步的、有潜力的学生。在课堂上我经常赏识学生在课堂中的表现，表扬的话语无处不在。承认学生的差异，甚至欣赏差异，允许失败，哪怕学生跌倒一千次，也坚信学生能在第一千零一次站起来。课堂上我一次又一次地赞赏，使学生在老师及同学们的赏识中，看到自己的力量，开始发挥自己的潜能，不断地朝着既定的目标前进，满怀信心，获取成功。

(二)宽容、真诚地善待每一名学生

在课堂上,没有厉声的训斥,没有唠叨的说教,只有灿烂的微笑、亲切的话语,使学生的心灵得到触动,错误得以改正,这就是宽容。宽容是一种教育艺术。教师的宽容,可以缓和师生之间的紧张局面,使学生转变逆反心理,防止学生产生抵触情绪,使"严"收到最佳的效果。教师以宽容大度作为自己的工作艺术,才能深受孩子的敬佩和爱戴。

三、以丰富多彩的活动为载体,深化赏识教育

班集体的活动是班级的生命。参与活动的过程能培养学生的各种能力,有利于学生集体观念的形成,还有利于培养学生奋发向上的品质。活动可以使学生把赏识的力量转化为学习的动力,或让学生体会成功的滋味,激励他们向着更高的目标前进。

(一)开展手抄报比赛

我班开展了手抄报比赛,以丰富学生的课余生活,培养学生的动手操作能力、初步的素材组织能力和初步的审美观,发扬团结协作精神,充分发挥学生的创造性,从而提高他们的综合素质。本次比赛学生个个兴致勃勃,三个一伙、五个一群,信心百倍地积累素材、组织素材、书画上色……的确是大显身手。交上来的每一份手抄报都是经过反复修改才制作出来的,皆有独到之处,看来下了不少功夫。作品展出后,每个学生看到自己的长处,感受到成功的喜悦,更加充满信心地迎接下一次挑战。

(二)鼓励学生积极参加艺术节活动

学生是在活动中获得发展的,学校为学生提供活动和表现能力的机会与条件,放手让学生进行各种活动,让他们感到自己是有能力的,可以从自己的身上而不仅仅是从别人的赞赏中获得自信。为了发现学生身上的闪光点,学校为每一个学生提供了展现自我才华的舞台,让他们在艺术节活动中参加自己喜欢的活动,如课本剧比赛、手工作品比赛、声乐比赛、舞蹈比赛、诗歌朗诵比赛、绘画比赛等。面对着这个充满荣耀的舞台,学生的兴趣十分高涨,我趁热打铁,鼓励学生人人报名参加,并组织学生参加排练,在学生的共同努力下,我班取得了可喜的成绩——比赛总分是全校前三名,让全班学生都获得了成功的喜悦。

除此之外,我还组织了一些融思想性、教育性、趣味性和娱乐性为一体的班队活动。如"我是小诗人""我爱中华""新世纪的少年""请赏识自己""我能行"等活动,在活动中陶冶学生的情操,使学生得到情感的体验。

没有赏识的教育不是真正的教育。赏识是热爱生命,善待生命,是孩子无形生命的阳光、空气和水。赏识是沟通,是平等,是生命之间交往的桥梁,可以让孩子找到好孩子的感觉,还孩子金色的童年。"赏识教育"是每位家长和教师都使用过、无意中又遗忘的教育;是让家长和教师捡回宝藏,回归到教孩子说话、走路时心态的教育;是承认差异,允许失败,让家长和教师成为教育家的教育;更是使孩子舒展心灵,尽展潜能的教育。

心理学研究表明:外在动机和内在动机在推动学生学习中发挥着重要作用。对低年级的学生,外在的表彰、奖励具有很大的推动作用。随着学生年龄的增长,我们就需要从内部来激励学生,否则,学生就永远也不能体会到学习的乐趣。这就需要我们根据学生的年龄选择合适的激励方式。坚信每个孩子都有优点,努力给在应试教育的紧箍咒下艰难跋涉的孩子一份赏识、一份真爱,用"你真棒、你真行"这样的甘霖,用教师爱的心雨浇灌,让孩子们长成参天大树!

新时代背景下小学生品格教育工作实施路径探究

谢佳霖　邓　玉

一、小学生品行问题原因分析

(一)社会不良风气影响学生综合素质发展

经济、社会的快速发展在方方面面都影响着学生。比如,科技的发展让人们的生活更加便利,也让一些学生沉迷于手机和网络游戏、滥用网络用语;娱乐产业的兴起,让一些学生沉溺于"饭圈文化",盲目追星;网络监管不力,导致各种游戏、广告、色情信息频频弹出,一些学生早熟、早恋;社会暴力事件的发生,让学生身心健康受损;离婚率的提升也会影响学生的心理健康;坚实的物质基础、家长的溺爱等让现在的一些学生缺乏勤俭节约的意识……在严峻的现状面前,对小学生进行品格教育势在必行。

(二)学校品格教育不够深入

目前学校教育中落实品格教育的途径主要是道德与法治课程与一周一次的班队课。现有的一周两次的道德与法治课程只停留在课堂上,理论知识的学习和价值观念的直接灌输,不能把知识传授与行为养成紧密结合起来,不注重社会实践,忽视了学生在校品格的养成过程。

此外,近几年出现了一些教师违反师德师风的现象,德育师资失德,破坏了家长对学校和教师的信任,也影响了学生对教师的尊重和感恩之心,学生的是非价值观容易发生扭曲。

(三)家庭品格培育失衡

受传统观念的影响,在学生的成长过程中,很多培养他们良好品格的活动都由家长代劳,很多学生没有劳动的习惯。父母工作繁忙使学生失去了很多与父母交往、合作、互相学习的机会。而品格的养成需要学校、家庭、社会三方面统一且持续不断的教育培养,所以行之有效的途径就是学校对学生进行品格教育。只有让学生把"24品格"内化为自己的思想、观念和道德品质,并且在日常生活中不断地强化与落实,才能让其真正形成优良的品格。

二、品格教育的理论基础

(一)品格

"品格"一词来源于希腊语,对品格的研究,最早来自哲学领域,但对品格的概念目前没有确切统一的定义。品格一般是指一个人在生活中的行为习惯和养成的个性品质。对品格的研究离不开对人的个性、品德、心理等的探究。有学者认为,一个人的品格与性格是一致的,品德与品格有着重合意义,一个人的品格体现在他对道德的判断和评价中,而这种道德评价对他的行为也起到了支配作用。美国"新品格教育之父"托马斯·里克纳博士将品格分为了道德认知、道德体会和道德行为。综上所述,笔者认为,品格与品德有着密切的联系,其核心是判断一个人的言行是否符合知善、行善的道德原则。成都市在中小学品格教育实践活动中,以社会主义核心价值观与人类共同崇尚和追求的价值为基础,结合教育规律,根据具体化和行为化原则,梳理了24个品格,这24个品格是中小学生应当具备的品格,包含了学会做人、学会做事、学会学习三个维度,并分为了以下四个阶段。

第一阶段:专注—有序—友善,感恩—守时—诚实。第二阶段:爱国—责任—坚持,主动—真诚—宽容。第三阶段:勤奋—创意—热情,节俭—守信—勇敢。第四阶段:谨慎—明辨—尊重,怜悯—勤劳—智慧。

(二)品格教育

品格教育的定义没有统一的界定,但有大致相同的观点,即品格教育是指在教育环境中,受教育者获得品格教育的知识,形成良好道德观念,养成良好道德行为习惯的一种教育。它是通过道德对儿童和青少年的正面影响,对其行为、认知和情感等进行培养的过程,目的是使其道德能力得到提高,通过辩证的价值观系统地培养其良好品格。品格教育不仅仅是一种活动,也是儿童和青少年在良好品格养成中与教育者相互影响的过程。因此笔者认为,德育工作是学校落实品格教育的有效途径。

(三)品格形成的理论依据

弗洛伊德认为,人格是由本我、自我和超我组成的。本我是个体出生后,因对痛苦的避免从而满足自我开心需求的一种本能;自我是具有理性和计划性的成分,能够有原则地对事物进行判断,拒绝非理性的行为;而超我常常与本我相对,是在道德标准下对自我行为的一种约束与控制,也就是人类心理功能的道德分支,它包含了我们为之努力的那些观念,以及在我们违背了自己的道德准则时所预期的惩罚。

卡特尔认为,每个人的人格都是由他的特质决定的,人与人之间本身就有与生俱来的差异,对外界的所有感知和与他人的互动反应皆不相同。在童年时期与身边亲人和朋友互动的结果是一个人人格特质形成的重要因素。此外,还有部分气质是生来就有的,其他部分来源于自身的身体、心理及环境的影响。但研究表明,情境对人的行为有一定的影响,也就是说有相同特质的人在不同情境下表现的行为不一定相同。所以对于品格教育来说,就算先天的特质较难改变,但教师和家长对孩子特质的发展也有着极大的影响力,应该发挥其积极的影响力。

榜样学习和替代学习是社会学习理论的核心,学生的学习不仅仅是自身的直接经验,还可以通过对榜样进行观察来获得对自身行为的指导。所以从社会学习理论来说,品格也可通过观察学习获得。而孩子学习的对象以父母为主,除此之外老师、同学、偶像等也是其模仿的学习对象。

皮亚杰和科尔伯格的道德发展论认为小学阶段孩子的特征是外在的道德,对于善恶的判断会受行为结果影响,这个阶段的孩子认为规则是不可更改的,重视他人的观点,避免受到惩罚和责备,寻求认可和称赞。所以学校及家长如果能对孩子的行为进行正面积极的指导,肯定能帮助孩子塑造健康阳光的良好品格。

三、小学生品格教育实施策略

品格教育是培育和践行社会主义核心价值观的有效途径,是教育落实立德树人根本任务的有力抓手,因此,要构建可行的品格教育体系,实施策略至关重要。品格是一个人的基本素质,需要社会、学校、家庭等多方面进行长期的培养,品格教育最终应使学生形成稳定的良好品格与行为习惯。因此我们构建了完整的小学生品格教育实施策略,包括前期品格评估、品格形成的文化环境创设、课程中的品格培育、实践活动中的品格建立、品格形成的评价标准,力求通过这五个策略,培养学生的24个品格。

(一)前期品格评估

为进一步验证小学生品格结构的合理性,我们会在进行品格教育之前编制小学生品格问卷用于评估小学生的24个品格。问卷综合学校学习生活、家庭行为习惯、社会行为表现来设置问题,评价标准分为"完全符合""比较符合""不确定""比较不符合""完全不符合"五个维度,问卷分为三种版本,分别由学生本人、教师、家长三方填写。最后综合三方数值得出学生品格结构倾向。

以"勤劳"品格评估为例,学生版本设置了以下问题:

①我的年级是……
②我的性别是……
③我认为劳动就是为了赚钱,有了很多钱就不需要劳动了。
④父母、老师提出劳动要求时,我才会参与劳动。
⑤我有叠被子、打扫个人房间卫生的习惯。

⑥家务活是大人们的事,不需要我插手。
⑦我常以学习的名义逃避劳动。
⑧做值日时,我不喜欢做如拖地、扫厕所这种又脏又累的活。
⑨班级大扫除时看到有的同学不认真,我也就随便打扫一下。
⑩劳动结束后,我会主动收拾整理好劳动工具。
⑪我在离开座位(食堂、图书馆、课桌等)前,会主动清理垃圾。
⑫我在家吃饭前会对父母(爷爷奶奶、外公外婆)的辛苦表示感谢。
⑬我会对外卖员、售货员、汽车司机等表示感谢。
⑭在完成一项劳动后,我才明白其中的辛苦与不易。
⑮我在家经常受到父母的劳动教育。
⑯如果有机会体验一下父母的职业,我非常乐意。
⑰在完成一项劳动后,我感到很快乐。
⑱我家中有非常好的劳动氛围,父母时常带着我一起劳动。
⑲在我的家庭中,我有固定的家务劳动任务。
⑳父母曾对我说现在不努力学习,长大后就只有当环卫工人。
㉑我经常参加社区公益服务或社区组织的劳动活动。
㉒学校里,老师曾将劳动(比如做值日)作为对学生的惩罚。
㉓轮到我值日时,我能很好地完成值日任务。
㉔学校的劳动教育设施(如劳动基地、劳技教室、劳动工具等)配备较为健全。学校安排的劳动技术课老师会准时上,不会被语文、数学等课占用。
㉕学校劳动技术课里,老师让我们动手学习劳动技术,参加劳动实践。
㉖学校曾组织我们前往课外实践基地,参与劳动实践,如工厂实践、务农实践、商场售货员实践等。
㉗参加学校劳动技术课或劳动教育活动后,我更乐于参与劳动。

综合三方数据后,如学生"勤劳"这一品格不够稳固,再进行相应的品格培养。

(二)品格形成的文化环境创设

墨子认为人的自然本性如同素丝,素丝本为纯白,染于青则青,染于黄则黄。因此,环境对儿童性格的塑造尤为重要。学校可遵循儿童的身心发展规律,创设符合品格教育要求的环境,形成良好的校风班风、品格教育制度、师生的精神风貌和行为习惯等,让学生在潜移默化中形成对品格的认知。除此以外还可以借助影视作品、文化故事等,让学生在具体的情境中理解和感悟品格,以此指导学生相应的行为。例如在对"守时""守信"品格进行培养时,教师借助影视片段"小丸子去钓鱼",创设情境——

一面是答应和妈妈、姐姐、奶奶共度晚餐的约被救叔叔的热情邀请,小
丸子的决定会产生什么影响?而"你"又会如的两难困境呢?通过对这
些问题的讨论,学生可以感悟"守时""守信"

(三)课程中的品格培育

课堂是教育者实施立德树人教育的主中对品格的探讨,是学生良
好品格形成的重要途径。道德与法治教育课程是品格培养的主要课程,教育者应当利用好教材,对学生价值观的形成进行指引,让他们对良好品格有积极正确的认知。此外,围绕教育规律下的24个品格,我校组织了系列主题班会,例如"让勤俭之花在心中绽放""缅怀革命先烈·感恩幸福生活""宝藏男孩雷锋"等主题班会,培养学生节俭、勤劳、感恩、爱国、热情等品格。让学生在主题课程中,对相关行为作出理性判断,并践行积极向上的价值观,从而表现出相应行为。

(四)实践活动中的品格建立

品格的养成最终还是需要落实在日常实践和活动中,我们应该把品格教育与学校德育、家庭教育、课堂教育融合起来,实现学生品格的全方位提升。学校德育应长期持续关注学生在校的行为,包括文明用语、尊敬师长、有序排队、劳动卫生、整理习惯、学习习惯等各方面。家校应联动培育,家长有义务对孩子严格要求和教育。

品格教育应多开展社会活动,让学生在社会交往、社会实践中巩固品格,比如让小学生走进社会,深入参与到文明典范城市创建的过程中,这样既能激发学生对城市建设的热情,也锻炼了学生勤劳节俭的良好品格。

(五)品格形成的评价标准

对品格进行学习和感悟后,品格是否养成并持续稳定?为此,笔者结合我校乐群学堂的观念,从自评、小组评、老师评、家长评四个方面和校园、家庭、社会三个维度出发编制品格形成的评价表(以勤劳为例,如表2-4~表2-6所示)。

表2-4 勤劳品格评价表(校园版)

内容	自评	小组评	老师评
愿意主动分担班级清洁工作			
主动发现校园、班级的垃圾和污渍并清理			
学具柜、饭盒柜摆放整齐			
抽屉书本收纳整齐、摆放有序			
能够按时完成清洁小组工作,不偷懒、不敷衍			

表2-5　勤劳品格评价表（家庭版）

内容	自评	家长评
愿意主动分担家务		
主动发现家中的污渍并清理		
能够整齐摆放家中的物品		
能够收纳整理自己的房间（包括书桌、衣柜等）		

表2-6　勤劳品格评价表（社会版）

内容	自评	家长评
愿意为创造更好的生活环境而劳动		
愿意参加小区或社区等的公益劳动活动		

四、小结

小学是品格养成的关键时期，品格教育也是一个长期的教育行为，在品格教育实施的过程中，需要考虑地域文化、班级、学生个性特点、家庭影响等各个方面。因此学生品格教育不是一蹴而就的工作，需要不断尝试、不断实践，对新时代品格教育的探究永远在路上。

小学生言行不一致的成因及对策

刘青霞

一、小学生言行不一致的成因

立德树人是教育的根本任务,小学思想品德教育是现阶段德育教育的重要组成部分。小学作为人生的启蒙阶段,其品德教育的重要性不言而喻,学校、家庭、社会都应从不同的方面开展品德教育。但是在小学生的日常行为习惯表现中,小学生言行不一致的情况非常普遍,对一件事情的处理,说起来头头是道,给出的态度和处理方式堪称楷模,令人赞赏。但是面对实际情况时,却完全是另外一回事儿,面对路上的纸屑、果皮无动于衷,在课桌上乱涂乱画,不愿意帮助同学,有冲突时非要一争高下……凡此种种,屡见不鲜。在老师处理这些事件的过程中,一些学生给出这样的回复:"我做得不对,我知道应该怎样做,但是……"可见,学生只是知道了我们在德育教育中给出的正确建议,但并没有真正认识到优秀品德的重要性,对优秀品德缺乏切身的体验和认同感,究其原因,主要有以下几点。

(一)说教式的品德教育模式

无论是在学校,还是在家庭中,对学生的品德教育普遍为说教式德育。老师和家长都喜欢用最简单的方式告诉学生:"这样做是不对的,我们要那样做。"而这样做为什么不对?为什么应该那样做?在不同的情况下我们需不需要做出调整?这些问题却时常被忽略。处于小学阶段的学生认知水平有限,原本复杂的道德问题分析被简单的标准答案所代替,导致其在面对道德问题时,口头上能迅速给出正确答案,但是在实际行动中,却无法真正解决问题,出现言行不一的情况。

(二)无意识的模仿

小学生年龄小,判断能力弱,但模仿是小学生重要的学习方式。生长环境中的各种不好的行为习惯,如老师言行不一致、同学的错误行为、家长的不良认知等,都会影响小学生的行为表现。小学生不加判断地无意识模仿也是导致其言行不一致的重要因素。

(三)缺乏实践学习活动经历

小学生囿于自身能力水平的限制,参加的实践学习活动有限。在学校教育中,小学生获取知识的途径主要是课堂,在课堂学习中,优秀的品德是被抽象化了的名词,或者是一些远离学生生活的故事,导致小学生很难将优秀品德和自己的生活联系起来。因此,缺乏实践学习活动经历的小学生不能对优秀品德的重要性有切身的体验和感受。优秀品德对于小学生来说就是一个名词和答案,并不能成为指导他们行为的准则。

(四)德育评价的不完善

评价是对学生行为表现的及时反馈,可以促使学生及时修正自己的错误思想、行为,鼓励学生积极表现,达到提升学生思想品德水平、促进优秀品德内化于心、外显于行的效果。但是在实际德育评价操作中,难以对学生行为表现进行记录,只能有效监测课堂上、活动中的学生行为表现,对学生日常细碎的校内的其他行为表现、校外的行为表现、家庭中的行为表现则很难进行有效评价。没有系统、完善的全程评价,学生不当的行为没有及时得到评价引导,很可能导致学生认为言行不一致是处理事情的一种方式,说和做可以是两回事。

课堂是渗透德育、培养学生优秀品德的重要阵地,但是在当下,课堂评价以对学生学习行为表现的评价为主,课堂德育评价是缺失的。重视学业成绩,但忽视了品德表现,导致课堂德育教育成为"暂歇性"教育,做人的重要性在学业面前暂不重要,这是学生言行不一致的又一原因。

二、小学生言行不一致的对策

针对以上小学生言行不一致的成因,笔者认为,要遵循品德形成的客观规律,结合小学生的认知发展规律,为小学生创造良好的品德教育环境。从优化教育方式、完善德育评价等方面入手,探究提升小学生品德内化实效性的策略,促使小学生养成优秀品德,并以优秀品德为准则,指导自己的行为表现,促使言行一致。

(一)创造良好的品德教育环境

皮亚杰认为,儿童的道德发展源于儿童与社会环境的积极的互相作用,良好的品德教育环境对小学生优秀品德养成的积极作用显著。良好的品德教育环境,包括校园品德教育环境、社会品德教育环境和家庭品德教育环境,要求学校、社会、家庭在品德教育中,扮演好各自的教育角色,净化德育环境,确保学生在良好的环境中受到优秀品德的熏陶,避免不良的行为给学生造成错误导向。

在学校,营造人人都是德育小标兵的氛围,对于学生细小的品德表现,及时予以肯定和鼓励,如拾金不昧、帮助同学、随手捡垃圾、关紧水龙头等,让每一次小小的善意都被看见、被放大。对学生言行不一致的情况,及时加以引导,避免简单的说教式引导,要组织实践活动,让学生在活动中感知到良好行为中的优秀品德。教师作为教育者,是学生在校期间的主要模仿对象,教师要以身作则、躬身垂范。除此以外,干净、整洁、美丽的校园环境也是促使学生修正自己错误行为的有效因素,校园环境需要经常维护,及时更新,避免产生破窗效应。

家庭,是学生品德培养的土壤,良好的家庭教育环境有利于培养学生的优秀品德,对家长个人的品德修养和家庭教育胜任力提出了巨大的挑战。随着《中华人民共和国家庭教育促进法》的逐步推行,越来越多的家庭将不断提升家庭教育环境质量,这也将进一步推进小学生良好行为习惯的养成。

(二)优化品德教育方法

在品德教育方法以课堂教育为主的当下,我们可以丰富品德教育的方式,减少单纯说教式的品德教育,尊重学生的主体性,鼓励他们大胆质疑、提问、讨论,培养师生感情。从而消除他们的疑惧心理,营造愉悦的课堂氛围,充分利用活动、故事、漫画、游戏等多种方式,让品德教育有趣、有活力,引导学生通过角色扮演、案例分析探究等形式,去体会优秀品德的重要作用。

针对学生的个体差异,采取灵活多样的教育措施。当学生出现言行不一致的情况时,要根据不同学生的个性特征,采取合适的方式,促进其认识到言行不一致的原因,与学生共同探讨修正的方法,并帮助学生积极行动,促进学生形成自我约束力。

(三)重视学生的实践学习活动

品德的形成与发展,不是一蹴而就的,需要人在社会生活中逐步学习和内化。这种学习和内化一方面来自社会的道德规范、法律制度、社会舆论以及其他教育,另一方面来自发展中的个体对生活的体验和自我反思。皮亚杰强调了儿童的自我管理和自主发展。在品德培养中,我们要充分尊重学生的主体性,以学生的生活为基础,让学生从生活实际出发,在生活中体验品德,在具体事件中,引导学生养成正确的道德观念。在实践活动中,让学生从对道德规范的依存,逐步发展到在思想、情感上接受、认同优秀品德,并随着实践经历的增多,不断将优秀品德内化,从内心深处真正相信、接受优秀品德,并以此指导自己的行为,做到言行一致。

(四)完善德育评价体系

将学生在校内、校外、家庭的行为表现都纳入德育评价体系,多维度、多时空、多角度对学生的品德发展进行全程化评价,评价主体多元化,老师、家长、社会都参与对学生品德发展的评价,发挥德育评价对学生优秀品德养成的积极作用。加强课堂德育渗透,促进课堂德育评价发挥作用,让"立德"成为学生发展的第一核心。这样才能从根本上塑造良好的德育环境,提升品德内化的实效性,促进学生言行一致,养成良好的行为习惯。

培养学生言行一致、知行合一的优秀品德,是落实立德树人根本任务的要求,也是以生为本、促进学生全面发展的要求。唯有不断反思探索,不断优化教育策略,才能全面提升学生的思想道德水平,培养新时代合格的优秀接班人。

红领巾永向前，争当时代好队员

杨 杨

有人说，班主任是一个班集体的灵魂。同样，在少年先锋队队伍中，辅导员也是如此，在集体中起着重要的作用。然而，每一名少先队员才是组成中队的关键所在，培养少先队员的主人翁意识也是辅导员的重要工作。如果人人都是中队的主人，我们的集体会变得更加团结强大。

一、主动参与，增强集体荣誉感

我们每一名队员都生活在集体中，不是孤立的个体，所以加强队员的集体荣誉感，是培养队员的主人翁意识的关键所在。在学期开始时，全班一起建立完善的评优制度是非常有必要的。于是，作为辅导员的我大力开展"班级之星"的评选活动，既然是评选，那就一定有它的标准和要求。每周评比一次，无论在学习、生活还是纪律上，各方面都要涵盖进去，方方面面都表现突出或者有明显进步的队员方可入选。每周挑出五名获得"班级之星"称号的队员，并将这些队员的照片贴入表扬框内，由队员自己在照片下写上获奖寄语，让其他队员和家长能一目了然地认识这些优秀的队员。此活动一开展便收获了一定的成效，大多数队员热情高涨，无论在学习还是纪律上都得到了提升，可是时间一长，我发现班级里出现了两极分化的现象，班上有一部分后进队员因为总是不能上榜，情绪开始低落了下来，渐渐失去了信心。所以在经过一番思考后，我又修改了一些评选规则："班级之星"的评选实行分数制，我给每位同学都发十张10分的分数卡片，根据之前拟定的规则，表现良好的加10分，表现欠佳的扣10分，有100分的基础分，就算后进队员很难加分，但是至少可以努力保持不扣分，根据分数每周也能得到奖励和表扬。经过这样的修改，后进队员的学习热情大大提高，脸上洋溢着自信的笑容，自信心也增强了。与此同时，我还鼓励学生参加学校的各种活动，比如"学国学，传经典"朗诵比赛、"运动会开幕式"表演、"书法比赛"等，这些活动也大大提高了队员的主动参与性。当然队员的参与面一定要广，让每个队员，特别是后进队员都有发挥、施展、表现自己才能的机会。这样一来，队员在每次活动中都可以感受到主动参与的快乐，感受到自己在集体中的作用。班级是一个大集体，只要班级成员不掉队，集体的凝聚力就会越来越强。

二、抓好教育契机,树立信心

在中队建设中,在班级的日常管理中,抓好教育契机,及时进行教育,将会收到事半功倍的效果。然而契机虽然在孩子们的生活学习中经常出现,但它稍纵即逝,所以抓住契机对辅导员也是一种挑战。我们需要以大量的教育工作经验为基础,练就一双敏锐的眼睛,善于抓住每一个教育契机。通过对实践经验的总结,我发现,原来教育契机也是有规律可循的,它往往出现在特别的时间点,比如新学年的开始。学期伊始,在每个队员的心里又打开了一幅新的画卷,队员们怀揣着新的希望和理想,憧憬着这幅美丽的画卷,不管之前犯过怎样的错误,也不管之前养成了什么坏习惯,更不管上学期考了多差的分数,新的学期,新的希望,我们都可以从头再来。所以在这时,辅导员一定要根据队员心理状态,帮助队员树立目标,拟定学习计划,要善于抓住队员的优点进行表扬,以增强其自信心。当队员考试失败时,也要善于抓住教育契机。队员考试失败,本来已十分沮丧,如果辅导员再一味地严厉批评,那对队员的情绪与心态都是雪上加霜,他们的自信心、自尊心可能会受到伤害,学习兴趣也可能会减弱。所以面对这样的教育契机,辅导员应该和队员一起分析试卷,找到失分原因,同时也要找到得分点,并给予队员充分的肯定。人无完人,每个人都会有短处,只要我们不断进步,便是成功。相信只要辅导员能抓住教育契机并加以利用,队员们定能树立信心,大步向前。

三、争做中队小主人,义务责任身上扛

在中队建设中,首先要增强队员们的集体荣誉感,树立队员们的信心,然后要培养队员们对集体的责任感。中队干部轮流当就是培养责任感的好办法。作为21世纪的四有好少年,队员们应该从小学开始就学会做人做事,学会向别人学习,也要学会与人竞争。每个队员都渴望自己能成为一名优秀的少先队干部,作为辅导员我们也应该为队员们创设民主平等的教育情境,让所有队员都来当一当班级的主人,并知道遵守班规是每一位队员应尽的义务和责任。犯了错,即便是干部也要承担责任,同时,每一名队员也都有为中队服务的义务。

我们都是党的好队员,我们都是党的小干部,我们和党一同成长!我们在每一次错误中寻找光明,树立自信,我们在每一次进步中收获快乐和勇敢。我们人人都是中队的小主人,我们为我们的队伍感到骄傲和自豪!

用心思考，用爱感悟

梁维维

伟大的教育家陶行知先生曾说过一句话："教师的赞扬和鼓励，是孩子成长的阳光和雨露。"

昨日的语文课上，当我讲到"我相信每个同学身上都有闪光点"时，一名学生竟然情不自禁地脱口而出："老师，我身上也有闪光点吗？"我听到这声稚嫩的发问，心头一颤，循声望去，哦，原来是小泽。他的眼神充满期盼，脸上露出疑惑，望着他纯真的小脸，我立刻说："小泽，你身上怎么会没有闪光点呢？你尊敬老师，乐于帮助同学，还有诚信的可贵品质。"

当我表扬他拥有诚信的品质时，不少学生立刻举手反对，纷纷指责他言而无信，还列举了许多事例证明。但我依然为他据理力争。一次放学，我请余同学留下补作文，但临到放学时，突然有家长找我谈事情，小泽找了我好几次都没找着，于是写了张留言条，说第二天一早到校立刻交作文。第二天一早，我刚踏进办公室，他的作文已陈列在我的桌前。可见，他是个有诚信的孩子。尽管他做过不诚信的事，但只要诚心改过，依然值得大家信赖。学生们被我的话打动了，没有再站起来反驳。这时的小泽也低下了头，似乎正在反思，似乎在为以前所做的事感到惭愧。

下课回到办公室，我也在反思：小泽是一个自制力比较差的孩子，上课总会不自觉接老师的话，甚至会自顾自地侃侃而谈，即使老师提醒多次也毫不在意。他经常受到同学的指责，可能出现了逆反自卑心理，因此他的心里肯定也不好受。由此我想一个总是被批评的孩子，他的"骨骼"必然会变得弯曲；同样，一个自责的孩子，在与人交往时要时刻注意自己的言行，他的内心也必然会不同程度地变得消极。孩子需要昂起头来走路，需要昂起头来做人！课后，我找他谈了话，让他学会面对现实、接纳自己，并引导他如何扬长避短，发挥自身优势，找到属于自己的快乐。

在这天后的语文课上，我欣喜地发现小泽能做到举手发言了。尽管他举手的动作还不甚标准，有时也会情不自禁地接一两句话；尽管他的回答还很稚嫩，但他能积极举手，认真听课，努力思考。可见他的心理发生了正向变化，他的行为习惯也渐渐向积极的方向靠拢，虽然这只是星星点点的进步，但我相信，从今以后小泽不会再不自信，而是会做个抬头挺胸、坚强而快乐的孩子。

作为一名教师，我们的角色不只是知识的传递者，更是心灵的守护者、梦想的播种人。我们可能没有能力去点燃每个学生心中的火种，虽然那火种原本就存在于他们纯净的灵魂深处。作为一名教师，可以没有能力点燃全部火种，但绝不能熄灭火种！我们有责任、有义务去呵护这火种，不让它熄灭。面对眼前这些脸上充满好奇和天真的学生，要珍惜，更要努力让每一个学生的心中充满阳光，让每一个学生在爱的抚慰下快乐成长。孩子的心灵是纯洁而美丽的，如水晶；孩子的心灵是脆弱而易碎的，如玻璃。作为教师，我们要欣赏他们水晶般的心灵，更要保护他们玻璃一样易碎的心灵。

在平时的教学中我不断地尝试不同的教育方法，运用不同的管理策略。经过一段时间的摸索，我发现表扬的作用要远远多于批评的作用！面对课堂上调皮捣乱的学生，"河东狮吼"无济于事，怎样才能让他们安静下来认真学习？这成为我一段时间思考的主要问题。之后一件小小的事情令我彻底改变了以往"河东狮吼"的管理方法。

我所任教的班级中有几个不遵守纪律的小男孩，他们上课爱做小动作。在我的课堂中，他们依旧我行我素，老师的批评教育已经对他们起不到任何作用。一次上课时，我像往常一样让他们在课前朗读所学古诗，而他们一如既往地在做小动作。为了不影响其他同学，我站到了他们的身边，其中一个学生没有带课本，于是我便将我的课本放在了他的面前，同时用手指着教材跟他一齐朗读，在这个过程中我发现他试图跟读，但因为他之前落下得太多而无法跟上其他同学的节奏，此时我明白他已然尽力。

于是在诵读结束后，我在班上点名表扬了他。也许是老师给他的表扬太少的缘故，当我表扬他时我发现他少有地流露出害羞的神情，尽管如此，我看得出他是很高兴的。作为对他努力表现的奖励，我让他选了一部他喜欢的动画片并播放。当时全班同学都给予了他鼓励的掌声。之后，一整节课，他居然端端正正地在座位上认真听讲！这节课真的让我很感动！从这节课之后，我开始找机会表扬他，他的每一点进步我都会及时给予肯定，在课堂上我也总是给他展示的机会，几次课下来，他已经完全改掉了之前的坏习惯，一跃成为我的课堂上最认真听讲的学生。当我说让全班同学向他学习时，同学们更是情不自禁地给予了他热烈的掌声。这个学生的转变给了我很大的感触，原来每一个学生都需要爱的表扬，都需要别人对他的肯定，也许一句微不足道的表扬，就可能融化他内心的坚冰！

通过这件事，我明白了要善于发现学生的优点，并用无微不至的师爱呵护学生生命中的那一点点光！而那一点点不曾被扑灭的光，总有一天会洒成满天的星星，散发属于自己的光芒!

哪个班没有理解能力差和性格有缺陷的孩子呢?这些孩子可能在学习上不能和同龄同步,行动也不如别人敏捷,有些孩子还相当自卑。这是一群更需要爱的孩子,教师应该如何看待他们呢?

我对这些孩子常说的一句话就是:"你是老师眼中最可爱的孩子。"这句平实的话,就像一缕阳光,温暖着孩子的心,让孩子感觉生活在大家的关爱中。于是孩子能更加热爱班级,更加充满对学习的信心。

让我们虔诚地把故事牢记在心,用心思考,用心感悟。让教育智慧升华,练就一双慧眼,发现学生"那一点点光"。在广袤的夜空,一颗流星、一点流萤都是亮丽的风景,都能让我们感受到每一个鲜活生命的独一无二和与众不同。

德育渗透教育策略浅谈

韦 妙

我时常思考,在对孩子的教育中,什么是最重要的。在我看来,德育一定是重中之重。德育,只有深入人心,才能将德转化为言行,以德育人方可桃李满天下。在新时代,我们需要将德育付诸实践,多方面地开展德育教育活动,树立道德标杆,培养出具有高尚德行的学生。在学生形成人生观、价值观的过程中,一定要把德育工作放在首位,让德育工作无时不在、无处不在,让学生迈好人生第一步。小学教育在人一生中所起的重要作用毋庸置疑,小学教师在承担教学任务的同时,更应该做好育人工作。

一、从我做起,时时处处言传身教

"其身正,不令而行;其身不正,虽令不从。"教师一定要融入学生的生活,得到学生的信任,走进他们的内心世界。

记得刚当班主任的时候,我们班级的晨读纪律一直不好,教室里总是不安静,干什么的都有,我便试着用各种方法让学生把早晨的宝贵时间利用好。虽然纪律好转了,但学习效率却不高,这个问题困扰了我很长时间。一天我在办公桌前学习业务,突然灵光一闪——我可以把我的讲台变成我的学习桌。从此,讲台上多了我的笔记和教育理论书籍。每天早晨,我不再站在讲台上监督学生,而是专心看书、学习。不出两天,他们也知道拿出书来学习了,渐渐地养成了习惯,不管我在不在教室,他们都会"自习"了。我突然想起一句话:身教胜于言传。看着孩子们的小脸,我真的很幸福。

一个好教师不仅要让学生学到知识,更要让学生领悟到做人的道理,学会做人。教师是学生的一面镜子,教师的一言一行都会对学生产生深刻的影响,因此教师应加强自身的道德修养和职业素养,为学生树立榜样。这就要求每一位教师都要树立为人师表的荣誉感、责任感和历史使命感,要保持勤奋向上、积极进取的精神风貌,时刻注意自己的言谈举止,要有良好的行为习惯,特别是在日常生活中更要当好学生的表率。例如,教师要求学生不讲粗话,要讲文明、懂礼貌,要求学生不乱扔纸屑、果皮,不随地吐痰等,教师首先应要求自己做到这些,也就是说教师要求学生做到的,教师首先要做到,要求学生不做的,教师也绝对不做。

"言传不如身教。"在进行思想道德教育的过程中,教师说一百遍不如做一遍给学生看。在这一过程中,不仅要言传,还要身教,这样才能有效提升思想道德教育的效果。这一点我深有体会,班上学生以前不注意教室的清洁,经常在教室里乱扔纸屑、果皮,爱讲粗话,虽然我为此做了大量的工作,但收效甚微。一次班会课,我走进教室看到教室里有很多纸屑,就默默地把纸屑捡了起来,学生们都感到很惊讶,纷纷捡起身边的纸屑放到抽屉里。当捡完纸屑以后,我说了一句话:"看,我们的教室多么整洁,如果我们每一个人都自觉保持教室的整洁,那么每一天都有好的环境、好的心情,这样不是很好吗?"从此以后,教室总是很整洁。因此我们教师要强化自身修养,以文明的言行、高尚的品格去影响学生,时时、事事、处处以身立教,以德育人,起到言传身教的作用。

法国大文豪雨果说世界上最广阔的是海洋,比海洋更广阔的是天空,比天空更广阔的是人的灵魂。教师要做好学生灵魂的工程师,不仅要用师德规范来约束自己的行为,也要把"小学生日常行为规范"纳入自己的行为条例。在教师监督学生行为的同时,也有几十双眼睛注视着教师。教师做事时严谨的态度、一丝不苟的精神、说到做到的品质,对学生而言更是一本可以研读的书。

教育家叶圣陶先生说过,教育工作的全部就是为人师表。教师在工作中要严格要求自己,注意自己的一言一行。有的学生自习时坐不住,教师可以在这个时间到教室里备课,这样做既保证了自习纪律,又给那些坐不住的学生进行了示范。应该说,教师的一举一动都潜移默化地影响着学生。从教师的身上,学生可以认识到什么是应该做的,什么是不应该做的,他们会自觉地遵守学校的各项规章制度,自觉地约束好自己、管理好自己。

二、把情感、理想教育与严格要求相结合

教师,尤其是班主任,既要当好"母亲",又要做好"父亲",也就是说,对学生既要慈爱,又要严管。正如小树的成长,既需要浇灌,也需要修剪。实际上,慈爱是爱,严管又何尝不是爱呢?因此在情感教育的前提下,对那些经常犯错误的学生,要让他们严格遵守"小学生守则"和"小学生日常行为规范",并配以灵活的措施。这样可以让学生们感到他们生活在充满温暖而又有秩序的集体中。

帮助学生树立远大理想,并且引导他们为自己的理想奋斗是教师义不容辞的责任。但是,"理想"这个诱人的字眼,谈起来容易,让学生实现起来就困难了。

因为在现实中,通往理想的道路上充满了各种阻碍,学生要发扬锲而不舍的奋斗精神,才能去实现理想。所以作为教师,我们既要用理想激发学生刻苦学习的动力,又要帮助他们克服前进道路上的困难。

小学生情绪不够稳定,遇到困难会犹豫徘徊,这些虽然属于正常现象,但很容易

影响他们的学习积极性。那么教师就要经常给他们讲述学习的目的,激发他们拼搏进取的意志,让他们清楚刻苦学习是实现理想的重要途径,还要把一些可歌可泣的人物事迹讲给他们听,以培养他们高尚的道德情操。但是这些人物事迹代替不了学生的实际行动,因为学生面对的是瞬息万变的现实社会,新的社会形势和激烈的竞争在等待着他们,各种不同的人生观、价值观摆在他们面前,如果我们不把传统美德教育与社会现实有机地结合起来,就很难培养学生的高尚品德。

一个班级有严肃的纪律是每个学生顺利学习的保证,而活泼的班风又能使每个学生以更加愉快的心情、饱满的热情投入学习中。严肃的纪律与活泼的班风,二者之间有着密切的联系。严肃的纪律可以塑造一个具有朝气的班集体,而在一个积极上进的班集体中,每个学生会更加遵守纪律。

在小学生中,真正有效的德育是培养学生日常生活中的道德行为。为使学生具有良好的品质,教师必须对学生进行道德教育,耐心细致、潜移默化地塑造学生的美好心灵,同时也不能忽视家庭对学生的影响,所以教师还应该充分利用家长会的机会反馈信息,并利用《素质报告手册》和家长及时联系,为学生营造更好的成长环境。

只要我们有心,学生就一定能健康成长。总之,德育是培养学生的一项重要工作。它既需要我们用一句句实话、一件件实事去打动学生、影响学生,又需要我们开动脑筋,采取积极的措施去帮助学生、教育学生。

我的"下一任"课代表

苏语晨

立德树人,立德为先。对孩子进行德育是所有教师不容忽视的工作。

上学期开始,我担任三年级8个班的科学教师。因为是新的班级,学生和我相互都是陌生的,但根据经验,学生很容易在短时间内熟悉任课教师,而教师熟悉班上每个学生的周期却相对漫长,尤其是我们这种多班教学的综合科目教师。

正是这种"陌生感",让我对每一个孩子都抱有期待,相信他们都是热爱科学、勤奋好学的乖孩子。这种对所有孩子抱有期待的心态,让我与一名在其他老师眼里调皮捣蛋的孩子有了不同的相处经历。

"苏老师,请问您发在QQ群的社团招生需要怎么报名呢?"

"明天中午12:40我们到银杏B厅参加选拔。"

"好的,我一定会来的!"

这是我与他的第一次对话,但我没有太在意,因为我已经数不清对多少孩子说过同样的话了。只是因为他扭扭捏捏的表情和边说话边吞口水的习惯,让我记住了这个腼腆的孩子。

选拔测试结束,我给通过选拔的孩子家长发去信息:"小俊妈妈,孩子今天在选拔测试时获得了三年级组第一名,后面社团正式开课后,请注意提醒孩子准时参加哦!"

小俊妈妈:"今天三年级组是不是没什么人去啊?还拿了个第一!太惊讶了。"小俊妈妈除了这段文字外,还发了一个表示自己难以置信的表情。

我心里想:"小俊妈妈这是什么意思?自己的孩子取得了第一的好成绩,第一反应竟然不是开心,而是怀疑报名的人少才让孩子侥幸拿到第一。"

对此,我意识到小俊可能以前从来没有取得过特别优异的成绩,或者是没有获得过出类拔萃的荣誉,所以他妈妈才会怀疑报名的人数太少,自己孩子运气比较好才得了第一,而不是相信孩子的实力。

我连忙将孩子的测试题拍照发了过去,解释道:"这套测试对于三年级的孩子来说很难,因为很多知识都是他们目前并未接触过的,只有那些热爱科学,并且主动阅读过很多相关书籍的孩子才能取得较为出色的成绩,毕竟五年级组的孩子都没有几个答得上来。"

小俊妈妈:"虽然知道他平时喜欢这些,但是从一年级到现在他的考试成绩始终平平,今天确实挺意外的,回来我会好好夸夸他,希望他因此能对课内知识也燃起兴趣。"

"这说明孩子其实对科学知识是很渴望的,他的求知欲非常强烈,我们要共同努力让孩子把这份热情也传递到更多的学科。"

这是我与小俊家长之间的第一次沟通,我意识到我无意中的行为让孩子在被肯定后更有学习科学的斗志了。戴尔·卡耐基在《人性的弱点》中提到,人们的行为有一项绝对重要的定律,如果我们遵守这项定律,会给我们带来良好稳定的人际关系和永久的快乐。这条定律就是永远使别人感觉自己重要。

人类本质中最殷切的需求就是渴望得到他人的肯定。如果孩子知道某一学科的老师很看重自己,那么他在对应学科的表现一定会相对突出。

果不其然,小俊在我的课堂上始终是发言最积极的孩子之一,而且他的回答总是能恰到好处地解决其他孩子在科学探索中遇到的问题。

越是这样,我对他的关注也就越多,他的一些坏习惯,我也总能包容。可是一味地包容是会出问题的!

新学期开始,小俊总是随意离开座位,不举手就接话,频频打断我的教学思路,甚至有时候为了表现自己有"丰富"的知识储备,故意回答一些与课堂无关的内容。

这让我意识到我的包容对他来说已是纵容,现在急需调整策略!

我第一时间就找到班主任老师沟通情况,得知他平时就喜欢碎碎念,并且极其容易走神、开小差,离开座位、上课喝水更是家常便饭。因为上学期我对他的高度认可,让他有了信心,可时间一久,他就恢复"本性"了。

在一节科学课上,他再次打断我的教学,随意走到我面前问一些无关课堂的问题。这一次,我特意沉着脸,严厉道:"小俊!回到你的座位!不想学习就出去!"

我刻意对他发了脾气,并且在课后把他带到教室外,语重心长地说道:"小俊,你是班上我最看好的孩子,我认为你的脑子里有着数不清的知识,至少在我的眼里你是最聪明的孩子,可为什么新学期刚开始你就像变了一个人,变成了一个没有礼貌、自作聪明、不踏实的孩子了呢?"

小俊委屈地埋着头不敢看我。

我察觉到可能话说得有些重了,摸了摸他的头,安慰他说:"你说,我该用什么办法让你又变成上学期那个聪明伶俐、勤奋好学的孩子呀?"

小俊抬起头,嘟囔道:"让我当课代表吧!"

我盯着他弯弯的小眼睛说道:"你是认为以你现在的表现远胜两位课代表吗?我如果让你当课代表,其他同学会怎么想?——我不听讲、不礼貌、随意离开座位、说闲话、开小差都没关系,毕竟课代表也是这样的。"

小俊说道:"那我是不是改掉,就可以当课代表了?"

"这是第一步,认真听讲是每一个孩子都该做到的。我对课代表有更高的要求,否则没办法服众:第一是要在课堂上认真学习,第二是要积极参与各项实验和比赛,第三是做人做事都要得到绝大多数人的认可。"

小俊疑惑道:"前两个我能做到,但是第三个是什么意思啊?"

"你们班的班长是谁,是不是你们自己选出来的?"

"是我们选出来的,班长是小琪。"

"那你说说为什么大家要选小琪,而不是选你?"

小俊思索了一会儿,说道:"她的作业做得好,字迹工整,上课认真,能帮老师做好事情……"说了一会,他好像醒悟了。

"你知道为什么她能服众当上班长了吧?她的表现深深地烙在同学们的心里,所以选班长时大家都想投她一票,这就是因为她做人做事得到了大家的认可。假如你在科学课上,甚至是平时都能做到这样,我想你到时候不仅能当上科学课代表,竞选班干部都是没问题的。"

就这样,我和小俊约定会关注他今后每一堂课的表现,这是我们私下的约定。后来他的确改变了许多,虽然有时会忘记约束好自己,可我一提醒他就能意识到问题并及时改正。我相信这样坚持下去,他一定会成为新学期的课代表。

通过此案例,我意识到:

第一,作为教师,我们要对每一个孩子都抱有期待,并且要让孩子知道自己得到了重视。孩子们都希望得到家长、老师、同学的认可与看重,并都愿意为此尽一切努力。学会运用这一点,对孩子的成长、对教师的教学都有极大的帮助。

第二,不能一味地纵容孩子,要适当地给予言语批评。教师通常都会有几个特别喜爱的孩子,但是我们不能无底线地包容他们,这只会让他们恃宠而骄,甚至犯下大错误。适当的批评会帮助他们成长,增强他们内心的承受能力。

第三,用孩子的视角去解决孩子的问题。孩子对学习、对同学、对班级都有自己的认识,他们可能关注到了什么是好的学习方法,什么是好的榜样,什么是好的学习氛围,可就是没有意识到自己也能去学习、创造好的学习方法,可以成为别人的好榜样,可以主动去营造好的学习氛围。我们教师要关注孩子的视角,引导孩子自己去解决问题。

运用好这些方法,我发现孩子们都有动力学好任何学科,并能在学习中快乐、健康地成长!

柳絮因风起，葵花向日倾

袁梦希

教育是一条很长很长的路，这条路上，既有阳光雨露、花团锦簇，也有烈日炎炎、凄风苦雨，这都是师者的常态。在教育这条路上，最有价值的东西从来都是看不见的，那就是埋于内心深处的幸福和满足，那就是做一名优秀的人民教师的坚定信念。就是这样的信念，支撑着我不断探索，不断创新，让我每一天都能收获孩子们带给我的快乐，收获世上最纯真的爱，同时，我也用自己如朝露般清澈的爱去关怀着每一个孩子。

去年九月，我成了小学一年级40个孩子的"大姐姐"，教师会议后我拿到了班级新生名单，我在嘴里轻声地念着名单上每个孩子的名字，不禁一边感慨孩子们的名字真好听，一边在脑海里想象孩子们可爱的模样。

新生见面会那天，孩子和家长们陆陆续续来到了教室，这时，一名小男孩蹦蹦跳跳地跑到我跟前，眨着一双清澈的大眼睛，对着我大喊："奥特曼！你是奥特曼！"我内心忐忑了一下，心里嘀咕着："这估计是个不一般的孩子。"

我蹲下身子拉着他的手，微笑着问："你是不是很喜欢奥特曼？"他连连点头。"好的，我现在就是你的奥特曼老师，我邀请你坐到自己的位置上。"我顺着他的话，连忙让他坐到座位上，然后就忙着跟其他小朋友和家长打招呼。

过了一会儿，我就发现这个小男孩竟然把双脚伸到了桌子上，身体靠在椅子上，其他学生和家长面面相觑，场面一度令我尴尬，我赶紧上前阻止。

我弯着腰站在他的桌前，嘴贴到他的耳边轻声说："偷偷告诉你，老师现在正悄悄地观察哪些小朋友坐得好，坐得最端正，做得好的老师就要奖励他一个棒棒糖！"这个孩子听完，连忙坐好，大声喊着："我坐好了！我要两根！"

我的副班主任开始发棒棒糖，这个孩子见状直呼："为什么！为什么他们都有！就是不发给我？"他情绪有点激动，副班主任也有点慌乱，我眼神示意副班主任继续发棒棒糖。而后我蹲在小男孩的面前，用温柔的语气对他说："宝贝儿，我们先不要激动，你听奥特曼老师给你说好吗？"可能这个小男孩没想到在他大吵大闹的时候老师还能如此和蔼可亲，他就慢慢地平静了下来。

"老师今天认识了好多小朋友，但是对你的印象最为深刻，首先老师也特别喜欢奥特曼，你和老师有同样的爱好，所以老师特别关注你。老师一直在观察，我看到我们班其他小朋友从进教室到现在都坐得端端正正，只有你特别好动，老师觉得你一定特别喜欢运动，你肯定是一个活泼聪明的孩子。"我耐心地说。

小男孩听了连忙说："对对对！我喜欢打篮球、游泳、踢足球……老师你怎么知道呀？"这时候小男孩对我产生了信任感，我顺势说："奥特曼老师知道得可多了，以后慢慢告诉你吧！但是你刚刚在教室大声叫喊，奥特曼老师不是很开心，你看到了吗？刚刚得到棒棒糖的小朋友都是表现得很好的小朋友，他们有礼貌、坐姿端正，棒棒糖是他们应得的奖励。你觉得你可以获得这个奖励吗？"

小男孩沉默了，低着头没有说话。过了两分钟我走上了讲台，当着全班的家长和学生说："刚刚我们班的×××同学没有遵守纪律，但是现在他表现得非常好，老师觉得知错就改就是好孩子，哪个小朋友愿意把你手中的棒棒糖分给他一个呢？"我话音刚落就有好多小朋友都起身给他棒棒糖。在我的组织下，小男孩一共得到了3个棒棒糖，我看到了他开心的笑脸，也看到了他对我感激的眼神。谁说小孩子什么都不懂？其实他们什么都懂！这件事后，他虽然有时候还是调皮，但是特别服从我的管教。

自去年以来，班上发生了许许多多温暖的事。有一天我在班上表扬了一个成绩不是很好的同学，那次他听写满分，表扬后我什么也没说，全班同学发出了雷鸣般的掌声，同时还听见一个小男孩轻声说："×××，恭喜你呀，你太棒了！"这种稚嫩而又真诚的声音我好久都没有听见了，那一刹那我心里涌入一阵暖流，不禁感慨小朋友的世界就是这么单纯而美好。

诸如此类温暖的小事每天都在班级里上演。这学期我们班转来了一名小女生，初次见她时我觉得她有些腼腆，但是总体来说还是比较大方的，和同学相处得也很好，但是有一天她妈妈打电话告诉了我她以前的经历：在以前的学校她压力非常大，每天做作业都哭，在家从来不和父母交流，虽然才一年级家里人却再没有看到过她的笑容。当时我非常惊讶，一年级正是培养孩子学习兴趣的阶段，怎么会有如此大的压力？如此可爱的孩子怎么连沟通都不愿意呢？她妈妈接着说，可是来到我们班之后，孩子每天都在放学路上给爸爸妈妈分享学校里有趣的事，还给爸爸妈妈感叹这里的老师和同学都很好！听到这里我突然很感动，因为从工作到现在很多时候我扮演的都是严母的角色，有时候会忽略孩子们是多么可爱，当这个家长告诉我之后我才恍然大悟，在我和他们相处的这一年时间里，他们养成了许多美好的品质：比如同学之间互帮互助、彼此鼓励、懂得谦让等。这些美好的品质是我这个"班妈妈"在平时一点一滴的浸润中帮助孩子们养成的，这美好、馨香的班级氛围让我们感到幸福，我也一定会尽我所能为孩子们打造更温馨、更温暖的家园。

"我始终相信,每一个孩子,都是爱笑的天使,每一双眼眸,都拥有给世界带来快乐的美好希冀;或许有些天使在降落的时候忘了带上翅膀,不过终有一天,他们都会重新展翅飞翔!匆匆的时光里,作为老师的我们能做的也许十分有限,但相信只要我们用心,孩子就会拥有那个属于自己的海阔天空的世界,它不一定是第一,但绝对是唯一。"我第一次阅读到这段话时,就摘录下来并一直记于心间。

成为老师后我感到特别幸福,我幸福于看到孩子们纯真的笑容,听到孩子们快乐的歌声,感受到孩子们愉悦的心情。苏霍姆林斯基说过,热爱一个学生就等于塑造一个学生,而厌弃一个学生无异于毁坏一个学生。有爱就有幸福,有爱就有成功,有爱就有快乐。如果老师是园丁,学生就是花园里的小树;如果老师是耕耘者,学生就是肥沃的田野。作为班主任,不仅要为小树修枝剪叶,还要播种、施肥、灌溉,直到小树长大,结出累累果实。在此过程中,你会体会到这工作是多么美妙,生活是多么快乐!

我的教育生涯才刚刚开始,我会带着对未来的希冀、对孩子们天真笑脸的期盼继续前行。我相信每一位人民教师都有自己的教育理想,我希望把心中丘壑化为实践,把爱化作阳光,去温暖孩子们,把情化作雨露,去滋润孩子们。几年后的夏日,我一定能看到鲜花盛开、绿树成荫。一代人有一代人的长征,一代人有一代人的担当,作为一名人民教师,我应当不断为自己注入生机与活力,为教育事业奉献终身;作为一名人民教师,我应该积极向前辈学习,不断充实自我,不断成长。我相信,青年教师将如初春,如朝阳,如百卉之萌动,如利刃之新发于硎,只要我心中的信仰之火熊熊燃烧,那么啮雪吞毡也如饫甘餍肥,愿我坚守初衷,始终如一。

"柳絮"乘着"暖风"漫天飞舞,"葵花"向着"暖阳"肆意绽放,教育者就是那"暖风"和"暖阳"。此生为师,何其幸哉!

我和学生的秘密小纸条

陈雨菡

我们班的42个孩子,有42个小秘密。

他们都和我有一个特殊的交流渠道——小纸条。

这个想法其实是来自我母亲对我的教育,我永远记得在我青春期时,我母亲偶然间看到我的书包里有一封同班男生给的信。她当时没有像有的青春期孩子的家长一样对"女儿的早恋"暴跳如雷,也没有拿出信质问我在学校究竟有没有认真学习。她给我写了一封长长的信,用文字告诉她的女儿应该怎样正确处理青春期的情愫和与同学之间的关系。这对于当时那个处于青春叛逆期、自尊心极强、听不进劝告的我来说,无疑是最有效、最受用的方式。

所以,当我成长为一个大人,成为一名教师后面对班上这些学生时,我总是会想起那时候的母亲和自己。每一个学生都是独一无二的个体,他们都有自己的想法,有自己处于这个年龄段的自尊心和表现欲。如果我通过某种方式,既可以保护他们内心的那份敏感,又可以让他们感受到老师的关注,那么我的教学肯定会事半功倍。

所以我就想到了可以和学生进行"秘密交流",时不时地给学生递一张秘密纸条。对内向的学生,我在纸条上写的可能是鼓励的话,对敏感的学生写的可能是关心的话,对外向的学生写的可能是日常的趣事,对容易犯错的学生写的可能是善意的提醒。在纸条上,我会告诉他们最近哪些地方做得好,哪些地方需要改进。时不时地也会给他们说一点"陈老师的小烦恼",这些"烦恼"都是我预设好的和他们自己身上的某些问题有关联的话题。这样一来,可以让他们通过帮陈老师解忧,找到改正自身错误的方法。

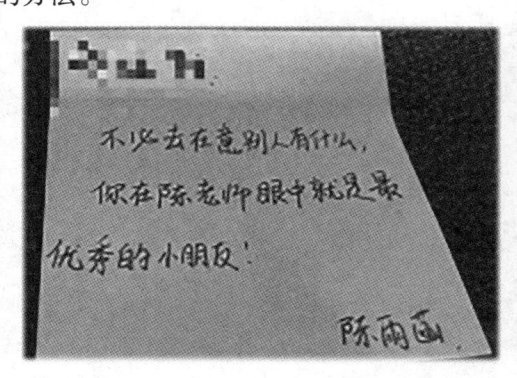

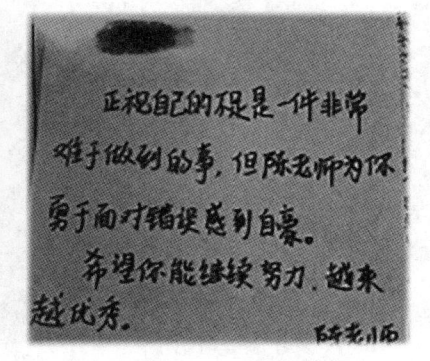

这些纸条对于学生来说,代表了老师对他们的肯定、关注、信任和关爱,我也很惊喜地发现,他们会非常认真地读上面的每一个字,并且把这些纸条仔细保存下来。他们不仅会给我文字上的回应,更多的还会给我行为上的回应。

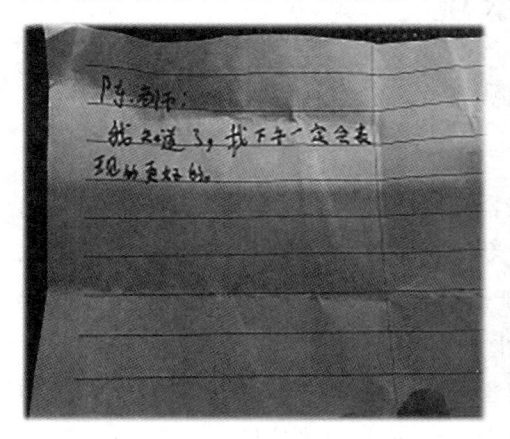

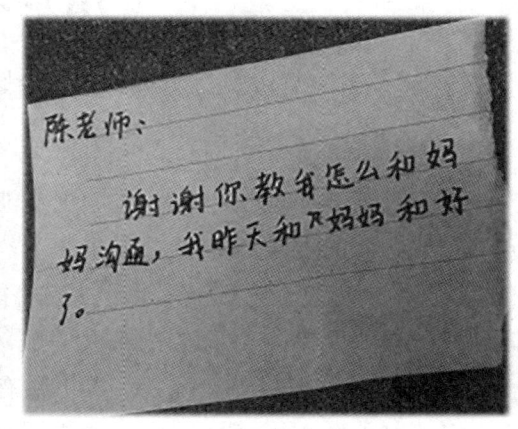

渐渐地,班上的"调皮精"变得更懂事了,羞涩、不愿意表达情感的学生也会和父母好好沟通了,内向的学生也愿意和我交流他最近遇到的开心事和烦恼,班级的氛围和学生的习惯,都在这一张张小纸条的积累中变得越来越好。皮格马利翁效应在我的班级里得到了验证。学生的情感和观念在教师的积极影响和积极暗示下,得到了正向的发展。

所以,对于学生来说,肯定、期待、关注代表着一种巨大的力量,比任何说教都更有效。学生获得我的小纸条时,便感觉获得了极大的支持,从而变得自信、自尊,并从每一张小纸条里获得积极向上的动力。他们还会更加努力地回应我的期待,以避免让我失望,从而使这种正向的影响不断延续下去,让我们的班级管理不断向前进步。

用爱求证

吴秋菊

今天上课需要使用反馈器,我刚把反馈器拎到教室,还没打开,小谕已经帮我打开了。他拿出接收器,准备连接到电脑上。我无意中瞟了一眼装反馈器的盒子,咦,有情况!盒子里有5个大空格,每个大空格能放10个反馈器,一盒有50个。平时都是满满的,今天却有一个格子没装满,我一数,少了一个反馈器。

我的大脑迅速转了起来,反馈器上贴有学号,一查就能知道丢的是谁的,但这也不一定是本人的问题。丢失的这个反馈器是上次没还,还是刚才被谁拿走了?

怎么办呢?不上课,来个全班大清查,还是……

思考了一下,一个想法浮上心头。

在正常开始上课前,我直接把反馈器发了下去。发下去后,我把请假孩子的反馈器收了回来,问了一句:"同学们都拿到了吧?有没有人没拿到?"教室里很安静,没人回答我。我一看盒子里就笑了,暗暗得意,我的方法奏效了。今天有3个孩子请假,盒子里还剩3个反馈器,现在班上人人都有,说明丢失的那个也被拿出来使用了。下课收的时候认真清理,就能找齐了。只要能找到反馈器,是谁拿的我就不去追究,他们应该只是好奇,批评教育一下就好了。

这是一节神清气爽的课,反馈器发挥它独特的功能,即时反馈、精准定位,我讲得很成功,孩子们也很配合,教学效率很高。

下课了,该验收成果了,结果却出乎我的意料,第二组7个人,只交了6个,小月没交。她说这节课就没发到她的,上节课她是交了的,小组长也承认收了她的。我的火"噌"地冒上来,严厉地问小月:"上课时,老师问有没有人没拿到,你为什么没回答?"小月害怕地小声说:"那时候,我以为还没发完。可是等了一会儿,也没有我的。您已经开始上课了,我就没说。"

我的小计谋落空了,心里既着急又难过。再次审视小月的眼睛,我相信不是她。我强迫自己冷静下来,思考这件事情的前因后果。我相信这个孩子没有恶意,他可能是因为对反馈器太好奇,才做错了事。怎样做才能既保护孩子的自尊心,又能让他认识到自己的错误,并找到反馈器呢?

我理清了自己的思绪,在午课时,给孩子们讲了这样一段话:"同学们,这段时间我们用反馈器来开展学习,这样的学习方式大家都很喜欢,收到了很好的效果。反馈器作为一种学习工具,发挥了极大的作用。但它的作用也是有限的,只能限于这一间有接收器的教室,出了这间教室,它就不灵了,按哪个键都不灵了。"

孩子们还不知道我想表达什么,但听到"不灵了",都哈哈大笑。

我话锋一转:"但是,今天我们班的反馈器少了一个。如果找不回来,以后就有一个同学没法用了。"孩子们开始左顾右盼、窃窃私语,相互证明自己是交了的。

我接着说:"吴老师在想,它是什么时候少的呢?又是谁拿的呢?拿来干什么呢?我相信我们班的孩子不是见财眼开的人,不会把班级的物品据为己有,不会影响大家的学习。拿走反馈器的同学应该只是好奇,觉得反馈器很神奇,想研究一下。但不经过老师同意私自拿走是不对的,我希望这名同学能够认识到自己的错误,主动归还。只要你主动改正自己的错误,老师和同学们都会原谅你。你可以悄悄地把反馈器放在我的桌子上,吴老师肯定既往不咎。"

爱出风头的小毅抢着说:"吴老师,您可以查监控。"

真是个好助攻,我会心一笑,说:"当然,教室里是有监控的,拍的视频至少可以保存三个月,声音、画质都非常清楚,要查是肯定能查出来的。但吴老师不想这样做,我爱你们,我相信我们班的孩子是品行端正、有错就改的好孩子,希望明天那个同学能向大家证明这一点。同学们,你们相信吗?"

"我们相信!"全班异口同声地说。

第二天,我吃完早饭回到办公室,那个丢失的反馈器已经摆在我的桌上,端端正正,显然是用心放的。

课堂上,我表扬了那个知错就改的好孩子,表扬了全班孩子给予的爱护与温情。孩子们看着我,静静地微笑,他们没有问:是谁?49双宝石般的眼睛望着我,幸福的花,从我的心头开上了我的眉头。

有同事问我,你就不好奇?不想去看看监控,看看是谁来还的反馈器?是的,我不好奇,我不想,也不愿给我可爱的孩子们贴上标签。在我看来,只要用爱去面对,用爱去求证,用爱去感染,用爱去消解,每一颗看似冰冷的心都可能融为春水。

爱的教育，德育先行

郭谨雯

参加工作不久后，我曾经看到这样一句话：爱自己的孩子是人，爱别人的孩子是好人，而爱别人不爱的孩子才是教师的崇高境界。很庆幸自己在初入教师这一行时能看到这样一句给予我启发的话，让我在与学生的相处中也深切地明白：每一个孩子，无论是乖巧的还是调皮的，都有一颗真诚纯洁的心灵，都有被尊重、被赏识的愿望。面对学习、思想、行为等方面存在一定差异的、调皮的学生，诚挚的师爱往往比严厉的批评教育更能有效地促使他们改正错误，填补他们心理的缺陷，消除他们心理的障碍。

我班上有一个男生，课上总是做小动作，乱讲话，招惹前后左右的同学，离开座位，违纪行为层出不穷，各科任老师对软硬不吃的他也颇为头疼。更让我头疼的是脾气比较暴躁又我行我素的他课间常因小事与同学发生冲突。开学初那会儿，每次他课上违纪、课后与同学发生冲突时，我总是严厉批评他，列出他犯的各种错误，但每次面对我的批评，他总是会扬起下巴，眯着眼睛向下看，懒散地站着，摆出一副无所谓的样子，对我的话不作任何回应。在接到几次同学们的投诉之后，对这位屡教不改的学生我已渐渐失去耐心。在一次与家长的沟通中，通过家长的话我了解到这孩子有多动症，脾气比较暴躁，在家里谁的话也不听，父母工作忙，也没有太多时间管他。回来之后我仔细回想了他开学至今各方面的表现，想起了他也曾在课堂上积极回答问题，虽然他总是爱乱动，但在老师的关注下他还是会认真听讲；想起了他总是积极地帮老师擦黑板，帮老师把午餐抬进课室，餐后总抢着和同学一起把餐具送回食堂；想起了他在帮老师喊口令整理队伍时努力好好表现的神情；想起了他在跑操时被我抓到队伍前面带头反而跑得更规矩的情形……

原来，他也是一个单纯的渴望被关注、被肯定的孩子啊！在老师的信任和鼓励下，他也是能做好的。是不是我从前的教育方式错了？是不是我也太过急躁了？以至于错过了和他好好沟通的机会……此后，在他又调皮犯错的时候，我不再急于指出他的错误，不再急于严厉地批评他，我想，他本质并不坏，也许他调皮违纪、与同学起冲突也并不是故意的。这样多动又调皮的他，其实更需要老师给予更多的耐心、引导和关爱，给予最大限度的理解、宽容和善待，这样才能促使他更深刻地认识到自己的错误,更快速地改正。在改变策略后,我也慢慢地发现,他在学习、思想、行为等方面存在的问题,正是他被忽视、被冷落导致的。有一次,我没有像从前一样带着责备和不满的语气批评他,而是语气平和、轻声地问他原因,而他也是开学将近一个月以来第一次面对老师的教育时缓和了态度,积极配合老师,讲清楚了事发原因和经过。在这次"温和的教育"过后,我发现他上课比从前更专注了,小动作减少了,也更积极地举手回答问题了。在他迅速回答出我课上提的问题,展现出他丰富的词汇积累的时候,我既惊讶又激动地和其他同学一起给予了他热烈的掌声和肯定。虽然他偶尔还会再犯从前的毛病,但在老师的提醒下,他也慢慢学会约束自己了。为了鼓励他不断改进,激发他的自信心和上进心,课上他举手回答时我都尽可能多地提问,让他担任我们班的体育委员,课间操的时候让他跟在我身边一起领跑,这样既能监督、教育他,也给予他肯定自己、表现自己、发现自己的价值的机会。

有一天,我接到了他母亲的电话,她说:"孩子回家写作业越来越积极、越来越认真了,他还说他很佩服郭老师……"我听着,内心又是一阵激动,我深呼吸一口气,感觉内心暖暖的。虽然他的改变还不是很明显,他的进步还不是很大,但是,我确定这个方法对于孩子是有效的。被学生信任的感觉真的很棒,"爱别人不爱的孩子才是教师的崇高境界"这句话再次浮现在我的脑海中。原来,孩子看起来最不值得爱的时候,恰恰是孩子最需要爱的时候,每一个孩子都值得被爱。再调皮、再暴躁的孩子,同样拥有一颗真诚纯洁的心灵,也有被尊重、被赏识的愿望。有时,调皮难驯的孩子的心灵反而是最敏感的,他们能够通过老师对自己的态度来判断老师是否真心爱自己。同时,他们也渴望老师能够时时刻刻关心、爱护自己。罗林塔尔效应告诉我们:只要教师真心爱学生,并让他们感受到这种爱,他们就能用极大的努力向着教师所期望的方向发展。

曾经我以为不讽刺、不挖苦、不歧视、不体罚学生就是关心爱护,以为嘘寒问暖、为学生提供物质帮助就是关心爱护,以为关注学生的学习状况、考试分数就是关心爱护,殊不知,真正的关心爱护,不仅是生活上"扶贫",学习上"扶智",更应该是精神上"扶志",品行上"扶德",心理上"扶健"。有人说,对学生,可以没有爱,但要有尊重。我却以为,尊重就是一种爱,真正的爱不能没有尊重。很难想象,一个无视学生人格、漠视学生尊严的教师,会是一个热爱学生的教师。一个善于爱学生的教师,他一定懂得尊重学生的自尊心,像保护自己的眼睛一样保护学生的尊严。苏霍姆林斯基认为,只有教师关心学生的人的尊严感,才能使学生通过学习而受到教育,教育的核心,就其本质来说,就在于让儿童始终体验到自己的尊严感。反之,伤害了学生的自尊心,就会阻碍学生的进步和发展,甚至毁掉他们的前途。一个善于爱学生的教师,他一定懂得尊重学生的个性。

面对刚刚进入一年级的学生,道德教育与心理教育的过程是一条漫漫长路。还记得刚开学时,孩子们背着小书包独自一人迈进了小学的大门,面对陌生的环境和陌生的同伴,他们都悬着一颗心,睁大小兔子一般的眼睛,警惕地观察周遭的环境。在这样的氛围中,班上一名胆小的女孩像是撑爆了的气球一样,把自己内心的不安、惶恐、害怕变成一颗颗晶莹的泪珠挂满了脸庞。我悄悄把她领到班级门口,擦干净她脸上的泪珠。这一分钟里我们什么都没有说,她的情绪却渐渐稳定了下来,这时我才开口问道:"孩子,怎么了?"她突然抱住我,那一刻我仿佛成了一叶扁舟,我成了她在这个陌生环境中唯一的支柱。她压着声音对我说道:"郭老师,我害怕。"我安抚着她的情绪,缓缓说道:"为什么害怕呀?能不能和郭老师讲一讲?我们不是好朋友吗?"她点点头,鼓足了勇气,低着头小声地说:"因为我每天都找不到教室,我害怕。"突然间我恍然大悟,原来这个小不点是个"小路痴"呀,找不到教室害怕极了,只能憋在心里。

我蹲下和她面对面说话:"这样好不好?郭老师这几天早上都站在教室门口等大家,大家一看到我就知道我们班的教室在哪里了,怎么样?"她和我对视着点点头。从那之后的几天,每每一到早晨我就站在门口招呼着孩子们进教室,注视着他们背上小书包走进教室的背影,那个女孩也能顺利找到教室了。孩子始终是孩子,他们的内心柔软脆弱,作为教师我们除了需要在面对他们激动的情绪时保持冷静之外,更多的是要有保护他们的耐心,只有这样他们才能在试错中慢慢长大。

作为一名教师,面对着这样一群天真无邪、渴求知识,有着五彩斑斓的梦想的孩子时,除了引导他们学习知识之外,我们也应给予他们无私的爱,让他们感受到爱,教会他们如何去爱身边的亲人、师长、同学。孩子需要爱,教育呼唤爱。唯有爱的雨露才能催开最美的花朵;唯有爱的交流,才能搭起师生之间心灵的彩桥。教育的事业是爱的事业,我们的教育就应该像春风那样慢慢吹开学生的心扉,就应该像春雨那样"随风潜入夜,润物细无声"。爱像一团火,能点燃学生心头的希望之灯;爱像一把钥匙,能打开学生心头的智慧之门。爱是洒满学生心灵的阳光,能驱散每一片阴暗,照亮每一个角落,融化每一块寒冰。愿每一位教师、家长不光有爱,而且善于爱。

巧管"任性儿"

张红梅

案例：

露儿，六岁。活泼、好动，劳动时特别积极，爱帮助同学也爱欺负同学，上课专心听讲、写作业时比谁都能干，一旦她不来劲了，就会扰得其他人不得安宁。对老师的管教也是时而配合，时而漠视。老师常说她乖起来像只小白兔，任性起来又像一头牛，还总是和你对着干。

刚开始，我对她这样的任性实在没有办法，不知道该如何去管教才好。讲深了吧，她听不懂，也不配合；浅了吧，她根本就是敷衍你。教育她时，她总是乖乖的，好像什么道理都明白了似的。可一转身就管不住自己了，把老师讲的话抛到了九霄云外。每天，我都会和她反反复复地重复一件事：她犯错误—我教育—她改正—她再犯错误—我再教育。几天下来，我特别疲倦，教育也没有效果。后来，我就想：为什么这家伙这么任性啊？

其实，任性是孩子在成长过程中的一种常见现象。到了两岁左右，随着独立意识的发展和个性的逐步形成，孩子就会有自己的想法，有一定的行为目标，一旦自己的愿望没有实现或是行为受阻时，就会发脾气，产生抗拒行为，不服从大人的管教。具体表现为满地打滚、哭闹、摔东西等。而有的家长对这种现象往往会做出几种反应：拳脚相加、严厉制止；听之任之、放任自流；言听计从、妥协投降，这些反应都是错误的。那么，当孩子任性、哭闹、不听话时，家长应该怎样处理呢？

首先，对于孩子的任性，家长要弄清原因。孩子的任性，并不是故意和大人作对，不听管教。实际上，这种现象体现了孩子的"反抗"心理，是孩子自我意识、独立品质发展的重要标志。家长应在弄清原因后，有区别地对待，有针对地处理。

其次，要掌握正确应对孩子任性的几种方法。

1.激将法

利用孩子好胜的心理，激发他们的自信心以克服任性。

2.注意力转移法

孩子的注意力具有易转移、持续时间比较短的特点。当孩子提出无理、过分的要求时，家长可以利用一些新奇、有趣的事物吸引孩子的注意力，使他的注意力发生转移，从而将刚才的要求淡忘。

3.沉着冷静法

其实，孩子的任性行为有时蕴藏着积极的因素，孩子的"不听话"并非全是坏事，这种孩子往往兴趣广泛，有独到见解，适应环境的能力强，心理发展比较健康。因此，当孩子发脾气时，家长要沉着冷静。一方面不能百依百顺，无原则地去安抚；另一方面也不能暴跳如雷，责骂吓唬孩子。孩子发脾气时，往往处于兴奋和激动的状态，家长的话可能一句也听不进去。这时，家长可以不去理睬他，暂时离开他，等孩子的情绪稳定后，再慢慢地对孩子说明这件事不能做的原因。

4.以身作则法

家长要以身作则，要让孩子有正常的情绪，少发脾气。家长要做出榜样，平时与家庭其他成员相处时，不能因一点小事稍微不顺心就大发雷霆，要做到情绪稳定、性格乐观，保持家庭生活的和谐。这样，孩子就会保持一种平和的心态，在平和的环境下学会控制自己的情绪。

5.挫折教育法

由于现在的孩子大多都是独生子女，家长一般对他们呵护备至，事无巨细地照顾他们。因此，他们缺少在困难和挫折中成长的机会。当孩子遇到困难时，家长应起到指导帮助的作用，而不是越俎代庖。这样可以锻炼孩子的意志，增强其独立意识，从而让孩子懂得关心、爱护、帮助、体谅他人，养成良好的习惯。

此外，在教育孩子时，家庭成员的态度要一致，不能一个唱"白脸"，一个唱"红脸"，甚至当着孩子的面发生争执，这样就会给孩子可乘之机，会使孩子一有机会就故伎重演，从而给纠正坏习惯造成阻碍。

做孩子的"及时雨"

唐琴

我是一年级的班主任及语文老师,由于工作的变动,今年是我第二次任教一年级。我深知一年级的班主任教育工作纷繁复杂,一年级的学生年龄小,童言无忌,所做即所想,约束能力差。他们在与同学相处时,经常会因为一些学习、生活中鸡毛蒜皮的小事发生冲突,可能就是一句话、一个眼神、一个小磕碰、一次小接触,或一次道听途说,许多时候还是误会造成的。同学之间交往时,难免会产生这样或那样的小摩擦、小碰撞,俗话说得好:"时间长了,哪有勺子不碰锅沿的?"那么如何正确处理小学生之间的矛盾呢?这就需要老师及时有效地去解决问题——做孩子的"及时雨"。

如果老师未能及时处理且处理不当,轻者,会造成学生心理上的创伤,还会影响孩子之间的友谊;重者,会引起双方家长的矛盾、纠纷。所以,学生之间有矛盾时,老师要引起重视,及时解决,有效沟通——做孩子的"及时雨"。

教育案例一:

一天,我正在办公室批改作业,菲儿冲进办公室,气喘吁吁地跑过来对我说:"唐老师,我的衣服被别人乱涂乱画了。"

我马上看了看,有些生气又有些震惊,生气是因为菲儿没喊报告就进办公室,震惊是因为菲儿的衣服居然被别人乱涂乱画了。我一向教育学生在别人身上乱涂乱画是不道德的行为,怎么还会出现乱涂乱画的现象呢?

我先平心静气地对她说:"进办公室之前是不是应该喊报告?""是的,唐老师。"她坚定地对我说。

菲儿一向是个有礼貌的孩子,可能这件事情让她生气极了,以至于忘记喊报告。于是菲儿走出去了,喊了报告后再重新进入了办公室。

我微笑地回应道:"请进。"

菲儿进来后,我连忙用左手摸摸她的小脑袋,用右手对她竖起大拇指,直夸她做得不错,知错就改就是好孩子。

菲儿听后开心极了。

俗话说:"人生拥有平和的心态,才是最高境界。"人是容易情绪化的动物,嬉怒笑骂,大喜大悲,都是人之常情。大家都有平和的心态,才有利于进一步沟通交流。所以，这时我才心平气和地向菲儿问道："别人为什么要在你的衣服上乱涂乱画呢？是别人不小心还是有意为之呢？"

菲儿想了一会儿，断断续续地说："坐在我前面的妹儿撅着屁股在帮助同学画画，然后我打了她的屁股，她就在我的衣服上乱画。"

"这是谁的错呢？"我严厉地反问道。

菲儿不好意思地回答："是我的错，我不应该打她的屁股。但是……她也不应该在我衣服上乱画……"

菲儿有点儿意识到自己的错误了。

"是的，妹儿处理问题的方式不对，她不应该在你的衣服上乱涂乱画，应该报告老师，而你也不应该打她的屁股，如果你不打她的屁股，她会在你的衣服上乱涂乱画吗？事出有因，你是事情发生的起因，也是不对的。你们应该互相道歉。"我坚定地对她说。

菲儿点了点头，她已经意识到自己的错误了。我继续询问道："还有吗？"

菲儿点点头继续补充道："坐在后面的紫儿也在我衣服上乱涂乱画了。""那你知道原因吗？"我追问道。

菲儿疑惑地对我说："我也不知道她为什么在我衣服上乱涂乱画。""那你把她们叫过来，老师要具体问一下。"

随后那两名学生也一起过来了，我问了问紫儿，紫儿说："我只是想和菲儿玩，她不和我玩，我就在她身上乱涂乱画。"

听后，我故意睁圆了眼睛，笑着对他们说："你们的思想竟如此奇妙。"她们偷笑。

"别人并没有恶意嘛！"我转身笑着对菲儿说。

"紫儿、妹儿，你们确实不应该在别人身上乱涂乱画。如果别人在你的身上乱涂乱画，你们是什么感觉呢？"我严肃地对她们说。

"不舒服！"

"很讨厌！甚至有种想打人的冲动！"

"是啊！这就叫作换位思考，感同身受。"我握着她们的小手告诉她们。

谜团终于解开了，我笑着对她们说："这没什么大不了的，老师还要表扬你们主动承认错误！"

"你们现在能原谅彼此了吗？"我亲切地对她们说。

"能！"她们异口同声地回答道。

烦恼烟消云散，她们心里也乐开了花。

最后，我让她们相互握手道歉。她们和好如初，开开心心地走出了办公室。

因为菲儿的衣服上有别人画过的痕迹，如果不及时告诉菲儿家长的话，他们回到家看到孩子衣服上的痕迹,肯定会很生气,而放学后孩子如果未能向家长正确地解释这件事情的原委,可能会引起家长的误会。所以我通过打电话的形式,把这件事情告知了各方的家长。

我给菲儿的母亲打电话告诉她整件事情的经过,她表示理解,孩子们没有恶意。我也给另外两方的家长打了电话,他们在知道这件事是自己孩子造成的之后,主动承担责任并表示要把菲儿的衣服拿到干洗店洗干净后再归还。

教育案例二:

不知不觉就到了一年级下学期了。我在平时的教学、与科任老师的交流及与同学们的相处中,认真观察、了解了同学们各方面的兴趣特长和能力。

这一天,我询问全班同学:"谁有能力担任班长呢?"大家都想担任班长,非常积极踊跃地报名。

见状,我先告诉同学们担任班长首先得认真负责,重要的是以身作则,能够起到榜样作用,还能够做老师的小帮手。我还补充了担任班长需要具备的各种能力,这时候部分同学很遗憾地把高高举起的手放下了。

于是我采取了先提名、同学们再举手表决的方式。最终选出了一男一女,叶儿为班长、语儿为副班长。

铃声响后,下课了,有三名同学急匆匆地跑过来对我大声地说:"叶儿在爬图书角,还把上面的牌子弄掉了!"

"啊!"我心想,才选了叶儿为班长,怎么这才下课就犯错了?

我抑制住心中的愤怒,前去探个究竟,正好看到叶儿在挂那个牌子,我心平气和地问道:"这个牌子怎么回事?"

看到此事的其他同学说:"上面的牌子自己掉下来了,叶儿想把它挂上去。"

"原来如此!叶儿你是想主动把牌子挂上去,因为够不着就爬上书柜去挂,结果还是没能挂上去,是不是呢?"我一手拿着牌子,一手抚摸着叶儿的头,微笑着说。

叶儿不好意思地笑了。

我对向我打报告的那几个孩子慎重地说:"有事告诉老师是对的,但是遇事不要着急,先弄清楚事情发生的起因经过,再来告诉别人,不要盲目跟从,不然的话,不仅会冤枉别人,还会闹笑话呢!"

这几个孩子面面相觑,无所适从,羞愧地低下了头。

为了避免此类事件重演,下午的语文课上,我又郑重其事地讲了一遍这件事,同学们都吸取了教训,表示要做一个聪慧的孩子,不是亲眼所见就不要盲目跟从。

同学们通过这件事也学到了一个词语——"盲目跟从"。

"语文学习可谓是无处不在呀!"大家你看看我,我看看你。

在接下来的日子里,我在班上接二连三地强调了这件事。迄今为止,班上虽有此类事情发生,但是同学们都能够互相帮助并解决问题。我也轻松了许多。

两个月后,当我在讲《猴子捞月亮》这一课时,同学们读完课文后,我提问:"读完课文你们学到什么了?"有同学提及,课文里猴子的故事就像之前发生的这件事情一样,我们遇事要沉着冷静,要学会观察,仔细思考,不要盲目跟从。

看来这件事情深深地印在同学们的脑海里了。

教育反思:

一年级学生在相处时,相互之间有矛盾冲突是很正常的,也是避免不了的。面对一年级学生之间的矛盾冲突,老师一定要冷静,要做的是积极引导并及时解决问题,绝不是火上浇油。还要认识到学生之间常常是当面有矛盾,但也能很快握手言和。孩子都爱接受表扬,因此正面引导比批评惩罚的效果更好一些。

如何做孩子的"及时雨"?通过这两个案例,我总结了六点。

第一,沉着冷静。俗话说:"君子宜净试冷眼,慎勿轻动刚肠。"也就是说,君子不论遇到什么情况,都应注意保持冷静的态度,细心观察,切记不要急躁,以免坏事。大家都有平和的心态,才有利于进一步沟通交流。所以,案例一中我先心平气和地问菲儿:"别人为什么要在你的衣服上乱涂乱画呢?是别人不小心还是有意为之呢?"这样才能为我们接下来的沟通交流打下良好的基础。

第二,查清原因。了解是教育的钥匙,是公正客观解决问题的前提。趋利避害的本能让学生犯了错误,不会轻易认错,除非老师拿出强有力的证据。为此,案例一中的我深入了解矛盾产生的原因,才能有分寸地对症下药,解决矛盾。

第三,端正自身态度。小学生之间发生矛盾后,会出现告状现象。老师此时应耐心听完双方的辩解,认真对待,这也会增加学生对老师的信赖感。因为有些事在成人看来是鸡毛蒜皮的小事,但在小学生的心目中却是大事。学生往往把向老师告状当作解决问题的方式,老师如果认真听了,矛盾也就解决了一半。因此,案例二中我认真倾听了学生的不同说法,没有严厉地批评学生,只是做好积极引导。

第四,批评与自我批评相结合。学生发生矛盾,双方都有责任。老师将双方聚在一起,让他们先说说自己做错的地方,再说说对方错在哪里。再告诉他们如果自己错了要向对方道歉。当一方做自我批评时,另一方的气也消得差不多了。借此机会,老师还可以进一步引导双方明白团结的重要性。另外,对个别学生进行批评教育,发扬相互谦让的精神也是处理小学生之间矛盾的好方法。因此,案例二中我先让学生反省自己的行为,及时表扬主动承认错误的学生,打消他们推卸责任的念头,也向他们暗示了犯错并不可怕,知错就改是正确的行为,是值得称赞的。

第五,和家长沟通。如果造成的后果比较严重,如衣服被乱画、撕烂,东西被摔坏,身体受伤等,老师要及时将事情告知家长,若有需要赔偿的情况则应协调双方家长,合理解决问题。案例一中我通过打电话的形式,把菲儿、姝儿、紫儿的事情告知了各方的家长,避免了家长之间产生矛盾。

第六,及时救助。如果有学生受伤,老师要边通知家长,边把学生送到学校医务室及时进行救助,处理不了则需立即拨打120求助。在我的案例中未出现受伤的情况,但是一旦出现此类情况应及时进行救助,毕竟生命重于泰山!

看到孩子身上的潜力

尹林林

教育就是一棵树摇动另一棵树,一朵云推动另一朵云,一个灵魂唤醒另一个灵魂。作为班主任,我们需要用爱去浇灌孩子,用责任心教导孩子,需要在他们的人生道路上不停地引导和帮助他们。

我刚接手这个班级的时候,孩子们正在上三年级,在跟前任班主任交接工作时,得知班上男生比女生多,在小学,大多数班主任都希望班级里女生多,不希望男生多,因为男生一般更有可能出现打架、课堂注意力不集中、不守纪律等一系列问题。可这个班不只是男生多,班里还有几名男生的行为习惯不是很好,会在课堂上影响其他同学,并且经常与同学发生摩擦,或者不知道怎么与同学相处,而其中最典型的是一名转学生。

他是在二年级转校来这个班的,由于是插班生,来了以后与同学相处得不是很好,可这个孩子非常好强,再加上爱通过打架处理问题,班上同学不愿意和他一起玩,越是这样他就越容易与同学发生肢体冲突,他认为通过打架可以征服其他同学,反复打架,让前班主任管理起来很头痛。当我得知这个消息以后我就在思考:是什么原因造成孩子这样的性格的?他的家庭教育是怎样的?这些问题直到我真正走进这个班见到他后,才有了答案。

第一天我看到他很热情地想要在我面前表现自己,我很快就把名字与人对上了号,于是我让他做劳动委员,帮助我一起管理好班级的卫生,同时我告诉他作为班干部一定要做好榜样,让同学看到并且学习,所以有什么事情一定要记得三思而后行,课堂上也要学会控制自己的行为,认真听讲。他答应得很爽快,并且保证一定会尽全力。我在背后默默观察他的一举一动,没想到在担任班干部的第三天他就因为班级卫生的问题,和班里的另外一名男生打架了,并且上升到使用"武器"的程度,两人用扫帚在楼梯间大打出手。我了解到的情况是,他们两人以前就有过节,并且双方家长都要求孩子不要跟对方玩。这次只是因为安排卫生意见不合两人就大动干戈。了解事情以后我分别与双方家长沟通,让他们相互道歉,并且接下来一起打扫班级卫生,要是一方不配合或者卫生不合格,两人一起受罚。经过一天的磨合,慢慢地,在做卫生时两人开始有了交集,会主动和对方沟通,也会慢慢帮助对方把教室卫生做干净。

当我看到两人交流时,我就说:"班级卫生挺辛苦的,小孙愿意跟小皓一起承担卫生工作吗?你们一起做劳动委员,要是你们能够认真对待这份工作,我会给你们奖励。"两人异口同声地说:"我们可以。"我的目的达到了——先让他俩学会相处。

在他们后来的学习和担任劳动委员的过程中,我会经常关注他们给同学安排任务的情况,比如班里孩子会不会不配合,也教导他们想要吸引别人,就得先把自己的事做好,展现出自己的魅力和优点,而不是去强迫别人或者直接动手,这样强迫出来的朋友不会是你真正想要的朋友。我也从多方面了解到小孙有很多才艺,他会游泳、跆拳道、单簧管、画画,针对他的才艺,我在班级开展了"自我展示班会"活动,邀请他在班会课上展示他的单簧管,他一曲一曲地吹着,我就让孩子们静静地听着,我从其他孩子的眼里看到了他们对他的看法发生了变化,大家对他投去了欣赏的目光。当他结束表演时,我带头喊着:"小孙再来一曲,再来一曲……"

从那一天起我看到了他的改变,从此班上的"恶魔"开始向"天使"转变。上课时我都会特别关注他,只要他认真听课并举手回答问题,我都会微笑地夸赞他,慢慢地在我的课堂里他可以做到积极回答问题,虽然他偶尔也会有克制不住的时候,那时我都会友好地提醒他,他对我也越来越尊敬和喜爱,也会变着花样地来夸赞我。

如果说孩子是小树苗,那老师就是园丁,我们要在他们需要施肥和浇水的时候帮助他们,同时当他们倾斜的时候,我们要帮扶一下,这样才可以让他们茁壮成长。

用爱在德育道路上铺满鲜花

陈雨菡

"一切最好的教育方法,一切最好的教育艺术,都产生于教师对学生无比热爱的炽热心灵中。"爱的力量是无穷的,在对学生的教育中,我总是愿意保护他们的初心,对他们成长过程中的点滴童趣给予保护。

在我的德育工作中,我也一直秉持着"四心"原则:从爱心、耐心、责任心、信任心几个方面去探索班主任工作方法。

一是爱心。对于小学生来说,他们对身边的一切都感到新奇,对环境中的规则、师生间的各种相处模式都处于自我探索阶段。所以面对他们的一些充满童趣的"无心之失",我总是让自己站在他们的角度去思考,用爱心去关注他们的点滴成长,保护他们的童心。我们班的学生,从进校第一天开始,我就告诉他们,我爱他们每一个人,让他们能在师爱的沐浴下轻松快乐地学习、生活。同时,我也给学生创设好规则,或许是班级班规的自主制定,又或许是学习小组的自主管理,既能让学生当好自己的小主人,培养学生的责任感,也能让学生知道创立规则的原因,这样学生才能更好地遵守班纪校规。即便我偶尔扮演"严师",学生在"严师"面前也不会产生逆反心理,反而能理解老师,知道"良药"虽苦口,"忠言"虽逆耳,但这些都是老师的爱的表现。

二是耐心。进入二年级,班上开始出现后进生。其中令我最头痛的一个学生是班里的睿睿,他非常聪明,但是对学习的兴趣不高。如果没有老师在身边一对一督促,一整节课他一道练习题都做不完。我尝试过多种方法都无济于事,"软硬不吃"的他成为我在带这届学生的道路上遇到的第一道难题。在一次又一次的尝试下,我发现"成功教育法"对他似乎有一点作用。于是,我在提高他的学习兴趣上下功夫,想尽办法通过各种激励,创造让他获得成功的机会,留意他每一次细微的进步,给予及时的、恰到好处的表扬。渐渐地,我和其他科任老师都能感受睿睿的进步,而他自己也在自信的道路上,迈向自己理想的小学生活。

三是责任心。在德育的工作道路上,我时刻提醒自己:每一个孩子都是一个家庭的未来,德育工作者的肩上负担着整个祖国的未来。在教育上,我们要认清自己的责任,学会站在家长和学生的立场思考问题,搭建好家校沟通桥梁,才能让自己的工作事半功倍。我印象最深刻的就是一年级学生刚入学时,由于班上男生偏多,加之学生性格都比较活泼好动,男生们在玩耍的过程中失手伤到了一个叫小川的男生。在与小川的家长沟通时,家长的情绪比较激动,不太愿意接受我在中间的调节与解释,甚至觉得我偏心其他学生。在遇到这种情况时,我首先做的是安抚家长的情绪,同时我也在思考,如果我是受伤学生的家长,我是什么心情?如果我是无意伤人的学生的家长,我又会是什么想法?带着这样的同理心,我再次与双方家长进行了沟通,双方家长感受到了我的真诚,最终协商解决了这一问题。在此之后,我也在学习上对双方学生都付出了让家长看得见的关心,同时再找准各种时机,对学生们进行安全教育与情商教育。如今,其中的两名家长都已经成为班级家委会的积极分子,班级内的学生也逐步养成了课间文明休息的好习惯。

四是信任心。班主任要做好德育工作,班级管理是重中之重,所以,我们要把对学生的信任时刻放在心中。对孩子来说,我们对他们最大的帮助就是适当放手。想要培养起学生的责任心,首先就要学会信任他们。班级真正的管理者应该是学生,班级管理的最终目的是让学生学会自我管理,养成良好的学习习惯。我们班的班级管理小团队就是通过我的一步步放手建立起来的。从放手让学生管卫生、放手让学生管理作业、放手让学生去处理班级内的小矛盾,一点一滴地给予他们足够的信任。学生们各司其职,即便我不在教室,我们班的早读有人领,作业有人收,班会课有人管,阅读课有人带领全班阅读,甚至遇到一些班级突发事件时,他们也能有条不紊地处理好。而这些,都源自我对他们的信任和恰到好处的放手。

德育工作是一份复杂但又充满着自豪感的工作。希望作为班主任的我们能在德育教育道路上,铺满怒放的鲜花,迎着朝阳一路向前;让我们的学生在我们的德育教育下,成为自主管理的小能手,成为自己成长航线上的掌舵者。

课堂常规促进课堂高效

严 涛

背景：

在海拔三千多米的德格县，由于各方面原因，教学水平及学生成绩相对落后，体育课不能像其他课程一样受到重视。体育师资相对薄弱，课上以"放羊"为主；学生们认为"体育课就是玩"，对运动、锻炼没有一个正确的认识。在此情况下，要想把体育课的教学质量提上去，首要任务是改变认识，让体育课成为师生心中重要的一门课，让师生能够认真对待它。这学期我执教四年级三班的体育课，通过一段时间的努力，学生在操场上集合时，已能很好地做到"快、静、齐"，但在课堂练习中，还是不够专注。

问题案例：

室内课，我的要求是预备铃响，所有人要坐直，桌面整洁、整齐，地面垃圾捡干净。经过一段时间的锻炼，当我走进教室时，学生们已经端坐在自己的位置上，这一点他们已经可以做得很好。我刚想喊上课，却发现教室过道上还有不少纸屑，教室后面的卫生角还有一把扫帚放在外面。

于是我微笑着告诉他们："暂时还不能上课，因为你们还没有达到上课要求，这样，我先出去，给你们一分钟时间，自己检查一下是否做好，一分钟后我再进来。"

我转身走出教室关上门，就听到教室里传来拖动座椅的声音。大概一分钟过去，我推开教室门，座椅已经整齐得像一条直线，学生们都把头昂了起来，但是地上的纸屑和卫生角的扫帚一点没动。

我没有再往前走，只问了一句："你们确定已经达到要求了？""确定！"声音整齐而洪亮。

"这样吧，再给你们一分钟，我相信你们可以找到还没达到要求的地方。"我依然微笑着说。

我又走出教室，这一次教室里安静了许多，但能听到学生们讨论的声音，这样的讨论非常棒，他们在主动思考问题。时间已到，我推门而入，目之所及，地上的纸屑都被捡干净了。

"非常棒！你们找到了一个问题，并且解决得很好，但是我觉得还有可以进步的地方，接下来应该怎么做？"

"严老师,你先出去,等一分钟再进来。"体育委员发话了。

"好吧,我再等一分钟。"然后就听到体育委员一阵指挥。终于,我听到了期盼的声音——卫生角的门被打开了。

最终,我打开教室门,径直走到了讲桌旁,"上课!""起立!""同学们好!""老师好!"……

上课仪式结束后,我让同学们把最热烈的掌声送给他们自己,并认真地对他们说:"感谢你们这么认真地对待体育课,今天这节课,我们来做一个新游戏,怎么样?"接下来就是热烈的欢呼声。

效果:

学生能在短时间内不断地找出问题、解决问题,这来源于他们的主动思考,积极应对。本节课让学生在课堂上的自主性有了很大提高。

评析:

新课标的理念是将课堂还给学生,老师只起组织和引导作用。本节课我只是简单提醒,并耐心等待,让学生主动参与、主动思考、主动探索,让学生觉得他们才是课堂的主人,从而在课堂上增强了自主意识,进而形成本能——形成本质表现——形成自律。

启示:

体育课堂中的德育教育有助于培养学生健全的人格,学生思想品德的形成必然需要老师耐心地引导以及呵护。多等一分钟,让学生挖掘自己的潜力,他们总会给我们惊喜。

七色花开，少年放彩
——治班策略分享

张爽爽

七色花是一朵美丽又神奇的花，它能帮助人们实现美好愿望。我们的人生就像七色的花朵，孩子们的未来会像七色花一样绽放，因此，我班班名为七色花中队。七色花瓣代表七种优秀品质，我们班的总目标为阳光自信、乐学善思、责任担当。

一、班级基本情况

（一）学生情况

七色花中队有48个孩子，其中男生26名，女生22名。他们兴趣广泛，多才多艺。但部分同学过于活泼，规则意识不强，学习的主动性有待提升。

（二）家长情况

我班家长的学历普遍较高，本科及以上学历的约占65%，这些家长的教育观念先进，尊重孩子的个性，注重孩子的全面发展，积极为班级的发展和孩子的成长献策献力。家长中从事文艺工作的近20人，可以为班级各类活动的开展提供丰富的资源。

（三）教师情况

我班教师团队年轻、有活力，专业能力强且多才多艺。

二、治班理念

为培养"有理想、有本领、有担当"的"三有"新人，基于学校"在活动中学习，有品质地成长"的理念，我将自己的带班育人理念确立为"以活动育人，促品质发展"。以七色花为喻，七色花瓣分别代表七种优秀的品质：明朗之黄，阳光向上；生机之绿，自信快乐；沉静之蓝，乐学明辨；绚丽之紫，善思敏行；古朴之青，传承瑰宝；赤诚之红，心向祖国；温暖之橙，责任担当。我确立了班级建设的总目标：阳光自信、乐学善思、责任担当。

三、治班目标

短期目标：提升凝聚力，规范行为，树阳光自信；
中期目标：激发内驱力，挖掘潜能，促乐学善思；
长期目标：培养公益力，团队协作，强责任担当。

四、治班策略

（一）明朗之黄，阳光向上

明朗的黄色如阳光般灿烂，带给我们自信。在明净的教室里，实行民主的管理，培育阳光的孩子。

1. 明净的教室

生机勃勃的绿植架，精彩纷呈的照片墙，你追我赶的"风云榜"，博古通今的"知识角"。大家集思广益，精心策划，共同建设班级文化，让墙壁会说话，让角落能育人。

2. 民主的班级管理

一支有正能量、有方法、有执行力的班干部队伍，是民主班级管理的有力保障。在自荐与举贤的基础上，学生自主组织，民主选举出班干部，形成细致分工，班干部各司其职。人人有事做，全员民主参与班级管理，进一步提高了学生的自主性。这种做法还可提升学生的责任意识和沟通交往的能力，给学生带来自我肯定的成就感。

（二）生机之绿，自信快乐

无边的绿，仿佛勃勃生机，带来可持续的发展力。

1. 心理健康课程促自信

健康的心理是自信绽放的基础。每周一次"心灵之约"班级特色课程的开展，引导每个学生正确认识自我、接纳自我，树立自信，以良好的心态去学习和生活。

2. 微型舞台增自信

小小的舞台是学生自信的开始。我充分发掘家长的艺术教育资源，邀请家长进班，各授所长。家校协同，在班级打造"七色花，放光彩，有才你就来"的自信舞台。每周五中午，学生在舞台上唱歌、弹奏、舞蹈……，尽情展现自我。

（三）沉静之蓝，乐学明辨

沉静的蓝，如大海般深邃，带给学生无限想象。要让学生乐于在知识的海洋中徜徉，就要先培养学生的学习兴趣。通过关心爱护学生，点燃他们的学习兴趣；通过活动让学生体验成功，激发他们的学习兴趣；通过肯定、鼓励，提升他们的学习兴趣。如我班成立了自己的阅读社,开展了发现美文、收集美文、创作美文活动,还有"好书换读"线上分享会、师生诵读会、亲子阅读等活动。每周末晚上七点,"好书换读"线上分享会是学生最期待的时候。他们还将自己最喜欢的一本课外书《走进敦煌》搬上舞台,编排成舞台剧参加了四川省青少年文化艺术展演活动。我还鼓励学生由读促写,他们也乐于创作,踊跃投稿,在第八届文轩杯文学之星四川省中小学生征文活动中获奖。

辩论是促进阅读、思考和表达的主动学习之道。辩论会也是学生最喜爱的活动之一,围绕班级热门话题,我们开展了"小学生要不要戴电话手表""乖孩子是不是好孩子""该不该实行班干部轮流制"等辩论会,培养学生的辩证思考能力,提升学生的语言表达能力、组织能力,增强学生的团队协作意识。

(四)绚丽之紫,善思敏行

静谧的紫,显得独特而神秘,每个学生都是独立的个体,独立思考让人善思明辨。如何唤醒和激发潜藏在学生大脑深处的思维力,让学生的潜力不断迸发?我班营造鼓励提问的氛围,引导学生自主解决学习生活中的问题,让学生在活动中激发内驱力。讲讲数学家的故事、汉诺塔比赛、三阶魔方等活动,让思维碰撞出绚烂的火花。在激烈的比赛中他们激发出了无限的潜力,让思维变得更加敏捷,逻辑变得更加清晰。

学习思考的目的在于指导实践。好奇于生命的过程,我们开启了养蚕护蚕之旅;痴迷于豆变芽的神奇,我们经历了豆芽奇遇记;惊叹于花朵的美好,我们培育了美丽的豌豆花。在多彩的活动中,学生变得善思敏行,逐渐形成了自己的知识系统。

(五)古朴之青,传承瑰宝

青色是东方文化之色。传承文化是蕴含在每个中国人心中的精神基因。为激发学生传承文化的热情,增强其文化自信,在"一带一路"倡议提出十周年之际,我班全员联手打造了舞台剧——典籍中的"一带一路",以舞蹈、朗诵、歌曲等形式生动演绎张骞凿空之旅——绵延2000多年的传奇的丝绸之路,展示了灿烂的中华文化。我们在排练中深入学习中华文化,在舞台上精心展示中华文化,学生的文化自信从心底油然而生,自觉地成为中华文化的传承者、弘扬者。

(六)赤诚之红,心向祖国

红色是革命的颜色,传承红色基因,赓续红色血脉,是少先队员的历史使命。我引导学生把爱国之情、报国之志融入感党恩的活动中。

党员家长进班宣讲红色故事,让学生对革命先烈充满敬仰之情,让红色基因的种子生根发芽;开展"党的歌曲我来唱"活动,让学生在旋律中增强革命情感,让红色基因的枝丫蓬勃生长;讲、诵、演党的故事,让学生对革命英雄肃然起敬,让红色基因融入血脉;寻迹烈士陵园,追忆革命先辈,让红色基因铸魂,坚定信仰。

(七)温暖之橙,责任担当

温暖的橙色,代表热心热情。公益活动是培养学生责任担当的有效途径。在文明典范城市创建中,红领巾小队员们在行动,走上街头,走进社区,用自己的力量做文明的传播者、践行者。争做热心公益小榜样,我班的公益排头兵李同学在2022年中国志愿服务网记录的服务总时长为27小时,展示了新时代好少年的责任与担当。

五、特色成效

通过几年的成长,我班形成凝聚力强、内驱力足、公益力实的良好风貌,全体学生都阳光自信,乐学善思,有责任担当。

文化引领　课程助力
——治班策略分享

刘 翟

一、班情分析

(一)用调查问卷,初步了解学生

在一年级学生入校时,我会编制如表2-7所示的调查问卷,初步了解每一个学生信息。

表2-7　一年级学生调查问卷表

姓名	性别	年龄	实际代养人	父亲姓名	年龄	学历	母亲姓名	年龄	学历	家庭住址	身体状况	毕业幼儿园	兴趣爱好	个性特征	备注

(二)结合实际,做班情分析

1.班级简况

班级有50名学生,25名男生,25名女生,男女比例相当,独生子女32人,占64%,非独生子女18人,占36%。父母双方中有本科及以上学历的学生有40人,占80%。父母对孩子的教育非常重视,期望值很高,班级上95%以上的孩子校外培训班2个以上。学生学习任务重,学生学习压力较大。有部分家庭是"4+2+1"型,孩子处于家庭的核心,从小就被捧在手心,导致孩子以自我为中心,规则意识薄弱,不懂得感恩和宽容他人。

2.班级优点

(1)富有爱心,乐于帮助他人。

(2)班级集体荣誉感强。

(3)好胜心强,不服输。

(4)兴趣广泛。绝大多数孩子多才多艺,在艺体方面基础良好。

3.班级劣势

(1)敏感、脆弱。

(2)不重视身体锻炼。

(3)自我中心意识强。

(4)缺乏谦让精神和分享协作的意识。

二、治班理念

根据班情和学情,结合锦小的办学理念,我确立了这样的治班理念:优美和乐,共同协作,并制定了短、中、长期目标。

短期目标:会合作,善思辨。

中期目标:自律、自信、自主、自能。

长期目标:健康的身体,健全的人格,多样的能力。

三、治班策略

(一)文化引领

1.精神文化

根据班情和治班理念,我和孩子们一起拟定了班训、班队名称、班歌、班规。

班训:学习要加,骄傲要减,机会要乘,懒惰要除。

班队名称:西瓜中队(包容、充实)。

班歌:《骄傲的少年》(改变自己)。

班规:珍爱生命保安全,孝亲尊师善待人。

2.物质文化

蓬生麻中,不扶自直。良好的氛围和环境对个体健康成长有着润物细无声的作用。我希望班级形成"向上、向善"的良好氛围。我带领同学们利用班上文化墙设置了评比栏、展示栏,把同学们的优秀作业、优秀作品展示出来,给同学们提供学习别人、审视自己的机会。每学期同学们轮流带绿植到教室,并负责日常的养护,这既绿化了教室也培养了孩子们的劳动意识。同时,为了在班上形成良好的阅读氛围,我在班级设立了图书角,并定期补充图书,让同学们可以利用零碎时间阅读课外书。

3.制度文化

班级制度文化反映了班级主体活动的规则。班级管理制度会直接影响班级教育功能和学生身心是否能全面、健康、和谐地发展。

(1)班级评分细则。

我和家长们一起拟定了"班级管理量化细则",每学年的第一周也会和班委一起修订该细则,并借助班级优化大师为学生实时评价。每周周五中午对学生本周的表现进行总结,并对总分靠前的学生进行奖励,同时也会将本周孩子的表现报表反馈给家长,做好过程性评价的同时和家长保持教育的一致性。在规则的约束下,同学们渐渐养成了遵守规则的意识。

(2)实施班干部轮换制度,激发主人翁意识。

为了让学生在小学六年有一次当班干部的经历,同时为了激发他们的主人翁意识,每个学期我都进行班干部选举,并明确每个班干部的职责,让每个同学都有机会体验当班干部的生活。在当班干部的过程中,学生明白作为班级成员既要享受班级赋予的权利,更要履行自己作为班干部的职责。每一周还设立值周班长,值周班长在负责班级日常管理时,还负责写本周的班级日志。

(3)班级事务分块承包、部门化。

根据学生的个性特点和兴趣爱好,我将50名学生分派到劳动部、后勤部、学习部、生活部、宣传部、文艺部六个部门,每个部门的负责人就是班委会成员,每个班委会成员都有自己的工作团队。每项班级常规事务工作都有直接的承包人,形成"人人有事做,事事有人做"的班级管理格局。

(二)班本课程

除了学校德育的常规活动和校本课程,我们还举办如美食节、运动会、系列主题班会、研学课程、心理课程、安全课程、全阅读课程等活动,在班级设立班本微课程:"三个一"微课程。

1.一日一评说

每节课前进行新闻评说180秒,按学号排序,既锻炼了孩子们的口语表达能力,又开阔了孩子们的视野。

2.一月一倡议

针对孩子们的情况,每个月进行一次倡议活动,重点针对目前某个问题进行解决。如着装规范、礼貌进出、起身看座、见面问好、慎用电话手表、入室即静、入座即学等倡议活动。

3.一期一讲堂

为丰富孩子们的社会知识,充分利用家长资源,每学期开展一次家长讲堂活动。

静待花开
——治班策略分享

唐 琴

一、班情分析

我班现有学生39人，其中男生19人，女生20人，男女比例比较均衡，利于管理班级。出生日期分布在2013年7月~2014年8月，年龄相差在1岁左右。如此小的年龄差距，从目前对知识的接受能力上来看，在智力水平上没有多大差异，约99%的学生都还是比较聪明的，他们各有所长，基本上都能找出自我在学习上的优势。但在心智上还是有些小小的不同。年龄稍小的要更贪玩一些。年龄稍大的，体格壮实的，开学以来对老师的帮助是很大的，但是过后未必是这样。独生子女占90%左右，有极少数的学生有弟弟妹妹或哥哥姐姐，这可能会导致在家庭中学生得到的关注减少，学生性格出现问题。还有部分独生子女则可能存在家长溺爱，不能完成自己的事情，或家长代劳的情况。

从思想方面来看，孩子们都有着一颗善良、天真无邪的心灵。女孩子们比较听话懂事，团结友爱，喜欢一起商量、解决问题，帮班级出主意，帮教师做一些力所能及的事。男孩子们比较活泼好动，有部分表现得比较躁动、贪玩，脾气较冲动，容易出一些安全事故。其中有两个男孩子总是管不住自己的嘴，什么时候都说个不停，在课堂上特别喜欢插嘴说话；一个男孩好动、注意力容易分散、自我约束力相当差，一节课都沉浸在自己的世界里，注意力完全不在课上；还有一个男孩子自我约束力极差，根本管不住自己也不知道自己在做什么，需要老师更多的关注。

二年级下学期在不知不觉中已经拉开了帷幕，又是新的一学期，孩子们又长大了一岁。上学期本班转来四位新生，一男三女，都比较乖巧，家长也很配合学校教育。在老师和同学的帮助下，新生很快适应了我们的团体。在二年级下学期，大部分学生的行为习惯都有了一定的变化，在专注有序、感恩友善等方面有所进步，但仍有一部分学生的行为习惯较差，不能很好地遵守班规班纪。由于学生处于认知能力不断提高的阶段，其情绪控制力有限，需要家长和老师耐心教导，及时帮助他们解决问题。

二、治班理念

用爱心浇灌，用习惯培养，用制度管理，静待每朵花开，这便是我的教育理念。

(一)爱心耐心浇灌——浸润花苗

巴特尔说过,教师的爱是滴滴甘露,即使枯萎的心灵也能苏醒;教师的爱是融融春风,即使感情冰冻了也会被融化。在班级管理中,所有的技巧都抵不过爱,尤其是像我们班这样,躁动、脾气较冲动、注意力容易分散、自我约束力差的孩子比较多。老师一定要相信每个学生都会变得优秀,即便有些学生现在看起来缺点很多,令老师费心,但是只要我们努力耐心地引导,他们一定会变成优秀的学生。因此,我的治班策略中的第一点便是爱心耐心浇灌——浸润花苗。

(二)品格习惯培养——孕育花蕾

一个人的品格往往决定着他的命运,小学阶段是孩子形成良好品格的关键时期。俗话说:播种一种行为,收获一种习惯;播种一种习惯,收获一种品格;播种一种品格,收获一种命运。好的习惯往往受益一生,坏的习惯往往让人深陷泥潭。孩子成功教育从好习惯培养开始。作为班主任,我们要做的不仅是传授知识,而且要传授一种做人的理念,要培养学生的良好品格,我们就是学生的榜样。我们要用欣赏的眼光去看待每一个学生,用负责任的态度去对待每一个学生,从身边的小事做起,一点一滴地去培养学生良好的品格,抓好学生的养成教育。而我们班学生的习惯不太好,缺乏约束力。因此,我的治班策略之二便是品格习惯培养——孕育花蕾。

(三)制度责任管理——静待花开

班级是一个大家庭,班级管理属于班上每一位成员。俗话说得好,没有规矩不成方圆。一个班得有一个班的规矩、制度。全班都要遵守的就是"班规",都要知晓"清洁管理制度""奖惩制度"……班干部要知道"班干部管理细则"。在班级中,人人都是管理者,又是被管理者。作为班级的一名成员,每一位学生都应该尽可能地参与到班级管理中。教师应该处于服务、引导、协助的位置,充分调动小干部的力量,将"人人为我,我为人人"的管理理念深深植入每个学生心中,让每一位学生对自己负责,也对他人负责,让班级成为"成长共同体",师生共同营造一个民主和谐、团结奋进的班集体,建设一个让学生管理、健康成长的民主乐园。

三、治班目标

(一)本学期的重点工作

培养班级学生勤奋的学习态度、敢于承担的责任意识;继续加强学生的常规训练、行为规范的养成教育,培养学生良好的行为习惯;继续做好品格教育家庭实践活动,做好学生的养成教育。

(二)近期目标

进一步做好学生的守时、文明、友善、负责、诚实等品格教育工作,以社会主义核心价值观为引领,加强对学生的品格养成教育;开展各种弘扬优秀传统文化的活动,增强活动的育人实效;加强家校合作,强化家长教育子女的责任意识;善于欣赏每位学生的闪光点,促进学生的健康成长。

(三)中期目标

营造良好的班风、学风和班级民主的管理氛围,建设一个"有纪律、讲道德、学问深、有思想"的班集体。

(四)终极目标

学生树立正确的世界观、人生观和价值观,成为一名"美德少年"。习得良好的学习生活态度,拥有积极向上的人格,实现自我社会价值,收获幸福人生。

四、班训

海洋之家,迎着朝阳,起帆远航,乘风破浪,披荆斩棘。(早上的太阳从海平面上升起来了,新的一天开始了,象征着我们迎着朝阳,起帆远航,乘风破浪,披荆斩棘。我希望我们班的学生有积极向上、拼搏的精神。)

五、治班策略

(一)加强学生之间的评比制度的鼓励机制

(1)每个月均有一次读书交流活动——"好书传传传",进行"读书大王"的评比。

(2)各种评比制度不变,有男女生竞赛、小组竞赛、大组竞赛、个人竞赛等。日日争得"小红花",周周争得"报喜鸟"。

(3)班级日志、写话、值日评比天天进行,周周进行总结、奖励。

(4)扎扎实实进行综合实践活动,让学生们个个有收获。

(二)行为规范教育

(1)掌握劳动技能,关心团体,自觉维护学校的环境卫生。

(2)进校离校注意排队整齐、安静,主动与校门口的教师、同学打招呼。

(3)作业认真、自觉,养成独立完成作业的习惯。

(4)不打闹,上下楼梯靠右走。

(5)上课听讲认真,能积极思考,踊跃发言。

(6)在教学大楼里保持安静,不喧哗。

（三）本学期工作重点

（1）加强对学生理财和管理能力的培养：合理利用零花钱，会管理班级的事务。

（2）加强对学生学习习惯的培养：听课习惯、写作业习惯、上交作业习惯、订正习惯。

（3）加强对学生劳动意识的培养：整理书桌，清洁教室卫生，整理学习用品，学做家务。

（4）加强对学生自主能力的培养：独立安排自己的学习生活，能制定合理的作息时间，能培养兴趣爱好。

（四）班级管理

（1）逐步构成一支小干部队伍，并经过培训和轮流助理制度，让每位学生有机会担任班级干部，参与班级管理，以提高服务水平和管理水平。

（2）上学不迟到、不早退。

（3）逐步养成互相帮忙、互相竞争的好品质。

（4）独立整理书包、学具、书桌。

（5）逐步做到"班级事，人人管"，学会自我管理。

（6）逐步掌握协助教师管理班集体的本领。

（7）独立完成学习任务，对自我提出要求，并努力达成。

（8）每日宣读考勤，人人参与报数。

（五）学生心理健康教育

（1）处理好个人和学习之间的关系：铃声响，快静齐，专心听，举手勤，作业正确又整洁，夸一夸谁的学习态度好。

（2）处理好个人和同学之间的关系：与人为善，多交朋友，正确处理同学间的矛盾。

（3）处理好个人和班级之间的关系：找一个为大家服务的岗位，找一个帮助别人的机会，为班级出一个点子，比比谁是最关心班级的人。

体验成长过程,享受生命快乐
——治班策略分享

钟 群

一、班级基本信息

我们是2020级4班泥巴中队,班上有21名女同学,20名男同学,我们的班主任兼语文老师叫钟群,副班主任兼美术老师叫李雅婕。

二、治班理念

(1)对学生要公平、尊重、民主,自己做好榜样,你想你的学生是什么样子,你就成为什么样子。

(2)没有相同的学生,没有万能的方法,做到因材施教。

(3)发现每个学生的闪光点,帮助他们成为更好的自己。

班徽介绍:

班徽是孩子们自己设计的,如图2-22所示,图案意义如下:

(1)泥巴可塑性强,不可或缺,创造万物。

(2)叶子代表成长,形状像书籍,也代表知识。

(3)飞跃的"4",代表孩子们的未来无可限量,也代表我们4班。

图2-22 2020级4班班徽

三、治班目标

(1)帮助学生养成良好的学习习惯和生活习惯。

(2)引导学生积极主动地学习,感受成长的快乐。

(3)引导学生合作学习,形成合作互助的班集体。
(4)培养学生的创造力和解决问题的能力。
(5)帮助学生树立自信,获得幸福感。

四、班训班规

班训:

坐如钟,站如松,快如风,静无声。

班规:

小学生,要记牢,文明礼貌进学校。
铃声响,进课堂,学习用品摆放好。
不说话,静息好,等待老师来上课。
课堂上,要专心,老师讲课认真听。
答问题,声响亮,认真书写作业棒。
自习课,静无声,踏实学习不放松。
课堂下,更努力,作业完成再活动。
两课操,认真做,集会站队快齐静。
不追逐,不打闹,安全责任牢记心。
吃午餐,守纪律,学习生活两不误。
爱劳动,讲卫生,果皮纸屑不乱扔。
好习惯,要养成,努力做好益终身!

五、策略方法

(一)细化行为习惯,做好习惯示范

好的教育,从培养好的行为习惯开始。在培养学生的行为习惯上,主要从生活习惯和学习习惯做起。生活习惯主要包括早晚检查水杯、饭盒;打饭和放学列队做到有序、安静、整齐等。学习习惯主要是课前检查书本学具,静息准备上课;课上坐姿端正,认真倾听,积极表达;课后整理书本和桌椅,课间文明休息等。针对一年级学龄低、注意力难以集中、好动且容易忘记事情等学情,教师教学时一定要细化行为,告诉学生做什么和怎么做。可以采取视频教学,通过视频教育学生如何整理书包、课前准备、有序列队等,直观告诉他们应该怎么做;还可以编儿歌和顺口溜,告诉学生做什么,如:我是小学生,书包自己清;每天看课表,用具都带齐,见人有礼貌等。课前三事,书本、学具和静息。课上专心听,发言要倾听等。

除了细化行为习惯,老师要树立榜样,在小组内培养行为习惯引领人,要求他们在做好自己的同时,课前还要帮助小组同学,一个组内设立学习组长、安全组长、卫生

组长,从三个方面去管理和引导小组同学。在班级中,除了及时表扬行为习惯好的学生,老师还要做好榜样,看到垃圾捡起来、随时摆桌椅等,用行为来教育学生。

为此,制定"班级行为习惯细则"如下。

班级行为习惯细则

一、安全方面

1.放学、课间做操、进出教室须排队,做到快、静、齐。

2.上下楼梯不拥挤、排队靠右行。

3.课间自由活动不疯打、不玩闹,违反规定者扣2积分。

4.上学不迟到,按时到校,迟到者扣2积分,值日生做好人员检查和黑板清洁。

5.路队长负责监督学生在路上的情况,有不遵守交通规则的向老师报告。

6.不用暴力方式处理矛盾,若有矛盾,应进行良好沟通处理,先报告班长再报告老师。

二、学习方面

1.每天早上到校后直接进教室读书、交家庭作业,小组给组长,组长给课代表,不允许在走廊和校园中玩耍打闹。×××和×××负责开关电脑。

2.每节课铃声一响,要快速坐好,安静地等老师来上课。课前三分钟做好书本、学具准备,小组长检查。

3.课堂上不做小动作,不与同桌说悄悄话,认真思考,积极回答问题。

4.养成学前预习、学后复习的好习惯。每天按时完成作业,保证字迹工整,卷面整洁。

5.考试时做到认真审题,不交头接耳,不抄袭,独立完成答卷。

6.课堂上老师按情况奖励积分。

三、路队和两操方面

1.中午和下午放学时,要快速排队出教室,安静整齐地排队走出校门,路队长负责监督、提醒本组学生情况。

2.大课间活动时快速地排队到操场,并站好队,做操时认真守纪、动作准确到位,美观大方。

3.做眼保健操时须闭眼、不讲话,安安静静做操。

四、劳动卫生方面

1.每组清洁员早晨7:20到校做清洁,做完后立即进教室读书。

2.打扫卫生要积极、不偷懒,打扫时要迅速彻底,打扫完毕劳动工具要摆放整齐,老师按情况安排×××给积分。

3.每组小组长要按时到岗,除负责自己的值日工作,还要做好清洁记录。

五、一日常规

1.每天学生到齐后,班长要检查红领巾佩戴情况。

2.劳动委员检查卫生,课间提醒清洁员保洁,放学时提醒全班同学放好桌凳并把

147

垃圾捡干净。

3.学习委员每天负责领读,督促学生学习并按时完成作业。

4.纪律委员每天监督管理好课上和课下的纪律。

4.按要求做好两操。

5.放学回家先做作业,再帮家长至少做一件家务事。

6.如果有人违反班规,班干部要及时报告并请违反班规的同学到老师处说明原因。

(二)积分奖励行为,即时给出反馈

为了引导学生做好行为规范,每个班都会建立自己的奖惩制度。我们班的奖惩制度是以积分奖励为主、行为惩罚为辅。针对一年级的学生,奖励是最主要的引导方式。首先语言上细化、清楚地表扬学生,如学生捡起了地上的垃圾,教师就要马上表扬学生:"你真是爱干净又爱班级的孩子,捡垃圾事小,但你让整个班级都干净了,老师真喜欢你。"尽量避免简单的一句"你真棒",或者"你真能干";表扬具体到学生的行为才能让学生真正地感受和理解到他做得好的地方。其次要给予学生看得见的鼓励,如设立积分制管理,用积分来鼓励学生。在班级的公告栏上,写清楚积分的作用,积分可以用来兑换奖品、抽奖和购买物品等;还要写清楚如何兑换积分,制作一个行为积分表格,如课上老师表扬三次,可以得到1积分;卫生打扫干净,小组全员1积分;一次文明班级,全体奖励5积分等。最后奖品的兑换要及时,我们班制订的是每个月兑换一次,这样给了孩子们挣积分的时间,奖品设置有学具、玩具和蔬菜水果,既能满足学生的各种需求,也能引导学生和家人分享快乐,进一步培养学生的自豪感和家庭责任心。

为此制订班级积分规则中的加分标准和扣分标准,分别如表2-8和表2-9所示。

表2-8 加分标准

序号	考核项目	加分值	备注
1	听写满分	2	
2	在技能竞赛活动中获奖	10	
3	在校级活动中获奖	5	
4	作业全对	1	
5	课堂上得到表扬三次	1	
6	班干部工作认真负责	1	
7	做有利于班集体和学校的事	2	
8	进步比较明显	2	
9	卫生达标	每人1	
10	其他按情况加分		

表2-9 扣分标准

序号	考核项目	扣分值	备注
1	没交作业	1	
2	忘带书本、学具	1	
3	迟到	1	
4	在课堂上、升旗时、运动会上违反纪律,被老师点名	2	
5	不穿校服,不戴红领巾	1	
6	吃零食、带钱、带玩具	2	
7	说脏话、打架	3	请家长,写保证书
8	座位里面和底下有垃圾	2	
9	不认真做课间操、眼保健操	1	
10	在路队中说话、不拉手、迟迟不下楼排队、被组长或老师点名批评	2	
11	来学校不进教室,在走廊聊天打闹	1	
12	体育课打闹说话、排队不整齐	2	

(三)自我管理,互相帮助

一年级学生也有自我管理的能力,只要老师前期耐心培养,他们也能学会管理好自己、帮助他人。在班级管理上,我选择分散权力、明确职责,设立安全管理员、卫生管理员、学习管理员和值日生管理员,从四个方面管理好班级。四个管理员还能找自己的助手协助管理,老师明确好每个人的职责后,按班规管理班级即可。在小组管理上,每个组有一位小组长,负责提醒小组的卫生和桌椅整理。每个学科也设立一位组长,协助学科老师处理事务。每个组还特别设立一位体育组长,负责提醒小组的两操。在个人管理上,尽量给每个人都安排一些班级事务,如每个人轮流当值日生,负责黑板、餐桌的整理,三人一组轮流打饭,负责叫人、打饭、打菜等。班级的开关电脑、开关灯、卫生角整理、图书角整理等都细化地安排下去,让每个人都有事可做,增加班级凝聚力的同时,也能培养每个人的责任感。当每个人都做过管理员后,他们才能互相理解,互帮互助。想让他们有序、有方法地管理班级,我还会不定期开班会、小组会等,培训管理员,给他们一些管理的建议。

(四)家校合作,携手共进

班级的运作和管理离不开家长和家委会的支持和理解,家长也是班级可运用的教育资源。不论是班级布置设计、物资采买,还是活动志愿者、家长课堂志愿者,家长都有参与。作为班主任,要尊重家长,理解和支持家长,这样家长才会尊重、理解和支持班主任工作。想要做好家校合作,班主任要有一颗服务的心。每一次和家长沟通,我都会首先给家长问好,以示尊重;和家长沟通尽量选择电话,文字和语音比较细碎,双方不好把握语气,也不能准确感受对方情绪,还容易产生误会,直接电话沟通会减少很多误会。与家长沟通学生的情况,要先扬后抑,有情况时马上和家长联系,家长会感受到老师的真诚,还会觉得老师很关注孩子,不管学生的问题有多严重,都尽量先赞美学生的优点,再来谈学生的不足,最后谈我们如何帮助学生。这样让家长既能接受老师的建议,也能更重视自己的孩子的问题。只有老师和家长站在统一战线上,学生的成长环境才会更和谐,避免出现"学校一套家里一套"的现象,家长和老师彼此帮助、理解,班级才会更加和谐、有凝聚力。

(五)不怕犯错,勇于承担,争取进步

从开学的第一天起,我就告诉学生:世界上没有完美的人,每个人都会犯错。老师也不例外,但是我们不能逃避自己的错误,犯错后我们要敢于承认,不逃避、不推卸,用语言和行动弥补自己的错误,做有责任和担当的人。为了让学生敢于承认错误,他们犯错后我会优先表扬承认错误的学生,告诉他们:"你主动承认,不但不会让老师讨厌你,反而会让老师更喜欢你。"表扬过后告诉学生错误的原因,以及询问学生关于弥补的想法,尽量只给出修改建议,让学生自己动脑思考。事实也证明学生经常会犯错,甚至有的错会反复犯,不仅是学生,成年人也如此,所以与其害怕犯错,甚至逃避自己的错误行为,不如让他们勇于承担,积极解决问题。

(六)多渠道引导学生表达,及时帮助学生解答困惑

鼓励学生勇敢表达自己的想法与困惑,除了日常与老师交流,还可以写信向老师表达自己的想法与困惑。

(七)开展多样活动,促进学生全面发展,增强班级凝聚力

开学周组织学生装扮教室,小主人们动手让"家"更美好,在班级设置植物角,以小组为单位培育植物,从生根发芽到花繁叶茂;安全周开展"护蛋"活动,"小心"意识深入人心;四月天里绿茵场上,你追我跑,足球比赛激发热情……

六、成效与班级特色

(1)从上学期到现在,我班共获得15次"文明班级"称号。

(2)已培养一批优秀的班级管理员,成立了班级四大管理员,小组互助组长,明确了班级人员的职责,使班级基本做到自主管理和互助管理。

(3)学生积极参加学校举办的各项活动,每天认真对待两操。

(4)学生的生活习惯和学习习惯进一步变好,习惯意识比较到位,行为上也积极主动。

(5)学生善于思考,积极表达,勇于承认自己的错误,沟通和谐,解决问题的能力也在不断提高。

自己的事情自己做
——"双减"背景下的自主班会(教学设计)

田 魏

一、活动目标

(1)通过做游戏、观察图片,认识提升效率的重要性。
(2)通过活动体验,总结提升效率的方法。
(3)通过讨论交流,加强对自主管理、高效生活的认识。

二、活动准备

课件、板书贴、秒表。

三、活动过程

(一)前置调查

通过问卷调查,发现本班学生在自主管理上有所欠缺,做事易拖沓。67%的学生存在吃饭和洗漱拖沓的问题。75%的学生需要家长帮助整理书包,而自主整理书包的同学中45%的学生出现丢三落四的情况。基于这样的背景,我准备在自己班上开展"自己的事情自己做"的主题班会。

(二)活动一:调查大发现

1. 引入

师:今天大家要和田老师一起上一堂班会课——"自己的事情自己做",这是我们幼儿园就掌握了的本领,不信我们一起来唱唱这首歌,回忆一下。(展示动画视频让大家一起唱《自己的事情自己做》)

2. 听录音

师:在幼儿园时大家的事情都能自己完成,让爸爸妈妈放心,但到了小学却出问题了,有好多同学在学校里经常来找田老师借手机,来听听他们借手机是要做什么吧!(听学生录音)

3. 过渡

师:这样的现象频繁发生,我们来听听家长怎么说。(听家长录音)

4.揭示课题

师:老师也理解大家之前参加了很多课外培训,没有更多的时间管理好自己,现在国家实行了"双减"政策,这样大家的课外时间变多了,自己的事情也能自己做了。(板书)

【设计意图】通过录音截图和现场采访,学生发现自主管理的重要性,能够联系生活实际知道自己平时在自主管理上的缺失。

(三)活动二:效率大通关

1.出示"学生每日必做事情清单"

师:这些事都是大家每天会做的事情,田老师从中选择了五件事,我们一起来看一看吧!

2."争分夺秒"

师:请从"系红领巾、系鞋带、削铅笔、收作业、整理书包"五件事中选出三件事,并在100秒内完成。田老师先给大家两分钟的时间练习一下。

3.玩游戏

正式比赛后全班起立,老师出示评判标准,玩"一站到底"的游戏,请同桌间对照评判标准相互检查是否符合要求,不符合的请坐下,符合的则继续挑战。

【设计意图】通过"一站到底"游戏让学生现场体验效率的重要性,游戏后最后决出前三名的学生,让其余学生感受高效的重要性。

(四)活动三:讨论总结

1.合作讨论

师:同学们,通过刚刚的游戏,我们发现明明都是100秒内大家做一样的事,为什么有些同学做得又快又好,有些同学却做不到呢?请同学们以小组为单位合作讨论。

2.采访优胜者

(1)采访游戏优胜者,询问他们的获胜法宝。

预设:经常自己独立完成这些任务。(引出自主管理)

(2)提问:在完成任务时优胜者们是按什么顺序完成的呢?

预设:先系红领巾再系鞋带。

追问:你在完成时紧张吗?手抖不抖?

3.总结窍门

(1)师:看来你的内心毫不慌乱、从容有序,所以才能做得又快又好。通过你的回答我们可以总结出一个小窍门:有序做,不慌乱,心中对要做的事情有计划、有安排。

(2)师:再采访一个小组,你们觉得把事情做得又快又好的诀窍是什么?

预设:做事情要认真。(引导:完成挑战时你在想什么?)

4.教师总结

(1)师:看来你是一位认真专注的孩子,没错,无论做什么事情我们都需要认真做。

(2)师:看到同学获胜的表现,你有什么感想呢?以后你会怎么做?

总结:只有遇事不慌乱、不紧张,专注于手中的事,我们才能高效地完成任务。

【设计意图】通过观看小组讨论,学生体会自主管理的重要性,寻找高效做事的方法,总结出完成任务时要有序做、专心做,只有这样才能提升效率。

(五)活动四:总结升华

1.总结引导

师:同学们,如果我们提升自己的做事效率,假如每天多出20分钟,一周可以多出140分钟,也就是两个多小时。一个月可以多出600分钟,一年可以多出7300分钟,相当于122个小时。

2.提出疑问

师:我们节约出来的时间,你想用来做些什么呢?

3.榜样学习

播放谷爱凌的采访视频,进一步强化学生自己的事情自己做、高效做的意识。

【设计意图】通过计算时间,学生知道高效做事可以节约很多时间,并通过榜样的力量强化高效意识。

四、板书设计

```
         自己的事情自己做
          有序做  专心做
             效率↑
```

探索我的生命账户

杨 杨

一、活动背景

通过学情的调查与分析,我们了解到五年级的学生对生命有了一些浅显的认识,了解了生命的一些特点,如不可复制性、独特性等,但学生对于生命的可贵与短暂并没有切身的体会,也很少能主动去对生命的意义和价值进行深入的思考和探究,对生命的态度模糊不清。这表现为没有明确的生活目标,找不到生命中对自己、对他人、对社会的价值。

二、活动目标

(1)感受生命的来之不易,认识生命的长度,理解生命的短暂。
(2)感知生命的意义和价值,感受生命的厚度。

三、活动准备

课件;前置作业单:"生命银行开户个人资料";课中活动单:"生命余额计算单"、银卡、金卡。

四、活动过程

(一)创设情境,感受生命的来之不易

1.创设情境,引入主题

师:同学们,如果为你们的生命开设一个账户,你们认为会是什么样的呢?让我们开启今天的探索之旅吧。(出示课题:探索我的生命账户)瞧,我们的课堂来了一位新朋友。

创设情境:

客户经理:欢迎大家来到"生如夏花"生命银行,我是银行经理夏小花,首先我要给大家办理开户业务,现在需要大家提供开户个人资料(如图2-23)。

```
┌─────────────────────────────────────────────────────────┐
│                  生命银行开户个人资料                      │
│                                                         │
│     姓名：_____                                    │
│     出生时间：_____年_____月_____日                    │
│     出生方式：顺产□         剖宫产□（请打"√"）            │
│     我的出生经历：_____         │
│   _____   │
│   _____   │
│     我的出生小插曲：(没有可不填)_____         │
│   _____   │
└─────────────────────────────────────────────────────────┘

图2-23　生命银行开户个人资料

**2.前置问卷，分析学情**

师：课前大家已经完成了资料的填写，通过数据统计，咱们班共47人，其中顺产的有____人，剖宫产的有____人，出生时发生了小插曲的有____人，某某同学出生时……我想采访你，你对自己的出生经历有什么感受？

生答略。

师总结：是啊，看来不管是顺产还是剖宫产，每个生命的诞生是那么的来之不易！（板书：不易）由此可以感受到生命是多么的宝贵！（板书：宝贵）祝贺大家开户成功！

## 二、活动探究，认识生命。

**1.计算生命余额（认识生命的长度，理解生命的短暂）**

客户经理：恭喜大家完成了开设生命账户的第一步，接下来我将会为大家办理储蓄业务。

师：根据调查，成都市人口平均寿命为77岁，因此生命银行为每个人的账户也发放了77年的生命值。请大家拿出"'我的生命余额'计算单"（如图2-24），这里共有77个格子，代表77年的生命值。听老师指令，计算一下现在我们还剩下多少生命余额？

（1）划掉你已经支付的生命时间。今年多少岁，就需要划掉多少格子。（学生划掉11格，生命余额66年）

师：对这个余额满意吗？随机采访学生。
```

"我的生命余额"计算单

图2-24 "我的生命余额"计算单

通过计算,我的生命有效期还剩:66年。

(2)划掉你将来维持生命必须支出的时间,比如吃饭、睡觉、个人卫生等,你还想到哪些?

PPT出示必须支出的生命时间有四个方面:睡觉(每天10小时)、吃饭(每天3小时)、个人卫生(每天2小时)、生病、情绪不佳(每月2天)。

师:请你猜一猜,这几类事情我们总共需要支出多少年?

学生猜,老师揭晓计算结果,请大家划掉对应数量的格子。PPT出示银行余额短信并语音播报:叮咚,您的生命账户余额20年!

师:你看到这个数字有什么感受?

生:我从没想过生命的余额只有这么一点了。

师小结:是啊,生命是多么短暂啊!(板书:短暂)所以我们要更加珍爱生命。(板书:珍爱)

2.银行卡升级,为生命储能

师:杨老师发现,有的学生有点儿沮丧了,没关系! 生命银行推出了一系列银行卡升级服务,你们想要挑战吗?

挑战一:升级银卡会员

客户经理:尊敬的客户,如果您想要升级银卡会员,可以想一想怎样适当地延长生命。

生1:规律作息。

生2:吃健康的食物。

师:为你们的智慧点赞,赶快拿出"银卡会员入会申请单"(如图2-25),在你能够完成的事件后打"√",如你全部能做到,就可以为生命账户多加4年。

生如夏花生命银行

银卡会员入会申请单

编号：

银卡会员入会须知	你能否做到
我能早睡早起	能□ 不能□
我能坚持每天锻炼身体	能□ 不能□
我有健康的饮食习惯	能□ 不能□
我不做危险的事，不玩危险的游戏	能□ 不能□

图2-25 银卡会员入会申请单

师：能全部做到的起立，掌声送给自己！听，生命账户又发来了信息：叮咚，您的账户余额现在为24年。

挑战二：升级金卡会员

师过渡：可是生命的长度不可能无限延长，我们只能为它储存更多的生命能量值。生命银行又推出了升级金卡的活动！咱们继续挑战！

客户经理：尊贵的银卡会员，如果您想要晋升金卡会员，您可以尝试这样做。

(1)我能发现并珍惜身边的小幸福，如：亲人对我的爱和朋友对我的帮助。

(2)遇到困难我会勇于克服，不轻言放弃。

(3)我会做帮助别人的事。

(4)我热爱集体，我总会把集体的利益放在首位。

师：能列举一件你做过的，符合条件的事吗？接下来就是金卡升级考核活动，请同学们读一读活动提示。

(1)以四人小组为单位，组长扮演客户经理，其他三名同学为客户。

(2)客户在"金卡会员入会申请单"上填写自己做过的符合储存条件的具体事例。

(3)客户经理审核其填写的事例是否符合要求。

(4)填写时间为3分钟，审核时间为1分钟。完成后请客户经理选择客户填写亮点进行分享。

金卡会员入会申请单如图2-26所示。

生如夏花生命银行

金卡会员入会申请单

编号：

金卡会员入会须知	是否符合条件
我的事例1：	是□ 否□
我的事例2：	是□ 否□
我的事例3：	是□ 否□
我的事例4：	是□ 否□

图2-26 金卡会员入会申请单

师巡视，并请一组同学分享汇报。

（三）师生总结

1. 学生分享收获

师：通过今天的生命账户探索之旅，你收获了什么？

2. 教师总结

师：同学们，今天的生命账户探索之旅就要结束了，但我们对生命的探索永远不会停止。在今后的日子里，我们将持续为生命账户储能，让有限的生命变得更加有价值！（板书：价值）

"做守信的人"教学设计

韦 妙

一、教学背景

人无信不立。诚信是社会主义核心价值观的重要内容之一,是公民基本的道德规范。诚实和守信犹如"人"字的一撇一捺,支撑起每个人的道德标准。人与人之间的交往,最重要的就是讲信用、守诺言。新修订的《中小学生守则》对中小学生明确提出"诚实守信,言行一致;知错就改,有责任心"的要求。所以,我们要重视守信这一良好品格的教育,让学生做守信的人,将中华民族的传统美德传承发扬下去。

二、学情分析

三年级是从小学低年级段到高年级段的过渡期,也是知识、能力、情感价值观形成的关键时期。学生对守信有基本的认识,能够对守信的行为做出肯定评价,对不守信的行为做出否定评价。但由于生活阅历简单,道德是非观发展的规律有限,他们对守信的重要性仍缺乏深刻的认识。因此,帮助学生进一步认识守信、理解守信显得尤为重要。

三、教学目标

(一)知识与技能目标

了解守信的含义,在生活中感知守信,辨别是非,明确守信的重要性。

(二)过程与方法目标

通过观看视频、合作学习、玩游戏、探究等方法让学生明白守信的重要性,学会辨别是非,用守信的行为应对生活中遇到的问题。

(三)情感态度与价值观目标

树立正确的是非观念,培养学生守信的品格。

四、教学重点和难点

(一)教学重点

知道守信的含义,明白守信的重要性。

（二）教学难点

树立正确的是非观念，养成守信的品格。

五、教学方法

本课结合了三年级学生的认知特点，采用讲授法、探究法、游戏法、故事法等教法，引导学生进行深度学习。学生运用小组合作法、发现法、对比法、讨论法等学法在活动中学习，有品质地成长。

六、教学流程

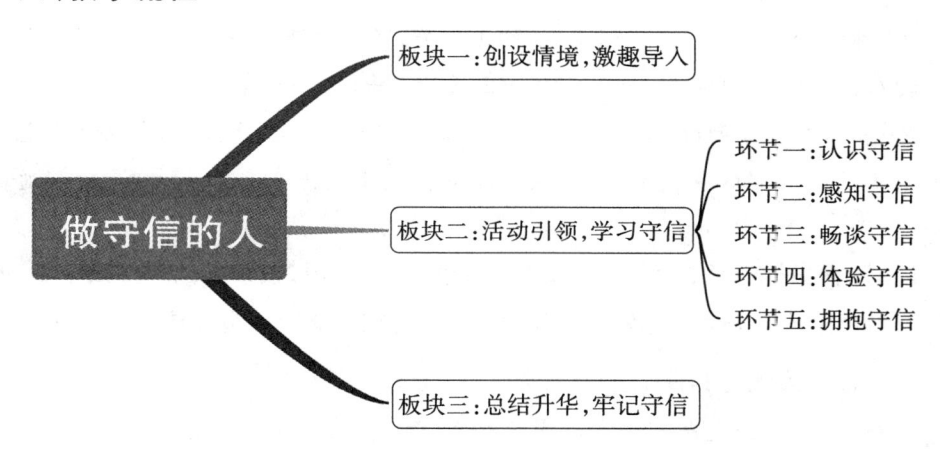

做守信的人
- 板块一：创设情境，激趣导入
- 板块二：活动引领，学习守信
  - 环节一：认识守信
  - 环节二：感知守信
  - 环节三：畅谈守信
  - 环节四：体验守信
  - 环节五：拥抱守信
- 板块三：总结升华，牢记守信

（一）创设情境，激趣导入

师：同学们，在遥远的地方有一个守信国，那里的人们都有守信的优秀品格，大家的生活幸福美满，国家也强盛繁荣。为了让守信的品格造福更多人，国王想在民间选取一位守信代言人！想要成为守信代言人，就要通过五个关卡：一、认识守信；二、感知守信；三、畅谈守信；四、体验守信；五、拥抱守信。顺利通过的人就能成为守信代言人！

【设计意图】创设情境，激发学生学习兴趣，导入本课学习。

（二）活动引领，学习守信

第一关：认识守信

师：想要成为守信代言人，国王要来考考大家。你知道什么是守信吗？

生（预设）：我通过查字典知道。守，就是遵守；信，就是信用。守信就是要遵守信用，言而有信。

师：你说得非常好，守信就是讲信用、守诺言。这既是对别人的尊重，也是自己素养的体现。在和他人的日常交往中，我们一定要说话算话，言行一致，这样才能得到更多人的信赖。恭喜大家,解锁了守信的含义,顺利通过第一关!

【设计意图】开门见山,引出主题,老师通过提问,让学生回答,归纳守信的含义。

第二关:感知守信

师:守信国王知道大家喜欢听故事,特意为你们准备了两个精彩的故事,看完后说一说,你们更喜欢哪个故事的主人公,为什么喜欢他。(播放视频:《狼来了》《一诺千金》)

生(预设)1:我喜欢《一诺千金》的主人公,他说话算话,是个值得信赖的人。而《狼来了》的主人公不诚实守信,于是失去了别人的信任,最后还丢失了性命。

生(预设)2:我也喜欢《一诺千金》的主人公,守信是很重要的品格,如果你是一个守信的人,在你遇到困难时,别人都会伸出援助之手。

师:相信在刚才的故事里,大家已经体会了守信的重要性,我们在生活中也要学会明辨是非。大家的收获真不少,获得了守信国王的点赞。恭喜大家,顺利通过第二关!

【设计意图】结合三年级学生喜欢听故事的特点,用《狼来了》和《一诺千金》两个故事引导学生体会失信的坏处、守信的好处,知道在生活中要明辨是非。

第三关:畅谈守信

师:你们身边一定也有许多与守信有关的故事,国王给大家出了一道选择题,请拿出 HiTeach 按键,选出你们心中的答案。

早上刚到教室,你突然发现自己忘记带钢笔,情急之下向同桌寻求了帮助,并承诺放学后将钢笔完好归还。同桌欣然借给了你。等到放学时,你准备归还钢笔,却发现无论如何也找不到同桌的钢笔,以下有四个选项,你会怎么选择?

A.立马向同桌说明情况,赔礼道歉,放学后买一支新钢笔赔给同桌。

B.将情况如实告诉同桌并道歉,不采取其余措施。

C.不告诉同桌,假装无事发生,等过几天,大家就忘记这回事了。

D.其他。

师:大部分的同学选择了 A 选项,但也有同学有不同的想法,我们来听听大家的理由。

生(预设)1:我选 A,说到就要做到,既然答应了要完好归还钢笔,弄丢了就要承担责任,给同学赔偿。

生(预设)2:我选 B,我和同桌关系好,道歉就行,不用那么计较。

师:当我们承诺了别人某件事,却无法完成时,一定要主动向对方承认错误,并想办法解决问题,这样才不会失掉他人对自己的信任。

师:现在,进行四人小组讨论,说说如果你是这位同桌,面对他人不同的做法,会有怎样的感受?

生(预设)1:如果对方承认了错误,积极解决问题,我以后愿意继续帮助他。

生(预设)2:如果对方损坏了我的物品,还一副无所谓的态度,我会感到难过,以后不会再帮助他了。

师:是呀,守信是人与人交往的基础,失信于己或于人都有着巨大危害,在面临守信与失信的选择时,一定要自我约束,做守信的人。恭喜大家,顺利通过第三关!

【设计意图】将知识与生活联系,老师采用HiTeach搜集学生对生活中常见事例的看法,再用合作讨论的方式,让学生深层次理解守信,感悟守信于己、于人的重要性,引导学生在面临守信与失信的选择时,学会自我约束,做守信的人。

第四关:体验守信

师:为了让同学们深刻体验守信,守信国王给你们准备了一个小游戏——你比我猜。

游戏规则:两位同学一组,一位同学背对黑板,一位同学面对黑板。老师将谜底写在黑板上,面对黑板的同学通过动作将词语表演出来,除了词语的字数,不能说出其他与谜底相关的提示语。背对黑板的同学通过动作猜谜底。游戏过程中,表演者和其余同学都要参与其中,不能违反游戏规则,透露谜底。

请三组同学进行游戏……

师:在刚才的游戏过程中,有的同学激动地想提示但又捂住了嘴巴,还有的同学虽然遵守了规则却又失败了。让我来采访一下他们的感受。

生(预设)1:虽然我很着急,但玩游戏就要遵守规则,不然大家都直接说出答案,游戏就没乐趣了。

生(预设)2:虽然我们失败了,但游戏过程中我们既紧张又开心,我们的关系更亲近了。

师:愉快的游戏时光结束了,大家对守信也有了更深刻的体会。守信可以建立彼此的信任,巩固人与人之间的感情,创造公平和谐的环境。所以在生活中,我们一定要做个守信的人。恭喜大家,顺利通过第四关!

【设计意图】根据三年级学生喜欢游戏的特点,让学生在游戏活动中学习,加入针对性采访,如针对忍不住想违反游戏规则的学生和遵守规则却游戏失败的学生进行采访。引导学生层层深入思考,体验守信。

第五关:拥抱守信

师:同学们,通过本节课的学习,我们明白了守信的含义和重要性,知道了在生活中要辨别是非,做个守信的人。守信国王给我们送来一首动听的乐曲,现在,让我们跟随轻快的音乐,拥抱守信,一起完成《诚信歌》手势舞。

(播放《诚信歌》手势舞视频,全班表演)

师:大家的表演真是太精彩了,恭喜你们通过第五关,成为守信代言人!每人获得一枚守信代言人奖章!

【设计意图】根据三年级学生活泼好动的特点,以手势舞结束本课学习,让学生在轻松愉悦的氛围中内化守信品质。

(三)总结升华,牢记守信

师:言必信,行必果,当我们在生活中遇到守信与失信的选择时,一定要做到言行一致、明辨是非、自我约束。只有人人守信,社会才会更美好,国家才会更强盛。我们都要做守信的人!

课后拓展

师:老师为大家准备了一棵守信树,将它张贴在文化墙上。课后,请同学们将你们的守信宣言写在树叶上并贴到守信树上。相信我们的守信树一定会生机勃勃、枝繁叶茂!

【设计意图】将课堂学习与生活实际相联系,在班级里创建守信文化,让学生牢记守信。

七、板书设计

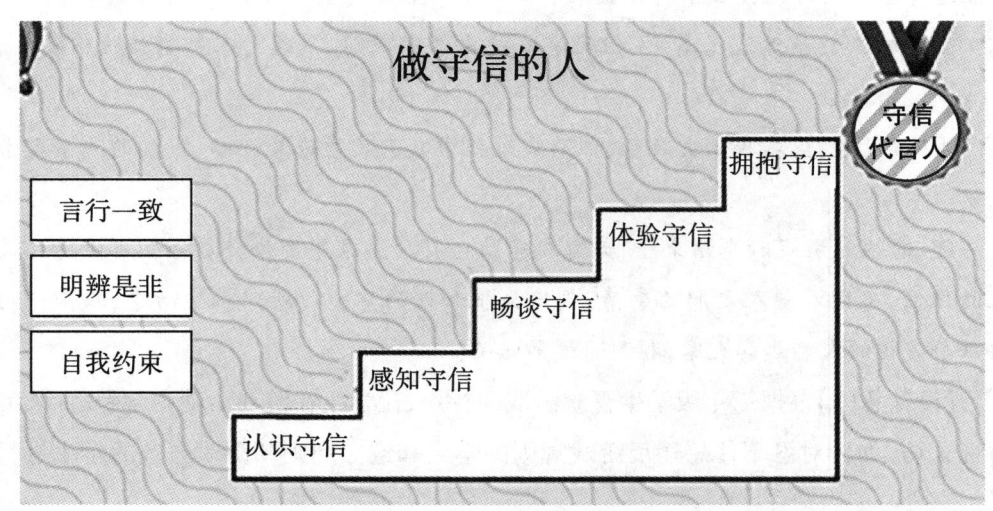

做守信的人

守信代言人

言行一致
明辨是非
自我约束

认识守信 感知守信 畅谈守信 体验守信 拥抱守信

八、教学反思

(一)创设生活情境,启趣

本课以闯关为情境,穿插了趣味活动,激发了学生的学习兴趣,加深了学生对守信的理解。

(二)突出灌启结合,激能

本课充分发挥了教师的主导作用和学生的主体作用,教师通过谈话、讲故事、游戏等方式启发学生主动学习,促进学生的学习积极性,激发学生的学习潜能。

(三)注重教学实践,促行

通过"认识守信""感知守信""畅谈守信""体验守信""拥抱守信"五个活动,学生从不同的角度层层深入地理解守信,从行动上感知守信的重要性。

悦纳自我"星"光闪烁

陈雨菡

一、活动背景

《中小学德育工作指南实施手册》指出,要引导学生正确认识自我,认识每一个生命的独特性,提升生命的质量和价值。进入三年级之后,学生的学习压力会有所增大,不少学生开始变得敏感、自尊心强,容易将大部分注意力放在学习上,通过与他人比较学习成绩来评价自己,对生命的认识往往不够客观与全面。因此,生命教育是非常必要的。

本节班会课以"点亮生命星星"为线索,让学生在活动过程中关注自己各个方面的闪光点,体会生命的独特性;又通过"家长赋能""同伴认可"等活动,引导学生用欣赏和发现的眼光重新看待自我、欣赏自我,最终形成积极向上的心态,进而全面发展。

二、活动对象

小学三年级学生。

三、活动目标

认知目标:在了解生命的独一无二的基础上,感知自我的独一无二。

情感目标:让学生从多角度认识自我,初步具有多角度寻找自我闪光点的意识;感知自我的珍贵,凝聚生命力量。

行为目标:懂得生命的多样性,能以发现的眼光看待自己和他人;从身边感受力量,不轻视自己,学会欣赏自己。

四、活动准备

课件、视频。

前置准备:提前联系家长写下学生在生活中不易被学生本人察觉的闪光点,装入信封。

课中活动单(星空卡纸、星星贴纸)、小组活动转盘。

五、活动过程

1. 活动一：独一无二的生命星星

谈话导入：介绍自己。

师：同学们，在生命的宇宙里，我们每个人都是一颗星星，每个星星都有着不一样的名字。

教师示范：

"我叫陈雨菡。"——名字

"我是一颗开朗的星星。"——性格

"我是一颗守信用的星星。"——品质

学生交流。步步引导学生介绍自己的特点，发现每个人的独特性。

小结：是呀，每颗星星都有不同的姓名、不一样的性格和品质，我们都是独一无二的。

（板书：独一无二）

【设计意图】学生通过自我介绍，逐渐放松，活跃了课堂氛围；同时教师用"我是一颗星星"的独特介绍方式，激发学生兴趣，并从三年级学生已有的"生命是独一无二的"这一知识点引入本课主题。

2. 活动二：发掘"我"的生命星星

绘本引导：我的星星什么时候会发光？

过渡：我们的星星还会发光呢！不信你们看。

播放绘本视频：《一颗颗星星》。

（板书：闪闪发光）

学生观看，师提问你的星星什么时候会发光？

师：绘本中的学生在做自己擅长的事情时，就找到了自己的闪光点，他的星星就会发光。那你的星星会在什么时候发光呢？

学生交流并在自己的"星空卡纸"上贴上找到的星星。

学生此时会找到自己特长方面的闪光点，引导他们总结。在自己擅长的事情中找到了自己闪光点的学生，请你将发光的星星贴到你生命星空的左边吧，找到几颗，就贴上几颗。

小结：我们都能一眼在自己擅长的事情中看见闪闪发光的星星。

（板书：看见闪光点）

任务情境：帮小空点亮星空。

过渡：可是，有一个叫小空的小朋友（贴小空），他觉得自己没有擅长的事情，看不到自己的闪光点。我们要去帮帮他，用发现的眼睛去点亮他的星空。

学生通过语音中的问题,帮助小空寻找他的潜在优势。

出示语音情境1:我性格比较内向,有点儿胆小,不过我每天晚上都会去小区楼下喂流浪小猫,那些小猫可喜欢我了。(预设:有爱心……)

出示语音情境2:我好像没有特别擅长的事情,甚至连写字也写不好,虽然我每天坚持练字,可还是没有我的同桌写得漂亮。(预设:勤奋、坚持……)

出示语音情境3:我不擅长运动,跑步总是最后一名。但是我会每天整理好我的课桌,也总是随手捡起教室里的垃圾,因为我喜欢干干净净的样子。(预设:会整理、爱卫生……)

学生通过语音情境,帮助小空寻找他的潜在优势。

(板书:发掘闪光点)

小结:亲爱的同学们,我们每个人都有自己的闪光点,它们有的很大很亮,一眼就能看见,有的就像小空的星星一样,需要我们带着发现的眼睛去发掘。

【设计意图】通过绘本引导,学生在轻松的活动中找到自己比较明显的闪光点;设计"帮小空点亮星空"的活动任务,让学生在贴近实际生活的情境下,认识到即使没有特长,也能从其他角度发掘出闪光点,引导学生初步具有多角度寻找自我闪光点的意识。

3. 活动三:点亮"我"的生命星空

过渡:我们班可能也有小空,总是觉得自己暗淡,但其实你一直在发光。现在,我们要来听一听同学眼中发光的你。

小组活动:星空能量大转盘。

四人小组活动:同学互相夸一夸。转盘转到谁,小组成员就要说出一个他的闪光点,并帮他在星空上贴上一颗星星。

小结:同学们用发现的眼睛,让你们彼此的星空越来越闪亮了。你们想让自己的星空更加闪亮吗?

家长赋能:星空信封。

师:我们一起了解爸爸妈妈眼中发光的你吧?现在请打开你们面前的"星空信封",读一读吧!

请学生打开课前发给他们的"星空信封",阅读家长给他们写下的闪光点。

相机记录采访时的学生。

师:爸爸妈妈眼中,你的闪光点是什么?

师追问:你此刻的心情怎样呢?

小结:是呀,在爸爸妈妈眼中,你们每个人都是如此的珍贵、美好,都是最闪亮的星星,快把家长帮你们找到的闪光星星贴到自己的生命星空上。

总结收获:点亮我的生命星空。

学生分享:我点亮了(　　)颗星星,其中有(　　)颗是我之前没有发现的。

师追问:其中让你最感动或者最意想不到的星星是什么?

小结:同学们,今天,我们不仅看见了自己的闪光点,还能发掘自己的闪光点,学会了欣赏自己,所以我们的生命星空才星光闪烁,我们也成为最美、最亮、独一无二的自己。

(板书:欣赏自己)

4.总结升华

师:同学们,你们看,原本暗淡无光的星河,被你们的星星点缀得无比美丽。亲爱的同学们,请记得,永远不要因为看到别人发光就觉得自己暗淡,每个人都应悦纳自己,让自己的星空闪闪发光。

【设计意图】"星空能量大转盘"让学生在欢快的气氛中去了解同学眼中的自己,学会欣赏自己和他人。通过课前调查发现:由于学习难度的提升,三年级学生会觉得自己在家长的心中有很多不足,所以设计"家长赋能:星空信封"环节,给家长和学生提供一个交流的机会。这不仅能让学生更全面地看见自己的闪光点,更能从家长层面给学生注入生命能量,让学生不轻视自己,学会欣赏自己。

六、板书设计

悦纳自我

"星"光闪烁

独一无二

闪闪发光 —— 看见闪光点
　　　　　　 发掘闪光点

欣赏自己

送我一朵小红花

向小莉

一、活动背景

生命教育是一种全人教育,是帮助学生正确认识生命和体现生命价值的重要途径,同时也是帮助学生身心健康成长的关键手段。《国家中长期教育改革和发展规划纲要(2010—2020年)》明确提出生命教育是教育发展战略中"四个重视"教育之一,生命教育成为全国各级各类学校教育的重要内容。二年级学生的自我认识进入一个迅速发展期,因此,在二年级对学生进行自我认识的生命教育是非常有必要的。该教育让学生了解每一个生命都是独特的,接纳不完美的生命,可以帮助他们正确地认识自己、提高自我意识、形成积极向上的心态,进而逐渐全面发展。

二、活动目标

(1)了解每个人的生命都是独一无二的,学会欣赏自己的与众不同。
(2)学会接纳不完美的自己,寻找自己的闪光点,以积极的心态面对生活。

三、活动形式

游戏、讨论、观看视频。

四、活动准备

(1)课件、视频。
(2)前置调查:猜一猜本班老师最喜欢的是谁?
(3)课中活动单(小红花卡片)。

五、活动过程

师(谈话导入):2班的同学们,今天向老师要带大家走进生命的花园,上一节特别的班会课"送我一朵小红花",希望这节课我们能一起点亮手中的生命之花。

1. 活动一:认识每个生命都是独一无二的

师:我们先来玩个小游戏"猜猜他是谁"(播放录音)。

听声音猜猜他是谁。

看局部猜猜他是谁(出示学生局部照片)。

师:大家是怎么猜出来的呢?原来我们每个人的声音、样子是不一样的。我们还有什么是不一样的呢?

生:性格、爱好、特长……

小结:是的,我们每个人都有自己的特点,正是这些一个又一个的不同组成了独一无二的我们,而世界又因不一样的我们更加精彩。

(板书:独一无二)

2. 活动二:认识生命的不完美

师过渡:不仅是我们人类,整个自然界的每个生命都是独一无二的。

引导学生比较两片相似的叶子,一片完好无缺,一片有许多洞。

师:你看,老师捡到了两片特别相似的叶子。比一比,你们更喜欢哪片叶子?

师继续追问:你们为什么不喜欢这片叶子?如果你们就是这片叶子,这些洞就像是我们身上的什么?

生:缺点、不足……

小结:是的,人无完人,每个人都有缺点,都有不完美的地方。

(板书:人无完人)

展示课前做的调查结果(你认为老师最喜欢班上的哪个同学?)。

师:我发现有很多孩子就像是这片满是洞的叶子,总觉得老师、同学会因为自己的缺点而不喜欢自己。课前老师做了这样一个调查,很多孩子都写了名字,我们来看看。

游戏"老师的心思你来猜":请同学猜一猜老师喜欢哪一位同学,并说一说自己的理由。说了的同学就有机会来讲台看这神秘的信箱,帮大家揭秘。

学生互动分享:老师最喜欢谁?(此刻大家都很好奇,箱子里到底是什么?怎么上去的每一个人都说老师喜欢的是自己?)

师揭晓谜底:一面镜子和一张"我喜欢你"的纸条。

邀请该班老师与学生现场互动。

小结:每个学生都是独特的存在,不完美的自己才最真实。

3. 活动三:发现闪光点,学会爱自己

师:每个人虽然有不足,但也有属于自己的闪光点。说到这儿,就不得不请出我们的小猪朋友了。

学生说说自己印象中的猪。

看视频《我喜欢自己》，发现小猪的闪光点，说说小猪喜欢自己什么。

师追问：同学们，你们喜欢自己吗？喜欢自己什么呢？

活动：送给自己一朵小红花。

师：同学们，其实你们每个人都有自己的闪光点，现在请你们用发现的眼光看看自己，在小红花上写上自己的闪光点，用你们的闪光点点亮手中的花吧。（要求：在小红花卡片上写自己的闪光点）

学生分享，分享后把小红花种在我们黑板上的"生命花园"里。

学生一起把小红花贴到黑板上的"生命花园"。

（板书：爱我自己）

老师用手电筒照亮有洞的树叶，学生观察并体会不一样的美。

师：同学们，你们看，每朵花都不同，每个人都是独特的，正是这些独一无二的特点组成了限量版的你们。你们也用自己的闪光点为生命之花注入了能量。老师想感谢2班的同学们，这堂课受你们的感染，我也感受到了生命的多彩和能量，还记得刚刚那片满是洞的树叶吗？你们看，当光穿过时，叶子上无法改变的洞反而变成了一个个亮点，亮闪闪的，有不一样的、独特的美。

总结：

最后老师想把这个专属于2班的生命花园传递给你们，希望你们未来继续努力，能在上面增添更多的闪光点，让我们的生命之花开得更加绚烂多彩！

第三章

智慧育心

教师,要如太阳般温暖明亮,照亮每一个学生的心灵。智慧育人,更要育心,一个好的教师,是一个懂得心理学和教育学的人。教师要做情绪稳定的示范者,做学生情绪的觉察者,做消极情绪的共情者,做积极情绪的引导者,让每一个学生树立心理健康观念,培养他们积极乐观、坚强自信、勇于进取的健康品格,让每个学生的潜力得到充分发挥,健康地成长与发展。

悦心课程

曾安会　杨秋菊

一、课程背景

2002年,教育部印发了《中小学心理健康教育指导纲要》(以下简称《纲要》),对各地中小学开展心理健康教育起到了指导和推动作用。

成都高新区锦城小学秉承"以儿童为中心"的教学理念,以乐群学堂为依托,旨在培养"悦身心、会合作、善思辨"的锦小学生。学校在教育部文件指导下,深入贯彻落实"育人为本"的心理健康教育目标,融合六育目标,以学校实际情况为基础,结合学生学情,探索与构建了以"悦心"为主题,覆盖全校所有年级,涵盖心理健康专题教育的知识型、活动型和提升型的心理健康课程,在心育方面实现"育人为本,心育保障"的理念与目标。

二、课程性质

"悦心"心理健康课程是锦城小学的特色课程。本课程以"悦心"为核心,即认识自己、认识心理、认识生命,是我们一生的课题,悦心、悦己、悦世界,是为了更好地生活。课程目标是培养孩子的心理思维与积极心理。课程以课堂教学、心理活动为主要依托和形式,引导学生在活动中学习,在学习中成长,在成长中培养积极思维和解决问题的能力。

三、课程理念

(一)发挥心育课程的育人功能

心理健康是个人健康的主要组成部分,本课程以知识心理健康建构为基础,以课堂活动和学生作品为主要形式,让学生在活动中学习,了解不同的心理健康主题与内容,从而感受自己、愉悦身心。本课程的育人更多聚焦于"生成性",主要包括学生的收获、体验、感受、反应、价值观等,形成动态、创新的模式。

(二)实施探索、实践和活动课堂学习模式

本课程基于学校基本情况和学生学情,进行课程活动的设计与开展,能让学生通过课堂活动产生体验感、参与感和生成感,使学生在课堂上学习心理知识、了解心理规律、学习心理保健的基本方法、运用心理知识解决问题。合作、创新和探究学习新模式,使学生在活动中学习与成长,真正做到学有所用、知行合一。

(三)链接生活、解决实际问题和培养积极思维的课程内容

本课程主题选择、内容设计与实施均以实际生活为基础,结合个体认识自我、悦纳自我、处理人际关系、情绪管理、学习心理等主题,与生活中的真实问题进行全面链接。学生认识问题、了解问题、分析问题和解决问题,并在此过程中由人到己,去体会、去形成、去认知、去悦纳自己,养成积极思维。课堂最大限度地与实际生活相联系,发挥了实际效用。

四、课程目标

(一)总目标

教师普及心理健康基本知识,让学生掌握心理保健的基本方法。开发学生的心理潜能,提高学生的心理健康水平,促进学生形成健康的心理素质,引导学生正确看待心理健康。减少和避免各种不利因素对学生心理健康的影响,提高全体学生的心理素质,培养他们积极乐观、健康向上的心理品质,促进身心和谐可持续发展,为健康成长和幸福生活奠定基础。

(二)具体目标

1.三个层级

(1)知识能力目标。

了解、学习并掌握基础心理知识、心理小常识和心理保健方法,能够将知识与生活相联系,掌握与运用心理知识。

(2)技能掌握与个性心理品质培养。

学会学习和生活,正确认识自我,提高自主自助和自我教育能力,增强调控情绪、承受挫折、适应环境的能力,培养健全的人格和良好的个性心理品质。

(3)情感态度与价值观目标。

对有心理困扰或心理问题的学生,教师进行科学有效的心理辅导,及时给予必要

的危机干预,提高其心理健康水平。

2.阶段目标

(1)小学低年级。

帮助学生认识班级、学校、日常学习生活环境和基本规则,初步感受学习知识的乐趣,重点是培养与训练学习习惯;培养学生礼貌友好的交往品质,乐于与老师、同学交往,在谦让、友善的交往中感受友情;使学生有安全感和归属感,初步学会自我控制;帮助学生适应新环境、新集体和新的学习生活,树立纪律意识、时间意识和规则意识。

(2)小学中年级。

帮助学生了解自我,认识自我;初步培养学生的学习能力,激发学习兴趣和探究精神,使学生树立自信,乐于学习,树立集体意识,善于与同学、老师交往;培养学生自主参与各种活动的能力,以及开朗、合群、自立的健康人格;引导学生在学习生活中感受解决困难的快乐,学会体验情绪并表达自己的情绪;帮助学生建立正确的角色意识,培养适应不同社会角色的能力;增强时间管理意识,帮助学生正确处理学习与兴趣、娱乐之间的矛盾。

(3)小学高年级。

帮助学生正确认识自己的优缺点和兴趣爱好,在各种活动中悦纳自己;着力培养学生的学习兴趣和学习能力;帮助学生端正学习动机,调整学习心态,正确对待成绩,体验学习成功的乐趣;开展初步的青春期教育,引导学生进行恰当的异性交往,建立和维持良好的异性同伴关系,扩大人际交往的范围;帮助学生克服学习困难,正确面对厌学等负面情绪,学会恰当、正确地体验情绪和表达情绪;积极促进学生的亲社会行为,逐步认识自己与社会、国家和世界的关系;培养学生分析问题和解决问题的能力,为初中阶段学习生活做好准备。

五、课程内容

本课程小学低年级段(1~2年级)、中年级段(3~4年级)、高年级段(5~6年级)学段分别各设6、6、7个主题,共19节课,每个主题课程时间为45分钟。主题选择原则:一是贴合心理健康教育教学主题;二是遵循学生身心发展规律;三是有利于学生知识学习与能力提升(如表3-1所示)。

表3-1 小学各学段课程主题

学段	主题	涉及学科
低年级段	入学适应:小猪佩奇上学记	心理、安全
	人际交往:学会对不起	心理、道德与法治
	情绪管理:小黑不坏	心理、安全
	生命教育:顽强的生命	心理、安全、美术
	学习心理:我的眼睛真亮	心理
	自我认识:我就是我,认识自己	心理、美术
中年级段	人际关系:我们都是好朋友	心理、道德与法治、安全
	情绪管理:身体里的小怪兽——嫉妒	心理、安全
	生命教育:生命万花筒	心理、安全、道德与法治
	学习心理:倾听的智慧	心理、语文
	自我认识:寻找我	心理、安全
	青春期教育:小裤子小裙子	心理、安全
高年级段	人际交往:绽放友谊之花	心理、安全
	情绪管理:情绪魔法师	心理、安全
	生命教育:生命——多热爱一点	心理、安全
	学习心理:学会掌握你的注意力	心理、语文
	自我认识:接纳自己的不完美就是完美	心理、安全、美术
	青春期教育:青春期的奥秘	心理、安全
	生涯教育:职业万花筒	心理、道德与法治

六、课程实施

(一)教学安排

现在心理健康教育课程已经成为常规课程,全校学生每隔一周参加"悦心"心理课程。课程框架及内容是由学校两位专职心理教师,根据学生身心发展特点以及学生目前面临的现实问题来设置的。两位专职心理教师上一年级部分班级和五、六年级全部班级课程,剩下的班级由兼职心理教师来开展。

(二)教学建议

1.创设情境

课程主题根据学生身心发展特点和面临的问题或困难来设置,在开展每个课程主题时,以游戏、故事、情景剧、问题等多种方式来吸引学生的兴趣并引发学生的共鸣,让学生能够深入学习相关内容。

2.重视内容设计

心理健康课程没有统一的教材或教参,内容设计大多需要老师自行构思、设计。"悦心"心理课程的内容设计非常重要。当内容设计贴合实际或比较有趣的时候,学生的学习兴趣也会更加浓厚。在课程开始前,可以用有趣的、与本主题相关的游戏进行导入。比如在"人际交往:绽放友谊之花"一课中导入游戏是数字传递,即最前面的学生拿到一个数字,不能说话,只能用手势、表情来传递,从而让他们知道同伴之间沟通的重要性。有些主题非常重要,但单靠讲解太过生硬,可以借助视频来辅助讲解,使学生更容易理解,同时增加课堂的趣味性。比如在五、六年级开设的"生命教育生命——多热爱一点"中,通过动画视频让学生更加直观地观看整个过程,帮助学生认识从受精卵发育成胎儿再到出生的过程,以此了解生命的神奇与顽强。当然我们的课堂不仅停留于看,也需要小组讨论探讨分享自己的观点,让学生敢于表达自己的想法。

在"悦心"心理课堂中,除了讨论外,学生也需要动手实践。比如在"情绪魔法师"中,学生需要画自己的情绪,通过用不同颜色、形状、文字等来表达自己近一周的情绪,学会感知自己的情绪。此外,在课时的最后环节,不同年段的学生有不同的实践任务:1~4年级的学生需要分享自己的收获和感受;5~6年级的学生则需要填写自己的"悦心"心理课程的收获卡(每个学生都会在上课前拿到一张收获卡,上完课后需要把自己感受、收获或者自己的情绪写在收获卡上)。老师可以借此深入了解他们的上课状态或最近的情绪状态。

"悦心"心理课程的有趣具体表现为:课堂氛围比较轻松、活跃,教学方式多以引导为主,引导学生思考,找到适合自己的方法。学生也可以分享自己的观点和看法,给同学提供一些自己觉得很有效的方法,也能够学到帮助自己解决问题的方法。

3.重视小组讨论

在"悦心"心理课程中,针对一些普遍存在且较难处理的问题,学生们可以通过小组讨论,一起想办法解决。小组讨论的结果可能会更贴近学生的实际生活,实用性会更强,而且学生的印象会更深刻。

六、课程评价

(一)评价量规

"悦心"心理课程的评价方法主要是过程性评价,涵盖每堂课前学生的基本准备、课堂表现以及每个课程主题学生们绘制的作品或5~6年级学生写的收获卡等。评价表如表3-2所示。

表3-2 "悦心"心理课程评价表

评价项目	评价标准	自评评价	同伴评价	教师评价
学习习惯	提前准备好学习用具,预备铃响后,安静坐好,等待老师上课			
	自觉遵守课堂秩序,保持安静			
	积极发言,认真倾听同学发言			
学习能力	认真听讲,参与课堂			
	认真完成课堂任务(绘画/分享等)			
	积极思考分享上完课后的感受与收获(收获卡)			
乐群品质	悦己:自己会适应,会调节;悦人:在学习与交往活动中,能够真诚地帮助他人			
	自主地在群体中合作:主动地承担自己的任务,学会与他人合作完成任务			
	思维灵活,有自己的思考,有自己的观点和看法			

注:评价结果分为A、B、C、D四个等级,请在评价结果栏标出(A.很好,B.较好,C.一般,D.差)。

(二)评价办法

1. 以过程性评价为主

"悦心"心理课程与其他课程不同,课程目标主要是普及心理健康基本知识,传授心理知识,让学生学习一些心理保健的基本方法。当遇到问题和困难时,学生能够用平时学习的知识来解决。同时,本课程让学生对心理更加了解,对心理有正确的看法,学会重视自己的心理健康。为此本课程通过三个方面来进行考核,即学习习惯、学习能力和乐群品质。

2. 注重多元评价

为使评价更全面、客观,采用多元评价的方式,即评价标准多元化与评价对象多元化。前者考虑到学生各方面的表现,后者包含教师评价、学生自评和同伴互评等。

七、课程资源

(一)课程资源开发建议

第一,对于"悦心"心理课程的主题和内容,可以依据学生身心发展的实际进行拓展、延伸,使"悦心"心理课程获得更多资源。

第二,探索更多"悦心"心理课程的重要主题,让课程取得更好效果,同时对于学生来说感受好、收获大,我们的课程资源也会更加丰富。

(二)已有课程资源

教学设计、课件:"小猪佩奇上学记""学会对不起""小黑不坏""顽强的生命""我的眼睛真亮""我就是我,认识自己""身体里的小怪兽——嫉妒""倾听的智慧""绽放友谊之花""情绪魔法师""生命——多热爱一点""学会掌握你的注意力""接纳自己的不完美就是完美""青春期的奥秘"。

乌云中的一束光
——心理健康课例

曾安会

一、设计依据

(一)政策依据

《中小学心理健康指导纲要(2012年修订版)》要求心理健康教育要立足教育和发展,注重预防和解决学生发展过程中的心理问题,在应急和突发事件中及时进行危机干预。

(二)现实依据

小学生自身心理发展不完备,内心比较敏感,心理较为脆弱,面临超出自己能力承受范围的事情时,心理压力比较大。在人际交往受挫、亲子关系出现矛盾、学习压力大等复杂情况下,他们容易产生一些偏激的语言、用行为等不当的处理方式,导致身心受伤。

二、学情分析

六年级学生处于青春期前期,情绪不稳定,内心比较敏感,学生的自我意识也随着年龄增长和阅历的增加而日渐增强。因临近毕业,部分学生心态浮躁,不太服从老师的管理,学习不认真,且在人际交往中,逐渐关注异性的评价。面临小升初,家长为了帮助孩子做好学习准备,可能会给孩子增加很多学习任务,导致学生压力比较大。因此,六年级学生受青春期前期特质和环境的影响,容易处于心理失衡状态。

心理失衡指当面对困难情景时,一个人先前处理问题的方式及惯常的支持系统不足以应对眼前的处境,即必须面对的困难情景超过了其应对能力。当学生出现心理失衡时,教师可以引导学生提高心理韧性中的情绪控制、积极认知、目标专注,向外界寻找帮助如家庭支持和人际协助,帮助学生学会如何正确处理遇到的困难。

三、教学目标

知识与技能:对心理失衡的情况有一定的认知。

过程与方法：运用交流、分享等方法，通过小组合作学习来引导学生认识心理失调的危害。

情感、态度与价值观：通过小组探究学习，让学生明白心理失衡会带来不好的体验，为此积极探索解决心理失衡的方法。

四、教学重难点

（一）教学重难点

通过交流、分享和思考，当学生处于心理失衡时，他自己能意识到该怎么做。

（二）解决措施

通过故事分析学生的情况，在意识到他处于心理失衡的情况下，探索其人际关系、家庭支持、自我认识等方面的情况。最后汇总出在心理失衡的情况下的处理方法，首先需要先平复好情绪，然后再寻求帮助和支持的做法。

五、教学和学法、教学工具

（一）教法

讲授法、讨论法、案例教学法、启发教学法。

（二）学法

小组合作法、观察法、讨论法。

（三）教学工具

PPT、A4纸、班级优化大师。

六、教学流程

心理健康课例教学流程共有5步，具体内容如表3-3所示。

流程1：游戏导入，活跃气氛。（吸引学生的兴趣）

流程2：故事呈现，感知乌云。（引出课程内容"乌云"）

流程3：分析乌云，了解原因。（分析乌云的情况）

流程4：绘制光亮，获取力量。（获得更多方法）

流程5：凝聚光芒，总结方法。（找到合理、合适方法）

表3-3　心理健康课例教学流程

教学环节	教师活动	学生活动	设计意图
游戏导入	讲解游戏规则，开始游戏，询问学生的感受。	明白游戏规则，能够投入游戏。	通过游戏让学生积极投入课堂，同时感知到在生活中可能有些困扰是我们逃不了且暂时不会处理的。
环节意图：吸引学生的眼球，将学生的注意力集中到课堂，同时引入我们在生活中面对困扰时缺乏支持和帮助的现状。			
感知乌云	给学生呈现故事音频， 大家好，我叫小A，是一个女生，现在读六年级了，学习成绩中等，爸爸常年在外面出差，妈妈没有工作，我与妈妈生活在一起。在班级里只有一个关系比较好的朋友。妈妈对我的要求很高，希望我成绩拔尖，平时空闲的时候多看书、写作业。如果我作业没有完成得很好或者考试结果不理想的话，妈妈就骂我，说我不孝顺，说我怎么这么笨，他们把最好的东西都给我了，结果我是这样的情况，让她非常失望。妈妈还经常把我和班上一个很优秀的同学做对比，说她多么优秀，让她妈妈多省心，不像我，总是让她操心。我觉得我很自卑，什么事情都做不好，也很不孝顺。那天妈妈偷看我的日记，我非常生气，然后就与妈妈争吵，我觉得非常难受，然后想伤害自己，结果被妈妈发现了，然后被狠狠地骂了一顿。我也不敢把我的烦恼告诉同学，因为怕同学家长知道后告诉我妈妈，所以只能闷在心里，但是有时候真的控制不住想伤害自己。 让学生分享： (1)你觉得小A的情绪是怎么样的？ (2)她采用的方式怎么样？	学生能回答小A非常难过、无助、有点绝望，小A用伤害自己的方法解决问题，是不对的。	让学生意识到"乌云"就是处于心理失衡的状态。
环节意图：通过故事音频，让学生先意识到"乌云"是处于心理失衡的状态，有"乌云"是很难受和痛苦的。			
分析乌云	小组讨论以下问题： (1)她的人际关系怎么样？ (2)她与家人的关系如何？ (3)当她遇到困难或问题时，她是怎么处理的？ (4)她对自己的看法是怎样的？ 学生了解相关情况后，分析小A的人际关系、家庭支持和应对方式，学生意识到小A正处于心理失调状况。当一个人面对困难情境，他先前处理问题的方式及惯常的支持系统不足以应对眼前的处境，即他必须面对的困难情境超过了他的应对能力时，这个人就是心理失衡。	学生能够回答出小A的人际关系一般，只有一个关系比较好的朋友，与家人的关系也一般；遇到问题小A闷在心里，做伤害自己的行为，小A认为自己很笨，不认可自己。	通过人际关系、家庭支持、自我认知等方面来分析小A的情况，让学生理解心理失衡是什么。

续表

教学环节	教师活动	学生活动	设计意图
绘制光亮	环节意图：让学生分析意识到自己有不正确的应对方式，是因为自己处于心理失调的状态。 （1）现在我们来帮助小A画漫画。画漫画（活动规则）： 我们来帮帮小A，在她所处的情况下，她应该怎么处理才更好呢？ 呈现示范图，让学生了解漫画是怎么画的。 **倾诉减压法**　　**音乐减压法** 倾诉可取得内心情感与外界刺激的平衡，与朋友诉说或自言自语或写日记等。　　不同心情可以听不同的音乐，但不要在伤心时听伤心的歌。 （2）学生分享作品，罗列学生的方法。	学生能在小A心理失调的情况下，找到冷静、倾诉、阅读、画画、找心理老师等解决方式。	以小A的情况为例，让学生帮助处于心理失调的小A，告诉她该怎么处理。
凝聚光芒	环节意图：通过小A的例子，让学生思考处于心理失调的状态下可以使用的方法。 （1）根据学生的分享，最后总结出需要增强心理韧性。 乌云 → 光 心理失衡 → 增强心理韧性 → 情绪控制 / 积极认知 / 目标专注 / 家庭支持 / 人际协助 请学生将以上方法进行分类，最后老师进行归类。 ①情绪控制： 可以写日记　运动　找朋友/亲人/老师倾诉　画画 阅读　做喜欢的事　呼吸放松法　冥想		

续表

教学环节	教师活动	学生活动	设计意图
凝聚光芒	②积极认知： 　　寻找自己的优点　　肯定自己的能力 ③家庭支持： 　　寻找家人的支持 ④人际协助： 　　朋友　　心理老师　　心理医生 (2)送给学生一句话：在学习和生活中，难免会遇到"乌云"，但是我们要相信"乌云"不仅仅只代表黑暗，只要我们愿意，也能在乌云中找到一束光。同时我们要相信乌云总会有离开的时候，让我们努力找寻那一束温暖的光。	学生能够对方法进行分类，然后意识到处于心理失衡时，可以先怎么做，然后再怎么寻求帮助。	处于心理失调的状态时我们应先进行情绪调节，平复情绪，然后可以寻求家庭支持和人际协助。
环节意图：对学生的方法进行分类，让学生知道处于心理失衡时可以怎么处理。			
板书设计	乌云中的一束光 心理失衡 　　　　心理韧性　　　　情绪控制 　　　　　　　　　　　积极认知 　　　　　　　　　　　目标专注 　　　　　　　　　　　家庭支持 　　　　　　　　　　　人际协助		

用心关注孩子的健康成长
——对小学生心理异性化现象有感

李 沙

一、深夜的电话

开学前一天晚上，我接到一个叫峰的学生的妈妈打来的电话。她说她太痛苦了，一定要给我打个电话。

"我明天就要出差了，有些情况我需要向老师反映。我的儿子很多方面都不错，学习认真，习惯也很好，和同学们相处得也非常好。也许你觉得这孩子还不错，可你不知道，为了他，我都快疯了。我的儿子有一个非常严重的问题，那就是他有严重的女生化现象。他什么都学女孩子，平时下课只喜欢和女孩子一起玩，说话也是女孩子说话的语气。他的这种情况已经有很长的时间了，我们也非常重视，也想了很多的办法，可一点儿也没有改善，反而越来越严重了。老师，你是他们的新班主任，希望你能多费点心，帮帮我的孩子。"

峰的妈妈叙述完后，在电话那头已经泣不成声了。放下电话，我初步认为这名学生刚刚上二年级，也许是年龄太小了，加上在成长的过程中跟母亲在一起的时间远远多于父亲，这让学生有不同程度的"恋母"情结。但男生的性格有点女生化是正常现象，随着他们年龄的增长慢慢就好了。

二、现象引出的问题和思考

开学后，我特意留意了一下峰。一个星期以后，我才真正明白峰的妈妈给我打电话为什么会哭成那样。

首先，峰上课的时候无论是读书，还是回答问题，他的语言完全是女生的语气。当他回答问题的时候，每次都有学生笑他，可他却做出不屑一顾的样子。其次，下课的时候，正如他妈妈说的那样，他只和女同学一起玩，而且他和女同学玩踢毽子、折纸等游戏时，动作一招一式是那么娴熟。走路时他会走"丁"字步，屁股还一扭一扭的，如果你从他的背面观察，你一定会认为他就是一个女孩子。另外，班上同学还告诉我，他以前上厕所会跑去女厕所，现在也有这种现象，可很多次都被同学们拉回来了。了解到这些情况以后，我才意识到他的问题有点严重。我决定先家访，可家访后，峰的问题严重得令我坐立不安。

家访中,峰的妈妈告诉我,峰的爸爸因为忙于工作很少与儿子相处,是她一个人把他带大的。学校中的峰还要好一些,在家里,他的表现更令人担忧。峰在家里会穿女孩子的衣服,穿女孩子的袜子,有时还会拿妈妈的化妆品涂脸和涂口红。甚至有时上学也穿女孩子的袜子,如果你不答应他,他就不去上学。上一年级的时候还觉得没有什么,可现在都上二年级了,他还这样,打骂对他根本就没有用。再说打多了,自己也心疼,何况这也没有任何效果。家访时间还没有一个小时,峰的妈妈早已泪流满面。了解了大致情况,考虑到峰的妈妈的情绪,我提前结束了此次家访。

回到办公室,我就一直在想,为什么学生会这样?为什么学生这么想做女生?难道他的生理基因本身就是女生?是不是真的什么办法对他都不起作用?

学生的表现和家长的述说都表明,学生的确有着非常明显的女生化行为,从说话、走路、写字、游戏活动、穿衣都体现了女生化。对于一个二年级的学生来说,这个年龄的学生已经知道了男女有别,他们知道哪些事情是属于男生的事情,哪些事情是属于女生的事情,如果谁喜欢做异性才能做的事情,他们一般都会觉得不"正确",甚至会嘲笑对方。从峰的日常表现来看,他并不是仅一两方面对女生的行为或游戏活动感兴趣,他是方方面面都有女生化倾向,可以说,他的女生化现象是全方位的,甚至根本不分时间、地点、场合。在学校是这样,在家里峰表现得比学校还严重。显然,峰已经从思想上突破了同学们的舆论和旁人的眼光,而且对于同学们的嘲笑完全视而不见。能够做到这一步,可见学生从心理上已经觉得自己女生化的行为是完全正确的,而这一种认识需要非常强大的力量支撑。令人担忧的是,从目前的情况来看,学生的情况会越来越严重。

在我的建议下,峰的妈妈带学生到华西医院做了检查,检查结果是学生的生理基因为男性。不是先天的原因,那学生今天这种情况就是后天形成的。爸爸忙于工作,疏于对孩子的管教,造成学生今天这种情况应该负一定责任,但这也不是根本原因。因为峰的妈妈酷爱体育,喜欢运动。她既有柔的一面,也有阳刚的一面。或多或少可以弥补峰因缺少父爱而带来的不利影响。即使有不足,充其量也就是缺少那么一点男子汉气概。可学生为什么会有如此严重的女生化倾向呢?要解决好这个问题,必须找出造成这种现象的根本原因,这样才能对症下药,药到病除。我试图与学生谈话,希望能从谈话中找到原因,可学生只告诉我他喜欢做女生做的事情,这些活动一点也不危险,其他的什么也不知道。

那么造成这种情况的根本原因是什么?经过仔细分析,我觉得症结就在支撑学生一定要女生化的一股力量上,那这种力量又是什么呢。他喜欢做女生的事情,就是因为女生的活动一点也不危险,那在他身上曾发生过很危险的事情吗?我决定给峰的妈妈打电话。打完电话,我才豁然开朗。原来在峰六岁的时候,峰的妈妈带他到乐山去玩，在街上遇到劫匪抢包，在与劫匪的搏斗中，峰的妈妈的左手被刺伤，血流了一地。送到医院后，峰的妈妈看到自己的手被刀划得皮开肉绽，都吓哭了，而当时只有六岁的峰目睹了整个过程。之后，家长想到孩子小，不懂事，根本没有想到会伤害到峰。即使以后谈到这件事情的时候，只是骂劫匪太坏，教育峰千万不要做那样的人。上学后，峰就觉得男生太调皮，可能会做些"可怕"的事情，这样长大太可怕了。找到了问题所在，我一身轻松。接下来的事情就是制定相应的方案，帮助其全面地转变。

三、辅导策略和过程

在明确了峰的问题实质后，根据峰目前存在的认识偏差，我制定了辅导方案。

首先给学生补一课，补上本应该在一年前就应该解决的心结的课。我与峰一起回忆了发生在乐山的事情，我给他分析了他目前这个样子的原因。自从那件事情以后，他一直认为以劫匪为代表的男性群体十分"可怕"，而且还要被警察抓走，他绝不能做那样的人。他觉得女孩子温柔、文静，所以从上小学那一天起他就只和女孩子玩了。因为从骨子里讨厌男孩子，所以他方方面面都学女孩子，久而久之就变成了今天这样。虽然同学们会笑他，可他想到如果成为坏人会被抓走，所以就觉得没什么了，反而认为男孩子才是不对的。正是有这么一种认识，而且坚信自己的认识，所以面对同学们的嘲笑，他才能做到不屑一顾。他非常赞同我的看法。

接着我又继续给他分析，告诉他那个劫匪是坏蛋，我们不能做那样的人，那样的人是人见人恨的，可这个社会并不是所有的人都是这个样子的，坏蛋只是很少的一部分，很多男孩子是非常优秀的。因为学生对"英雄的男人"没有更多的认识，我就是给他讲他的爸爸如何创业、如何友善地对人、创业成功后又是如何帮助他人，从而赢得人们尊重的事。这次结合一年前乐山发生的事与峰进行的谈话，目的就是消除他对男孩子的错误认识，让他明白，只有自己变得坚强、勇敢，这样才能保护自己的妈妈不被别人欺负。

其次，我号召全班同学一起来帮助峰，班委开完会后我决定开展一个月的故事比赛，内容就是"我心目中的英雄"。在四次的班会课上，学生谈到了岳飞的精忠报国、唐太宗的开明盛世、康熙雄才大略造福百姓、近代舍生取义的梁启超和康有为、抗日战争中和敌人同归于尽的黄继光和董存瑞、海尔公司创始人张瑞敏的创业故事……四次班会课，同学们共讲了29个英雄人物的故事，从古到今，从国内到国外，有大人物，也有自己身边的小人物。甚至有人谈到了自己的父亲，谈到了自己的老师。一个月以后，数学老师又与峰进行了一次单独的交谈，从言语中，峰对男孩子有了一种全新的认识，在牢牢的"坏"的观念下，同时又加入了英雄的成分。我们很欣慰，只要有了"英雄"的出现，那学生转变意识只是时间的问题。

接下来的一个月,我又趁热打铁,开展了"我心目中的父亲"故事比赛。在这四节班会课上,孩子们都畅谈了自己的父亲,有的孩子谈到动情处还流下了激动的泪水。当我看见峰举手想谈谈自己父亲的时候,我的眼泪都快要流出来了,当峰走向讲台的时候,同学们整齐而响亮的掌声响彻教室,相信这掌声也震撼着学生的心灵。

只靠老师的努力还不够,还需要峰的家人与我一起努力,形成合力,才能更好地让峰转变过来。首先,我们从思想上要保持高度一致,树立长期帮教的观念。在学校里,我和班委们制定了一套帮教计划:上学、放学有男同学陪同,上课回答问题时也不会再有人嘲笑,下课休息时总是男同学和女同学一起玩耍,班级足球队也邀请他成为其中的一员,计划中还要求我和他们一起玩……在家里,尤其是峰的爸爸要充当重要的帮教角色,需要投入大量的时间和精力,多陪陪孩子,多和孩子说话,经常带孩子外出游玩,让孩子多接触男性。这有利于丰富学生的意识,转变学生的观念,慢慢调节自己的行为。另外,我们随时互通信息,随时相互反馈学生在学校和家里的情况。根据随着峰的发展情况,及时地改变或调整我们的帮教计划。

四、效果反馈

三个月以后,我再观察峰的时候,发现峰变了:他说话已经不再是女生的语气了;下课活动时,经常可以看见他和男同学一起玩耍;每当他想起自己曾经上女厕所的事情时,他还会脸红;足球场上,常常可以看到峰和男同学一起踢球,在家里,峰不再穿女生的袜子,不再拿妈妈的口红,他现在愿意也喜欢和爸爸一起玩耍、一起运动。站到窗台上,看着峰在操场上踢球,我长长地舒了一口气。峰今天能在足球场上跌倒了再站起来,跌倒了再站起来,我们可以预见,在不久的将来,峰一定能成为生活中真正的男子汉。

半年来,为了峰,我费尽了心思。发生在峰身上的事情也给了我很多的启示:作为一名教师,我们担负着学生成才、成人的双重任务,在社会一片"读书才有出息"的传统观念影响下,我们应该清楚地认识到让学生成为一个健康的人才是首要任务。如果学生不会做人,那即使有再好的文凭,那他也不会快乐,不会幸福,这一点应该是毋庸置疑的。要让学生成为一个健康的人,就要求我们在学生的成长过程中对他们的个性发展和身心发展要善于发现、敢于预见、勇于实践,不好的个性习惯要想方设法帮助其改正,不良的心理变化要及时沟通帮助其转化。在关注学生的这些方面时千万不可掉以轻心,要拘小节,要真正地用心,认真对待发生在学生身上的每一件小事。规其行、修其身,让其健康发展,先成人,后必能成才。

特别的爱,护航星花

向小莉　刘青霞

一、背景和主题:悦纳融爱为桨,用心远航

融合教育作为当今特殊教育发展的新趋势,强调"人人享有平等接受教育的基本权利",融合教育通过教育的无歧视和融合,最大限度地满足所有人的学习需求。特别是特殊儿童的教育需求,把其融入普通学校的日常课程,促进儿童互相接纳,发展他们的潜能,使他们增长知识、获得技能、完善人格,增强社会适应能力。从而达到促进全纳社会的建立,实现全民教育的目的。随着越来越多的特殊儿童进入普通学校学习,融合教育已成为当今社会发展中一项必不可少的教育手段。2020年,教育部印发《关于加强残疾儿童少年义务教育阶段随班就读工作的指导意见》,意味着我国本土融合教育模式的正式确定。

其中,孤独症学生在普通学校随班就读的情况也愈来愈多。在中国,孤独症孩子被形容为"来自星星的孩子",他们常常出现情绪行为问题,情绪的调控能力和人际交往能力直接影响他们的学习和生活。利用有效的方法帮助孤独症孩子体验和表达情绪情感,学会有效调控情绪行为,运用恰当的方法与同伴交往,这些对于他们的学习和生活有积极的作用。通过学习研究相关文献资料和实践案例发现,从个别干预、集体干预、家校合作等方面入手,运用视觉辅助策略、强化正向行为、优化班级生态环境等策略,对孤独症学生的情绪行为能进行有效干预,一定程度上解决社交交往障碍和刻板行为等方面的问题,对学生融入班级的学习和生活有显著的促进作用。

二、情境描述:孤独的星星种子,降落地球

我们班有个来自星星的孩子,名字叫桐桐,他在幼儿园时就被确诊为孤独症。在开学前初步了解了桐桐的情况后,我特别关注了他平时上课的表现,以便更好地对他进行个别化教育。桐桐的行为问题很多,经常让老师们感到头疼。在一年级刚入学时,桐桐由于接触到新的环境,适应起来比别的同学要慢一些。他主要表现在老师上课时,经常躁动不安,离开自己的座位,随意进出教室,没有规则意识;在上课期间会突然抛玩具、摇晃椅子、大笑等,严重扰乱课堂秩序,干扰到其他学生上课。桐桐对老师上课的学科内容不感兴趣,喜欢画画,但是一段时间只画一样东西,从幼儿园开始到小学一直都在画公交车,画风精致细腻,能够关注到物体的很多细节。桐桐平时喜欢自言自语,自己给自己讲故事,仿佛自己创造了一个新的世界,而他就喜欢沉浸在那个世界里。除此之外,桐桐经常情绪不稳定,缺乏社交技巧。班上有些调皮的同学喜欢捉弄他,他会表现出明显的抵触情绪,然后开始尖叫和大哭以示不满。

三、分析与讨论:风雨中星星之花,含苞待放

结合家庭访谈、评估报告和日常观察到的情况,我分析了使桐桐产生问题行为的自身生理和环境方面的因素。

(一)自身生理的影响

孤独症孩子因自身发展障碍的限制,普遍存在认知、沟通和社交等方面的障碍,缺少有效的人际交往技能。当自身需求无法得到满足时,他们会利用各种问题行为达到自己的目的。在课堂教学中,桐桐无法像正常儿童一样理解并遵守课堂行为规范,通常采取随意走动、讲话或者不服从指令等干扰性行为达到自己的目的。这些问题行为不仅影响了教师正常的课堂教学,同时也会影响他自身的健康发展。

(二)家人教育观念的影响

家庭关系和氛围对孩子的身心健康有着非常重要的影响,父母的情绪对孩子情绪的影响甚至从胎儿时期就开始了。桐桐的父亲很爱他,因为孩子的病情,也承受着巨大的心理压力,他希望桐桐能尽快像正常的孩子一样学习、交往和生活,所以在日常辅导孩子学习时不能很好地控制情绪,经常吼骂孩子。奶奶是名退休教师,较为溺爱孩子,经常因孩子父亲的教育方式和他吵架。由于孩子的爸爸和奶奶都比较强势,所以妈妈一般扮演安抚孩子、带孩子玩的角色,在家里没有话语权。长此以往,孩子不知道如何做才是正确的,父母也很少了解孩子为什么发脾气,加上老人对孩子的溺爱,所以他有点任性,爱发脾气闹情绪,觉得闹情绪大人们就妥协了。

(三)班级环境的影响

在幼儿园时,因为桐桐的不会表达和异常行为,班级中存在排斥他的现象,一些小孩子表示"我不想和桐桐玩""他很奇怪,我不敢和他一起玩"。甚至有调皮的孩子以捉弄他为乐,这给桐桐造成了巨大的心理影响,无法判断他人是想和他玩还是欺负他,因此和同伴相处玩耍时,总会用尖叫来表示自己的不满和反抗。

所以,基于桐桐的特点,作为教师我首先了解、关心他,并逐步对其进行教育引导,在和他的不断交流中,走进他的心灵深处。根据评估后孩子各方面的基础情况,以及孩子的接受能力,制订个性化的教育计划。通过融合教育的干预,帮助桐桐减少问题行为,逐步适应并融入校园生活。

四、方法措施：大爱润物无声，星花悄然怒放

（一）个别干预方案

针对孤独症学生比较突出的个人问题或者在集体中不便于开展的教育内容，老师可以采取一些个别干预的方法，能够更有针对性地减少他们的问题行为，在此基础上帮助他们在融合教育环境中健康成长。

1. 提供可预测的课堂环境

孤独症学生对环境的变化、教师配置的变化相当敏感，因为他们习惯于有序、稳定的物理环境，周围环境的临时变化很容易导致他们的焦虑、紧张。针对这些，我会提前通知桐桐课堂上的变化。在教学活动开始前，利用任务单让他了解今天到校的同学和未到的同学、今天上课的老师、班内将要开展的活动等。这样给桐桐提供了心理预期，缓解了他敏感、焦虑的情绪。

2. 提供视觉辅助策略

视觉辅助就是对环境、材料及程序作适当安排，使孤独症学生通过视觉辨别，就能明白其中的意义。我给桐桐做了日程表，可视化的日程表也是视觉辅助的一种策略，它以视觉提示的方式提示孤独症学生每日或一段时间内将要进行的活动以及这些活动的先后次序。可视化的日程表可以用图片、符号或文字把事件活动清晰地展现出来，以视觉提示的方式提示他每日或一段时间内将要进行的活动。通过视觉提示，桐桐很清楚现在在做什么，接下来是什么，还有多少任务需要完成。日程表能够清晰地表明活动内容，提高了桐桐在活动或人际交往中的独立性。表3-4是我给桐桐做的日程表之一。

表3-4　上课的时候我会……

	根据自己的表现选择笑脸还是哭脸	自我评价
1	我会用耳朵安静、认真倾听	
2	我的眼睛会看着老师和发言的同学	
3	我会把手放桌面	
4	我会用合适的声音说话，不尖叫	
5	我会举手回答问题	
6	我会礼貌地借文具，友好地同学相处	
7	我会表达出自己的想法	
8	我会认真做笔记	
9	我会遵守游戏规则和秩序	
10	我完成了所有任务	

3. 强化正向行为

近年来正向行为支持不断发展，许多研究成果已证实正向行为支持可以有效干预特殊学生的问题行为。针对桐桐的兴趣特点和问题，我系统地安排了正向行为支持的教学模式，帮助桐桐减少问题行为。

首先，让桐桐尝试在课堂上用正向的行为如举手来表达需求，做到时给予奖励以示鼓励。其次，利用社交故事，以故事的形式入手，用文字和卡通图画描述桐桐出现的情绪行为，引导他分辨情绪的好坏。为了维持桐桐表现良好行为的积极性，我制作了一块强化板，表现好时贴上好的贴纸，积累了一定数量的贴纸就奖励他喜欢的简笔画给他临摹，而表现不佳时及时引导，这样桐桐出现问题行为的频率大大降低了。

4. 发挥优势，让兴趣成为最好的老师

孤独症学生往往在如语言、绘画、算术等方面会表现出超凡的能力，我们要利用他们的优势，把关注点放在他们的特长上，积极地为他们创设环境，充分发展他们的能力。这样不仅能增强他们的归属感与责任感，也帮助他们实现个人价值，增强自信心。

桐桐是个爱画画的学生，他对细节的感知灵敏度非常不错，每次美术课老师都会把桐桐的作品展示出来，班级黑板报的布置也会让桐桐参与、融入进来，此时桐桐的脸上常常会洋溢着自信的笑容……

（二）集体干预方案

融合教育的有效实施也赖于普通学生对特殊学生的接纳与帮助。对接受融合教育的孤独症学生而言，同龄人的接纳和认同要比其他人的接纳和认同更影响他们的学习和生活。教师要善于优化班级生态环境，创建班级内积极人际关系氛围。利用班集体进行集体干预，为孤独症学生创造与同伴相处的机会，加深普通学生对他们的了解和理解，从而促进孤独症学生学会与他人相处，提高他们的人际交往能力。

在班级里我会开展一些普通学生与特殊学生合作交流的相关活动，以普特融合的形式开展。由能力较好的学生在游戏过程中带动桐桐融入游戏，让他学习怎么与他人互动；或者老师扮演学生带领桐桐去融入集体游戏，引导他该怎么玩耍；让普通学生接纳桐桐，促进他们之间的交流。同时也给桐桐的家长做好心理建设，让家长信任班级提供的环境是安全的、善意的。我经常鼓励桐桐自己主动去寻找喜欢的朋友或者大人，进行简单的语言表达，慢慢培养学生该怎样主动加入他人游戏及主动邀请别人一起游戏。

（三）家校合作形成教育合力

家庭教育是学校教育的必要补充，尤其是在对孤独症学生实施融合教育的过程

中,家庭是除学校之外最大的教育资源和教育环境。我与桐桐的家长进行沟通,提议家长先尊重孩子的想法和感受,为了孩子更好地成长,家庭中所有成员对孩子的教育保持一致(包括态度、要求、方法),即使有矛盾、有冲突,也要避开孩子,共同商量以求一致。同时,定期进行家访,指导桐桐的家长家庭教育方法,如应让孩子承担一些力所能及的家庭劳动,家人多开展一些家庭活动,多一点家人情感交流的机会等。当看到对桐桐的干预初步取得成效后,其家人更是积极地转变心态,常与老师沟通,积极地配合班级的融合教育。

经过融合康复,桐桐在各方面有了明显的进步:离座、抛物等干扰课堂的行为发生的频率大大降低;社会互动交往方面,现在已经能对他人的呼唤和交流产生积极的回应,也有与人主动交往的意识,有需求也会向他人提出请求,或者叫他人名字;在情绪调控方面,桐桐会用简单的话语取代尖叫行为来表达自己的不满。

五、总结:融合教育路漫漫,吾将上下而求索

实践证明,运用视觉辅助策略、强化正向行为、优化班级生态环境等方法,对调节桐桐的问题行为是有效的。由于在校时间有限,教师的精力有限,以及某些时候桐桐自身的生理原因,干预效果有时会反弹。要从根本上调整桐桐的情绪,减少他的问题行为,需要一个长期坚持的过程。因此,我们需要多一点耐心和爱心,家庭与学校多加配合,家长多一些融合教育的意识和能力,增加辅助训练,在孩子的行为问题产生前进行引导,孩子会取得更大的进步。

每一朵花都有盛开的权利。融合教育是当今特殊教育发展的方向,促进了儿童之间的互相接纳,使有需要的特殊儿童得到平等照顾及受训机会。随着我国特殊儿童比例的提高,为了让更多的群体接纳他们,有效实施融合教育,需要社会、学校、家庭等各方面的配合。我们一直努力着,努力争取更多、更好的融合机会,让每个特殊儿童在康复干预的同时更好地提高自身的能力,最大限度地改变每个孩子和家庭,营造和谐社会。

"悦"融合，"悦"成长
——引导式教育，助力晚开的花儿

杨清梦　刘青霞

一、背景：了解花儿的情况

脑瘫（cerebral palsy），全称脑性瘫痪，是指婴儿出生前到出生后一个月内脑发育早期，由于多种原因导致的非进行性脑损伤综合征。主要表现为中枢性运动障碍以及姿势异常，还伴有智力低下、癫痫、感知觉障碍、语言障碍及精神行为异常等，是引起小儿机体运动残疾的主要疾病之一。

我们班的学生小花在八个月大时，父母发现其爬行困难，左右肢体发育不对称，右侧肌力差。此后多次住院治疗。在4岁3个月时，被确诊为右侧偏瘫。她的左脑神经有损伤，主要表现在右手和右腿力量不好，从一岁开始一直在做康复治疗，已经做了6年。小花在幼儿园期间，生活自理能力较弱，吃饭、上厕所等都需要老师的帮助；在和同学的交往上，会因为想和同学玩或者得到同学的关注做出一些不当的行为，如大吼大叫、乱扔乱画同学的物品等，和同学的相处不愉快。

2022年9月，7岁的小花进入一年级（6）班这个大家庭，开启了她的小学生活，我们相遇了。通过一段时间的接触和细致观察，我发现小花的认知能力落后于同龄学生。

学习方面，主要表现为上课注意力不集中，无法独立按时完成老师布置的学习任务，需要老师的督促和帮助。小花特别渴望交朋友，希望和同学们玩耍，但是社交能力较弱，不知道怎样与同学交往，经常以自我为中心。同时缺乏安全感，如果有小朋友不小心碰到她，小花会大哭比较久的时间，无法调整自己的情绪。小花不能集中注意力听别人的问题，因此也很难对同伴的问题进行回应。运动方面，小花没办法奔跑，她会跳绳，但是还不能完成连续跳。

在生活自理方面，小花能够自己去上厕所、吃饭、整理饭盒，但是不会管理自己，每一件事的每一步该做什么，小花不知道，需要别人告诉她。有时候，会出现因不敢举手示意需要上厕所，或者来不及上厕所便溺在裤子上的情况。

总体来讲，小花在个人情绪上对小学校园生活充满喜欢和热爱，积极地去适应小学的学习生活,进步很大。存在的核心问题是她的生活自理能力较弱、与同伴交往的能力仍需要训练与提升。在师生关系中,小花对于不熟悉的老师过于畏惧,亟待鼓励和引导。

在家庭关系中,小花的父母均是研究生学历,文化水平高,父亲外出工作,母亲全职负责小花的生活起居和康复治疗,家庭养育环境良好,小花所在的康复机构也致力于小花的康复成长。家校沟通中,小花的父母十分配合学校的工作,努力为小花的健康成长营造优良的环境。因此,虽然小花的成长面临着一些问题,但是良好的家庭养育环境以及周围积极的因素,都对小花的融合教育有着促进作用。

二、提前准备:迎接花儿的到来

特殊儿童需要得到更多的关注,所以在开学前,就小花的情况,我对其父母进行了详细访谈,细致了解了小花的情况。针对小花的情况,列出小花进入小学后可能出现的问题,并指导其父母在家对小花提前进行训练,如自主如厕、自主就餐、收拾书包、静坐、简单求助等。

此外,为了给小花的到来营造良好的环境,我提前与班上的科任老师讲了小花的情况,将一些需要注意的情况预先告知他们。

针对小花的特殊情况,怎样有针对性、有计划、有步骤地逐步开展融合教育,切实帮助小花早日融入小学学习生活,仅靠热心和耐心是远远不够的,需要储备、提升融合教育的专业知识。为此,我积极学习,提前在家查找了相关资料,做了一些准备,制定应对策略。

三、方法与策略:助力花儿的成长

(一)引导特殊儿童独立与交往

1.引导孩子尝试独立

针对小花存在的核心问题,首先是需要帮助她提升生活自理能力。在校园生活中,最基础的自理是独立如厕。为了能够尽快有效引导她学会自主如厕,我一开始每两节课就会带她去一次厕所,每次都是我帮助她穿脱衣物。经过仔细观察,我发现孩子因为生理原因,右手和右脚确实没有太大的力气,但是孩子可以用左手加上右手的协助,自己完成衣物的穿脱。因此,我开始鼓励她自己完成,刚开始小花有些不愿意,但是,通过不断地鼓励和陪伴,加上我始终站在她可视范围内,给她足够的安全感。当她很慢想要求助时,我不断地对她说:"小花,相信自己,慢慢来,不着急,你可以的!"小花一次次地继续尝试,终于可以自己完成上厕所、冲厕所、洗手。我给小花一个大大的拥抱,小花自己也开心极了!我把这个好消息告诉小花妈妈,指导父母在家要强化对小花的夸奖,增加小花勇于尝试的动力。

接下来,我开始放手让班上能力强的学生带小花去厕所,并要求她们负责引导小花,尽量鼓励小花自己完成。当小花每次自主如厕后,我都会特别夸奖小花,让小花自信满满,也会感谢、夸奖带小花去上厕所的学生,让帮助了小花的学生感到自豪和快乐,更加乐于帮助陪伴小花。

功夫不负有心人。我清楚地记得10月12日那天上课前,小花突然告诉我,她要自己去上厕所,令我惊喜不已,要知道她之前有好几次上完厕所出来都找不到回教室的路,所以她一直不敢自己去上厕所。我跟她再次确认后,就让她自己去上厕所了。但我还是不放心,悄悄跟在后面观察。当小花顺利找到厕所后,我很开心,悄悄在外面等着小花出来,还录了一个小视频和家长分享。妈妈看到小花能自己找回教室,欣喜异常,激动不已。在独立生活上,小花在大家的努力下,迈出了一大步!

2.引导小花融入班级

引导小花学会交往,结交好朋友,是让小花在班级家庭里快乐健康成长的重要方面。对于一年级的学生来说,能够彼此友好相处,关键是需要彼此尊重、互相谅解。对于小花来说,要与其他学生很好地相处,就需要逐步学会去理解别人的感受,有一定的边界意识。小花喜欢画画,她也喜欢和同学一起画,但是她有时会去别的同学的本子上乱画。对于小花的这种不当行为,我会和她耐心讲道理,引导她换位思考。

"小花,想想如果别人在你的本子上乱画,你开不开心?""不开心。"小花摇摇头看着我说。

"那你在别的小朋友本子上乱画,别人是不是也不开心?""嗯。"小花点点头说。

"小花,那能不能在别人的画本上乱画呀?""不能。"小花认真地回答。

"小花说得对,不能乱画别人的本子,别人的东西也不能乱动,我们小花是最棒的小孩啦,对不对!"

"对呀对呀,我不乱画,我是最棒的!"小花开心得直乐。

小花不恰当的交往行为,在一次又一次这样的谈话引导中,慢慢地减少了。而且,因为在处理类似事件的过程中,我并没有偏袒小花,班级的其他学生也会更加注意交往时互相尊重。在良好的班级氛围中,小朋友们也渐渐意识到小花的特殊,他们对小花很宽容。当小花需要帮助时,大家都会抢着帮助她。比如:小花不喜欢戴口罩,班上同学发现她没戴口罩时,都会主动送给她口罩,并帮她戴好。

(二)引导形成良好的班级融合教育环境

开学报到的第一天,我亲切地叫着小花的名字,把她介绍给全班的同学:"可爱的小花,和我们大家有一点点不一样,大家以后要非常友好地相处,互相关爱哦!"同学们对小花非常友好,亲切地叫着小花的名字。和谐友好的班级氛围的营造,让孩子们互相结识,彼此帮助,快乐学习成长,感受着班集体的温暖。当有学生主动帮助小花后,我会立刻在全班进行表扬。夸奖他们乐于帮助他人,而且,我会进行引申,不仅只是谈他们帮助小花,而说我们班是一个大家庭,每一个人都是这个家庭里的一分子,家人之间就应该互相帮助。

随着时间的推移,班级的每个人在这样温暖友爱的环境中,越来越优秀,每个人都对小花充满关爱和包容,甚至每个人都会像老师一样,耐心地照顾小花,帮助小花,也愿意包容小花的一些不当行为,乐呵呵地成为"大姐姐""大哥哥"。在这样温暖的班级融合教育环境中,小花成长得越来越好。

(三)家校合力促进融合教育

1. 引导家长学会适当地放手

小花妈妈因为不放心孩子,开学第一天来学校陪读。小花很依赖妈妈,打饭、吃饭、喝水……什么都要妈妈帮助。但我发现小花是可以自己排队打饭的,所以我建议妈妈让她自己尝试一下,事实证明小花做得很好,于是妈妈慢慢开始学着一点点放手。

2. 指导家长做好孩子的引路人

在妈妈陪读期间,我让妈妈课间主动和周围的学生聊天,充当一个桥梁的作用,让周围的学生和小花互相接触和了解,为他们的交往打下良好的基础。我指导妈妈,在与学生沟通时,要模仿学生的交往特点,给小花一个良好同伴交往的示范,并引导小花模仿自己的行为和语言,有意识地去训练小花主动和别的学生沟通。让妈妈引导小花,在聊天时,注意仔细听别人讲话,弄明白他人表达的意思,才能互相交流。经过陪读期间妈妈的指导和帮助,小花现在已经能够和别的学生较好地进行交流。

3. 做好家校沟通,增强教育合力

良好的家校沟通能够凝聚家校力量,更好地促进小花的成长。作为班主任,我定期和家长沟通小花在校的学习生活情况,传达小花点点滴滴的进步,让家长放心,从而避免家长的焦虑情绪影响孩子。

小花的妈妈特别担心她跟不上学习,在辅导小花的功课时,脾气比较急,缺乏耐心,使小花的情绪波动非常明显。我和小花的妈妈促膝长谈,分析小花的具体情况,强调小花在家长和学校共同的努力下的成长进步,让妈妈看到融合教育中,家长的耐心和教育规划的重要性。同时,指导其父母统一教育认识,做好教育分工及计划,分解教育目标,逐步实施计划。融合教育中,家校沟通不仅靠老师的主动和定期交流,家长的主动交流也非常重要。我指导小花父母,主动与老师进行沟通,让老师充分了解小花在家的表现,与家长一起讨论有效的引导方式,以此达成家校一致,家校相互支持配合,更好地促进小花的成长。

四、总结:静待花儿绽放

特殊孩子在日常的学习生活中需要得到老师的关注,但要使他们茁壮成长,仅依靠老师个人的努力远远不够,还需要特殊孩子、班级同学、家长的共同努力。我们不仅要为特殊孩子创建一个更为和谐友好的学习环境,同时也要使孩子拥有一种包容友好的心态,这才是更好的融合教育。

融合教育理念下小学ADHD儿童教育策略实践研究
——以"小圆"同学为例

周 婧

一、融合教育的相关理念

(一)融合教育理念的缘起

教育承担了促进人类发展这一艰巨而又光荣的使命。融合教育作为一种实践活动及思想理论,体现的是人与人之间、人与社会之间、人与自然之间的和谐。近半个世纪以来,世界各国都不同程度地致力于教育改革,希望教育能与经济、政治和多元文化之间形成良性的互动,并推动教育的科学化、民主化和多元化。我国《"十四五"特殊教育发展提升行动计划》明确提出:推进融合教育,全面提高特殊教育质量。能否维护每一个儿童,尤其是各类有特殊需要的儿童的教育权利,最大限度地为个人提供实现潜能的机会,已成为衡量一个国家或地区物质文明和精神文明程度的重要标志。在这种时代精神的影响下,一个长期被人忽视的学科和研究领域——特殊教育,悄然并迅速地进入了一个新的发展阶段。融合教育的提出,从教育理念到教育方法都对普通教育和教师提出了挑战。

(二)融合教育的概念

融合教育(inclusive education),原是一种用来描述障碍儿童融入正常儿童的班级、学校、社区环境,参加学习和社会活动的专业术语,其基本含义是不要把障碍儿童孤立于隔离的或封闭的教室、学校、交通设施和居住环境之内。融合教育主张让那些有特殊需要的儿童能真正地和正常发展的同伴一起参加学前教育、基础教育和高等教育,最大限度地发挥有特殊需要的儿童的潜能。

最初,融合教育只是一种对特殊儿童的教育安置和教学策略的建议,但是,近十几年来,融合教育不再只是单纯地指某种特教安置形式和策略,而是一种渗透着人文主义精神,促进正常儿童和有特殊需要的儿童共同发展的教育思想。这种教育思想的形成与人权意识、教育的机会平等、教育以人为本等思想是一脉相承的。

（三）融合教育的教育方式

融合教育是继"回归主流"教育理念后的全新特殊教育理论，但是，其教育方式是用经过特别设计的环境和教学方法来适应有不同特质的孩子的学习，所以我们可以看见融合班的教室和一般小学教室的摆设不一样，孩子不是排排坐地对着黑板、看着老师，而是分小组上课；老师很少写板书却有许多辅助教具，针对孩子的不同特质为每个孩子设定不同的学习目标，以合作学习、合作小组及同辈间的学习、合作以实现融合的目的。融合教育的最终目的是将特殊孩子包含在教育、物理环境及社会生活的主流内。

二、ADHD儿童现状及分析

（一）以融合为基，细研小学ADHD儿童教育现状

注意缺陷多动障碍（ADHD）又称多动症，是一种常见的慢性神经发育障碍，起病于童年期，影响可延续至成年，主要特征是与发育水平不相称的注意力不集中和多动、冲动。如何使多动症儿童融入正常的小学教育活动，改善小学融合教育中多动症儿童的情绪与行为问题，是许多一线教育从业者都在思考的一道难题。目前，ADHD儿童融合教育发展还存在教育支持体系缺位、特殊教育师资不足、来自普通学生家长的阻力较大、社会公众认知存在误区等问题。

（二）我国多动症的诊疗现状

我国ADHD儿童多、治疗和就诊率低。2022年《中国注意缺陷多动障碍防治指南》调查数据表明，我国儿童、青少年患病率为6.26%，患病群体庞大，儿童和青少年患病人数为2300万人。然而我国患者就诊率仅为10%，仅有1/3左右的患者接受了正规的治疗；只有22%完全缓解，60%~80%持续至青少年期，50.9%持续到成人期。

（三）教育策略分析

大量数据表明，医教结合有利于小学ADHD儿童情况好转。

(1)教师的关注，能提高ADHD儿童的就诊率；

(2)教师提供的信息，能提高诊断的客观性和准确性；

(3)教师的督促，能提高ADHD儿童家长对治疗的依从性；

(4)教师、医师、家庭之间的相互配合，密切合作，能最大程度地促进ADHD儿童身心的健康发展。

三、案例背景

案例中的小朋友有一双圆圆的大眼睛，小名叫小圆。小圆是2020年9月到学校

报到的孩子。在一年级新生入学当天,我就发现了小圆的与众不同。当他牵着妈妈的手进入教室后,我盯着他水汪汪的大眼睛想和他打招呼,他却很抗拒与老师问好,然后跑出了教室。但是小圆的妈妈好像习以为常的样子,估计平时没少发生这种情况,他并不会听从妈妈的安排。经过和他妈妈沟通,我了解到小圆在幼儿园几乎没办法坐在座位上,随时都在地上一个人玩儿。他妈妈认为小圆和其他孩子没有什么不同,只是活泼好动一些。

四、案例基本情况

小圆于 2014 年 7 月 2 日出生于四川眉山,于 2020 年 12 月第一次在班级出现异常行为。一年级上学期,在一次课堂上日常的听写中,他写不出来就情绪崩溃:大哭、机械式摇晃桌子。最后放学了也不肯离开,这吓坏了所有老师和同学,我们只好请家长进学校来安慰他。那天,我陷入沉思,与小圆的妈妈沟通了许久,我听到了更多关于他的故事。

进入二年级后,小圆的异常行为越来越多,已经不能进行正常的学习。除了不交作业、上课注意力容易分散、不守纪律、很喜欢随意离开座位、爱趴在地上玩儿,他还会扰乱课堂,跑出教室,摘花草扔进教室,让老师无法正常上课。他喜欢攀爬学校的各种雕塑、建筑,有时候还会跳出窗外。学校保安常常在校园中追逐小圆,企图让他回到教室里安静下来。集体活动时他也喜欢跑到一边去玩,显得格格不入,也不能按照老师的要求完成相关练习,做事比较粗心大意,收纳习惯很差,他的书本和座位周围总是比较脏乱,还总是把自己弄成"小花猫"。他不能很快记住或者学会老师教的东西。他的人际交往能力较差,经常与同学争抢东西发生冲突,冲动时会大哭大喊,对所有靠近他的人都有攻击性行为。但是他的想象力较强,喜欢数学、音乐,运动细胞很发达,语言表达能力正常,课堂上常常不举手就发言,话很多。

(一)学情成因分析

1. 身体因素

小圆最终被确诊为注意缺陷多动障碍,他的多动、冲动并不是主观上的品行问题,身体原因导致他的人际交往、上课学习、自理能力都出现了障碍。

2. 家庭因素

小圆的家庭是破碎的,父母在小圆三岁时就离异,小圆跟着妈妈、外婆一起生活。外婆和妈妈都采用传统的教育方法,打骂是家常便饭,觉得他什么都做不好。妈妈在批评完以后,可能还要充当给甜枣安慰孩子的角色,有点"人格分裂"。小圆画的"房、树、人",房子是破烂倾斜的,不能够挡风遮雨,树是凌乱无章的,和房子隔得很远,人是最渺小的,一个小小的火柴人,在画纸的边缘……我不由得心疼起这个孩子。值得庆幸的是,在孩子确诊多动症后,孩子的妈妈和爸爸都没有放弃,愿意加强家校沟通,对孩子给予更多的理解和支持。

3.学校环境

小圆已经在我的班上生活学习三年多了,与同学、老师的相处从一开始的"水火不容"变得"相安无事",学校各方面也付出了很多的努力。校长、中层干部、班主任、班级科任老师、心理老师、学校物业保卫人员……都对小圆十分熟悉,也给予了他更多的包容与体贴照顾。同时,有了学校的底气加持,身为班主任的我,对他未来的小学随班就读生活,有了莫大的信心。整个班级的同学和家长渐渐地也对小圆有了更多的包容和理解,并且愿意及时帮助他。

(二)案例目标

基于小圆的基本情况,我与他的父母达成共识:希望以小圆身体健康为重,增强他的规则意识,帮助他融入班级,提高社交能力;学习上希望他尽力而为,有进步、有收获。

五、融合教育策略

(一)找准切入点,"合"同伴之力,为转化之路清障

有一次趁着小圆不在学校,我给班上其他孩子上了一堂班队课,提出了几个问题。"你曾经接触过特殊儿童吗?""你愿意交特别的朋友吗?"……面对我提出的问题,绝大部分孩子都回答过去从未接触过特殊儿童;大部分孩子表示愿意跟特殊儿童交朋友,但也有部分孩子表示有点害怕接触特殊儿童。也有一个女生说自己不觉得害怕,而且很愿意交特别的朋友。为了营造更好的班级氛围,我安排愿意帮助他、性格活泼且友善的孩子坐在他周围,并且鼓励他们和小圆玩耍或者帮助他收拾东西、借他笔等。自此,小圆说自己有了好朋友,开始喜欢来学校上学。

(二)找准平衡点,"融"集体之力,为转化之路通航

谈及小圆,我脑海里便浮现出那片在空中飘飞的羽毛,《阿甘正传》虽然只是一部电影,但它却能带给我们很多关于"特殊儿童"的思考。阿甘是个智力测试只有75分的"傻孩子",可是在大学里他是最出色的橄榄球员,在军营中他是最完美的士兵,在事业上他又是一名成功的老板。虽说阿甘的成功是电影的剧情编排,可是反过来想,又有多少人愿意去发现和正视"特殊人群"的优点与强项,并给予他们机会,让他们充分发挥自己的优势呢?恐怕在不少"正常人"的眼里,他们就是一群需要照顾且别无所长的包袱吧?这才是歧视的根源所在。

小圆的与众不同曾在班上引起了轩然大波,部分同学觉得他在班上会影响各科

老师正常上课,并且有个别同学觉得他很脏、很麻烦,不喜欢和他做同桌。有一次,小圆与班上同学发生矛盾后,双方家长在班级群里爆发了激烈的争吵。那一天,小圆的妈妈和我通话,哭了很久很久,担心孩子被排挤,没办法正常上学……忧心忡忡的我,每天都在和小圆妈妈、其他家长沟通交流,企图找到那个让班级和谐的平衡点。如果说班上几十个孩子的家庭是千万条"线",那么班主任则是穿过"线"的那根"针",一个班级的和谐离不开班主任的正面引导。

做好班上其他同学和家长的思想工作,鼓励大家包容、理解和同情小圆及他的家庭,并开展相关班队活动是我常做的事情。为了让大家不觉得他"特殊",我把班级座位全部调整为单人单桌,大家都没有了同桌,小圆也觉得自己不那么"特殊"了。我鼓励小圆的妈妈多到学校当家长志愿者,积极陪孩子参加学校活动,并让她加入家委会,积极做事,让所有家长改观。

(三)找准突破点,"汇"多方之力,为转化之路添花

三年多以来,经过不断的沟通交流,拜访学校其他有经验的教师、心理老师,在学校学生发展中心、教学指导中心的帮助下,我查阅了相关资料,终于找到了窍门,"融合教育"理念下的融合教学策略正是那个解决办法。

首先,需要思想的改变。其中原生家庭教育思想、教师班级融合教育思想的转变显得尤为关键。第一步,我把小圆在学校的所有异常表现都记录下来,一开始是用手机拍视频,我发现他很抗拒,后面改为写日记,为他建立一个单独的档案袋;第二步,把他所有在学校的异常表现都告知小圆父母,同时也邀请他们到学校陪同学习,因为他们需要真正了解孩子在学校的学习状态;第三步,我建议小圆父母对孩子降低学习要求,并且每天为他单独定制更适合他的作业练习,同时要求小圆父母、任课老师不要批评他,多鼓励他,陪他一起冷静,减少直接冲突和矛盾。

其次,需要专业治疗的介入。专业治疗包含心理治疗和药物治疗,两者结合才能让小圆高效转变。小圆父母陪读一段时间后,渐渐接受了孩子的真实情况,愿意带孩子去专业的医院进行检查和治疗。在二年级时,小圆被华西医院的医师确诊为ADHD。一开始,小圆妈妈是不愿意相信的,也不愿意让孩子接受药物治疗,觉得有副作用。然而小圆的病情在那段时间变得越来越严重,在学校和家里每天都会出现异常行为。最后小圆妈妈选择让小圆休学一段时间,去进行心理治疗和药物治疗。我也鼓励小圆多多参加实践活动,提高社交能力,定期参加亲子活动和心理沙龙。当小圆再次回到班级时,好像一下变得懂事了很多,他不会再随意离开座位,也很少与同学发生矛盾了,变得安静了很多。我推荐了一些专题讲座给小圆妈妈,以此缓解他们紧张的母子关系。

最后,需要更包容的集体和老师。这个时候,"融合教育"理念下的融合教学策略

起了关键性的作用。我听了成都大学特殊教育系的卢悦博士主讲的"融合班级课程与教学调整"专题讲座,这促进了我对"融合"教育思想的了解,也改变了我的教育理念,我们不应该单单着眼于普通正常孩子,也应该给予特殊儿童更多公平教育的机会。我联系学校心理老师和其他科目老师建立了帮扶群,提前告知老师小圆的特殊情况,希望他们加强对小圆的关注,一旦他发生异常行为,要在第一时间介入,帮助他疏导情绪,心理老师也会定期陪他散心。对于小圆,我们要"法外开恩",但同时也要告知他什么是对的行为,什么是不对的行为,让他树立一定的规则意识;强化正面奖励,弱化负面惩罚,多多在他擅长的领域鼓励他。

六、效果与反思

随着小圆原生家庭的不断努力、专家的持续治疗,再结合学校老师、同学的帮助,小圆有了很大的改变,渐渐地愿意关爱他人并参与到与他人合作的活动中,班上其他同学和家长在爱的教育实践中学会了宽容、包容,而我,也真正理解了"儿童是教育的唯一中心"这句话。在运动会的时候,小圆参加了足球比赛、跳远比赛,取得了好成绩,所有同学都为他感到高兴与自豪!小圆有了自信,还参与竞选班委干部,做了班级午餐管理员。那一天好多同学都给他投了票,小圆太开心了!他的妈妈也觉得很感动,我也感到很欣慰,所有的付出都会有收获,用泪水和汗水浇灌出的花朵在绽放的时候必将更加灿烂!

融合教育是特殊教育发展史上的一次飞跃,它表明当代特殊教育已经从长期以来的福利型向权益型、大众型的方向转变。对普通教育而言,融合教育可能会作为一种新的范式,引发人们对目前"应试教育"和"英才教育"的进一步反思,它对现代教师教育的培养目标管理方式、教学内容、教学方法与手段等提出了新的要求。我也会在接下来的教学实践中,在对ADHD儿童的案例分析的基础上,继续分析如何在小学特殊儿童教育中有效应用融合教育理念及方法,进一步完善我的教育策略。

别让愤怒"湿"了"理"
——心理班会课教案

梁欣怡

一、背景分析

《中小学德育工作指南》明确指出,要引导学生正确认识自我,尊重生命,提升生命的价值,学会学习和生活,提高自主自助和自我教育能力,增强调控心理,形成更健全的人格和良好的个性心理品质,使他们成长为身心健康,具有社会责任感、创新精神和实践能力的德智体美全面发展的社会主义建设者和接班人。教育部在《全面加强和改进新时代学生心理健康工作专项行动计划(2023—2025年)》中提出,要全面加强和改进学生心理健康工作,促进学生身心健康全面发展。

锦小"乐群教育"坚持以"儿童为中心",旨在培养"悦身心、会合作、善思辨"的锦小儿童。其中,"悦身心"就是希望培养出身心健康的锦小儿童。六年级学生正处于身心发展的关键时期,他们的情感世界正在逐步丰富,常常会陷入人际交往困惑中。同时,他们也面临着越来越大的学习压力。如果不能调节负面情绪,学生的身心健康、人际交往都会受到影响。因此,学生需要学会如何有效地调节自己的负面情绪,以更好地学习、生活。

二、教学对象

六年级学生。

三、学情分析

斯托亚学派的代表人物塞内卡指出:愤怒是所有情绪中最可怕、最狂暴的情绪,人在愤怒时将会丧失理智,无法控制自己,给生理和心理上带来双重伤害。六年级学生已经具备一定的情绪控制能力,能感知自己的喜怒哀乐,但在日常生活中的情绪比较敏感。根据班上学生的近期表现,我发现愤怒情绪仍会让他们感到苦恼。

通过对六年级128名同学进行匿名调查,可以发现一半多的同学最近有过愤怒的情况,其中58名同学在与其他同学的交往过程中有过愤怒情绪,44名同学在被父母说教的过程中有愤怒情绪,13名同学在与老师发生摩擦或受到老师的误解时感到愤怒。

学生感到愤怒的原因多种多样,例如在受到攻击、威胁、羞辱等强烈刺激的情况下,感觉自己的意愿受到压抑、行动受到限制、尊严受到伤害时,他们就会感到愤怒。当产生愤怒情绪后,六年级学生更多的是把委屈、伤心憋在心里,比例高达50%。将情绪隐藏只是表面上的风平浪静,却会让负面情绪无法化解,不断在心里堆积。

针对这种情况,引导学生认识愤怒,积极去面对愤怒,和愤怒和平相处,接纳愤怒的自己,并能够运用一定方法去消解愤怒,避免在愤怒情绪下做出冲动行为,是非常有必要的。

四、教学目标

(1)认识愤怒情绪,了解愤怒情绪有很多危害。
(2)了解事件不会让人愤怒,人对事件的解释才会引起愤怒。
(3)让愤怒情绪"可视化",学会换个角度看问题,化解愤怒,增强自我调控情绪的能力。
(4)学会在愤怒时刻保持理智,与愤怒和平相处,并接受愤怒的自己。

五、教学重难点

教学重点:认识愤怒情绪及其危害,了解事件不会让人愤怒,人对事件的解释才会引起愤怒。

教学难点:如何引导学生学会在愤怒时刻保持理智。

六、教学准备

(1)相关物品:清水、透明塑料瓶、愤怒清单、计分手牌、课件。
(2)课前分组:分为6组,每组推选一名组长。

七、教学过程

环节一:学表情,感知愤怒情绪

(1)热身环节:模仿表情包。

教师展示愤怒表情包,学生模仿。

同学们,在网络聊天中,我们会频繁地用一些表情包来表达自己当时的情绪。老师有几个愤怒表情包,请同学来模仿一下。

【PPT展示:愤怒表情包】

谈话导入:

师:你在什么情况下会有这些表现?在这样的状态下,你的心情是怎样的?

生①:被别人激怒的时候。

生②:我的情绪是愤怒的。

……

师:你上一次感到愤怒是什么时候?具体发生了什么?

学生自由分享。

师:和发言的同学一样,曾感受过愤怒的同学请举手。

小结:梁老师也和同学们一样。看来大家都曾愤怒过。

【设计意图】本环节通过让学生模仿表情包进行放松,活跃课堂气氛。通过谈话,引入"愤怒",让学生了解愤怒是一种常见的情绪。

环节二:来装水,体验愤怒情绪

过渡:

师:请你想想最让你愤怒的一件事,如果要用水瓶里的水来表达你的愤怒值的话,你会倒多少水?

活动要求:回忆你最愤怒的时刻,写在愤怒清单上。

展示愤怒清单及时间PPT。

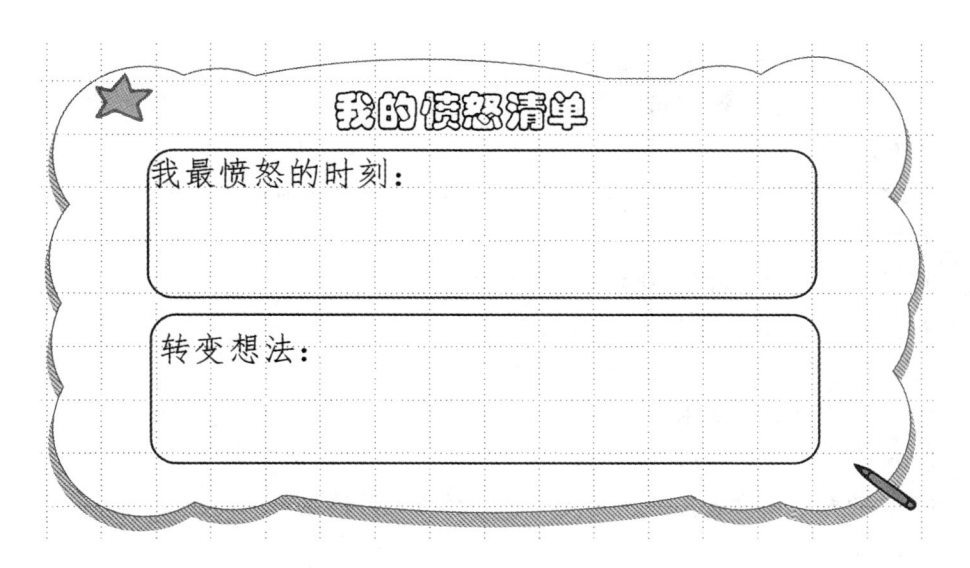

我的愤怒清单

我最愤怒的时刻：

转变想法：

一边回忆写在"我的愤怒清单"上的愤怒时刻，一边往瓶子里倒水，直到你认为瓶子中的水已经表达了你的愤怒值。

活动时间2分钟。

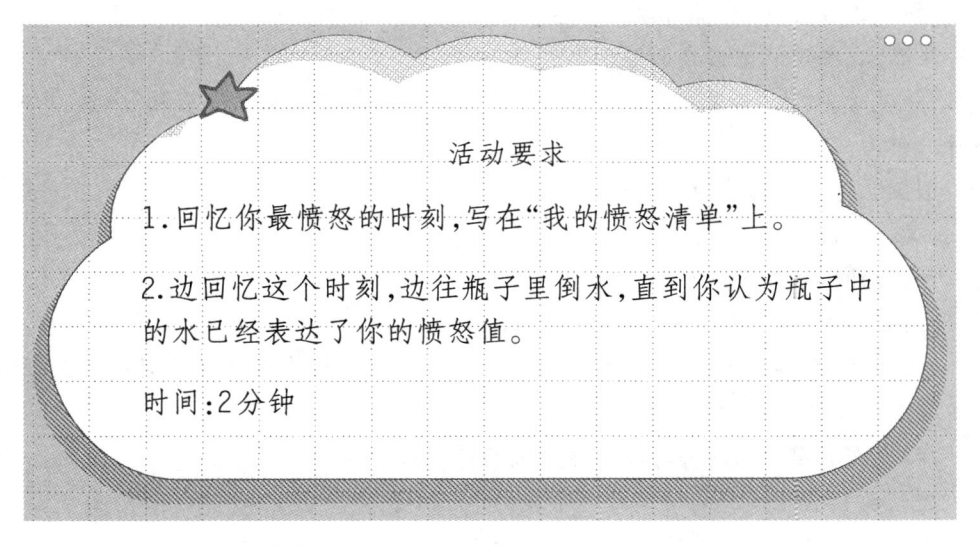

活动要求

1. 回忆你最愤怒的时刻，写在"我的愤怒清单"上。

2. 边回忆这个时刻，边往瓶子里倒水，直到你认为瓶子中的水已经表达了你的愤怒值。

时间：2分钟

学生倒水，教师观察。

小结：我们可以看到很多同学的瓶子里都已经装满了水，看来大多数人都有过非常愤怒的时刻。

【设计意图】愤怒是个人独特的体验，本环节让学生回忆自己最愤怒的时刻，并写在愤怒清单上。设计倒水环节，通过瓶子里的水将愤怒"可视化"，让学生发现，每个人都曾在某一个时刻感到非常愤怒。

环节三：看水量，认识愤怒情绪

找到水装满的瓶子，询问相关学生的想法和感受。

采访1：

师：老师看到你的瓶子已经装满了，这瓶水能表达你当时的愤怒吗？

生①：能。

师：在你最愤怒的时候，你的身体有什么感受？

生①：身体发抖，不受控制，呼吸急促，心跳加速……

根据学生的回答提炼板书：身体不适。

师：愤怒会让我们身体不舒服。

采访2：

师：你的瓶子也快装满了，这瓶水能表达你当时的愤怒吗？

生②：不能。

师：你想继续往里加水表达你的愤怒吗？

生②（预设1）：想。

生②继续加水，水溢出。

师：水已经打湿了桌面，你准备怎么办？

生②：我要用纸巾把桌面擦干。

师：是呀，你看，如果控制不住愤怒，可能会导致我们失去理智而做出一些具有破坏性的行为。

根据学生回答提炼板书：失去理智。

生②（预设2）：不想。

师：为什么不想再加？

生：再加水，水就会溢出。

师：不错，你能够在愤怒时依然保持理性。你的愤怒值在可控范围内，这样就避免了桌子被打湿。

师：有没有同学在愤怒时有一些过激的行为？

生预设1：我在愤怒的时候摔坏了我的电话手表。

生预设2：我在愤怒的情况下撕了我的课本。

……

师：摔东西、争吵、吼叫，都是不理智的表现。

小结：同学们，愤怒是我们人类的基本情绪之一，但也是所有情绪中最可怕、最狂暴的情绪，人在愤怒时可能会丧失理智，无法控制自己，给生理和心理上带来双重伤害。

因此，我们首先要与愤怒共处，接纳愤怒的自己，同时，也要尝试去控制愤怒，别让愤怒"湿"了"理"。

板书课题:别让愤怒"湿"了"理"。

【设计意图】心理学认为,愤怒是外界干扰使个体的愿望受到压抑、目的受到阻碍,从而逐步积累紧张性而产生的情绪。愤怒是一种比较激烈的情绪表现,人在失去正常的思维和理智时,会做出一些不计后果的行为,伤害自己和他人。通过采访学生愤怒时身体的感受,让学生明白,愤怒会让身体不适。当瓶子中的水不足以表达愤怒时,学生不加水,则无事发生;若学生加水,则瓶子里的水溢出。加水的话,需要多做一件事——收拾桌面,这让学生明白过于愤怒带来的不理智行为会给生活带来麻烦,可以愤怒,但再愤怒也要保持理智。

环节四:解疑惑,换角度看问题

过渡:

师:在愤怒的时候保持理智是一个很大的挑战,你们想不想完成这个挑战?

生:想。

板书:保持理智。

师:谁先来挑战?

学生举手,教师随机点名。

师:让你感到愤怒的事情是什么?

生:那一次,我好不容易考了95分,一回家我就迫不及待地和父母分享这个消息,可是他们却说一次高分没什么大不了的,要我争取次次高分,我很愤怒。

师:你觉得让你如此愤怒的原因是什么?

生:父母对我的要求太高。

师:请和他有一样经历的同学举手。请在计分手牌上写下你当时的愤怒值。

PPT展示记分手牌。

学生举起计分手牌。

找到一个分值低的孩子,进行采访。

师:为什么你没那么愤怒?

生(预设):因为我知道即使我没有次次高分,父母也一样爱我。

师:相同事件,为什么两个人愤怒的程度不一样?

生:因为两个人对这件事的看法不一样。

师:两个人对同一件事的解释不同,所以带来的情绪影响也不同。因此,我们可以通过转变对事情的看法来管理愤怒情绪,保持理性。

板书:转变看法。

师:现在就请同学们拿出愤怒清单,再回忆那个愤怒时刻,尝试运用转变看法的方法,重新解释"愤怒时刻",并填写愤怒清单。如果你的愤怒值有所降低,就请倒出相应愤怒值的水。

请倒出水的学生组内分享。

随机请2~3名学生分享。

师:让你产生愤怒的原因是什么?

生:同学给我取外号。

师:你原先的想法是?

生:我不喜欢这个外号,他不喜欢我才给我取外号。

师:所以你很愤怒,瓶子里倒满了水。在转变看法后,你的看法是?

生:也许他是把我当作自己的家人,就像哥哥姐姐给弟弟妹妹取小名一样。

师:所以你没有那么愤怒了,你往外倒出了你的"愤怒"。

……

小结:转变看法真的有用,很多同学都挑战成功了。

【设计意图】美国著名心理学家阿尔伯特·艾利斯提出"合理情绪疗法"。本环节通过对同一件事进行举牌计分,试图让学生明白:同一件事,解释和看法不同,愤怒程度就会不同。因此,让学生转变看法,换个角度看问题,管理愤怒情绪。

环节五:再倒水,和愤怒说再见

过渡:除了转变看法,还有哪些方法可以帮助我们管理愤怒情绪?请小组讨论。

讨论要求:

(1)小组讨论:哪些方法可以帮助我们管理愤怒情绪?

(2)将讨论出的结果写在"理性卡"上,派一名代表进行分享。

时间:2分钟。

学生代表分享。

生：我觉得听歌是管理愤怒情绪的好方法。

师：你尝试过这种方法吗？

生①：我试过，有一次我和同学吵架后我就戴上耳机听歌。

师：还有哪些同学也试过在愤怒的时候去做别的事情呢？

学生举手分享。

生②：有一次，我在很愤怒的时候去打游戏，打了两把就没那么愤怒了。

师：是的，听歌、打游戏……，做喜欢做的事情都是在转移注意力，这能让我们控制愤怒，保持理性。

板书：转移注意力。

学生代表进行分享并将"理性卡"的内容写到黑板上。

板书：运动、冷静、倾诉……

同学们的方法都可以尝试，老师最常用的就是运动法，我们一起来跳跳《消气操》。

师生共跳《消气操》。

师：同学们，你们感觉怎么样？

生（预设1）：很开心。

生（预设2）：好玩，感觉很好。

师：为了让每个同学都能够在愤怒的时候，保持清醒的头脑，老师要送给大家一份"理智灵丹"。

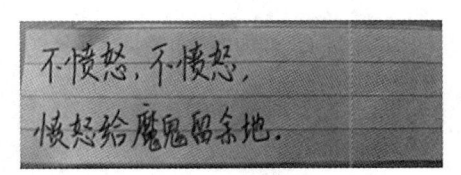

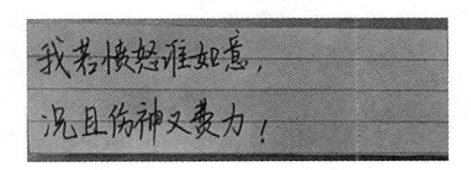

随机请学生抽出"理智瓶"中的纸条（"理智灵丹"），并大声朗读纸条内容。

师：同学，用了老师的"理智灵丹"，现在就请你再回忆清单上那个愤怒时刻。是不是感觉愤怒值又降低了不少呢？请你再次倒出相应愤怒值的水。

小结：愤怒是我们正常的情绪，我们要学会和愤怒和平相处并接受愤怒的自己。

我们的心灵只有倒出愤怒之水,才能腾出更多空间装进快乐、喜悦、感恩等美好的情绪,让我们理性对待愤怒!

【设计意图】六年级的学生已经了解一些管理愤怒情绪的方法,可以让他们将自己日常使用的方法分享给大家,学会用切实可行的方法去理性对待愤怒。幽默"消气语"让学生在欢快的气氛下去管理愤怒情绪,相信学生在以后的学习、生活中能与愤怒和平共处。

八、教学板书

☆ 别让愤怒"湿"了"理"

保持理智

身体不适
失去理智

☆理智卡 转变看法　☆理智卡 转移注意力　☆理智卡 运动　☆理智卡 倾诉

第四章

智慧共育

最完备的教育,是学校和家庭的合作。教育的效果取决于学校和家庭的教育影响一致性。《教育部关于加强家庭教育工作的指导意见》指出:"充分发挥学校在家庭教育中的重要作用,加快形成家庭教育社会支持网络,推动家庭、学校、社会密切配合,共同培养德智体美劳全面发展的社会主义建设者和接班人。"学校作为专业教育机构,要为家长提供家庭教育的专业指导,构建家校协同共育的教育生态,推进家庭教育高质量发展。

家校共育深度合作缺失：表征、成因和改进策略
——"双减"政策下小学高年级学生手机使用实证调查研究

向以玲

一、调查研究结果

（一）校内、校外学生使用手机的情况

1.学生校内使用手机的情况

调查结果显示，小学高年级学生没有带手机到校的情况。小学高年级学生（15.69%）已经开始拥有自己独立的手机，但绝大多数（83.35%）仍是用家长的手机。

2.学生校外手机使用功能

在"使用手机目的"的调查中，我发现有70.59%的学生是为了满足学习需求，而娱乐（43.14%）和方便与家人联系（43.14%）成为紧随其后的两大目的。学生使用的手机功能主要集中在查阅学习资料（包括搜题软件）、完成老师布置的作业（如英语跟读）、听音乐、通信、短视频APP、搜索信息、玩游戏等方面，如图4-1所示。

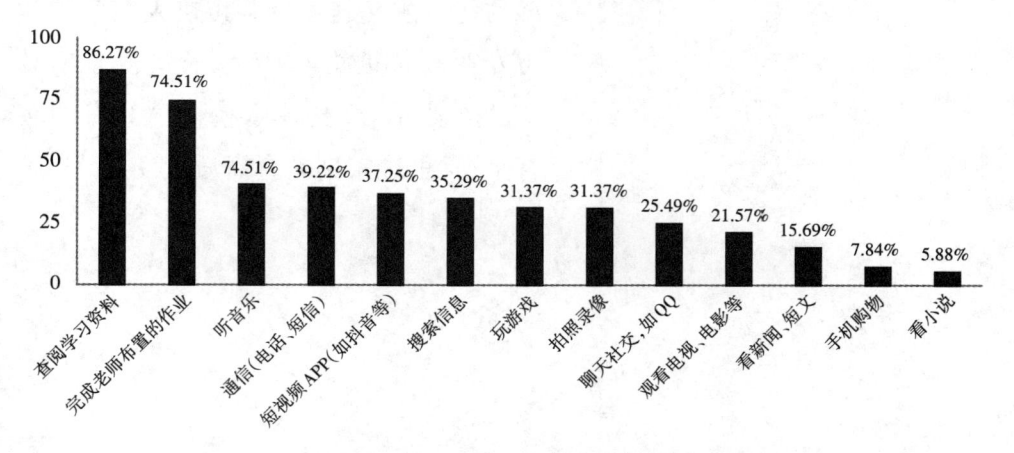

功能	百分比
查阅学习资料	86.27%
完成老师布置的作业	74.51%
听音乐	74.51%
通信（电话、短信）	39.22%
短视频APP（如抖音等）	37.25%
搜索信息	35.29%
玩游戏	31.37%
拍照录像	31.37%
聊天社交，如QQ	25.49%
观看电视、电影等	21.57%
看新闻、短文	15.69%
手机购物	7.84%
看小说	5.88%

图4-1 学生校外手机使用功能调查统计图

3.校外手机使用的影响

数据显示，从每天玩手机或平板电脑的时间来看，不玩的学生占21.57%，超过一半的学生玩的时间在1小时以内，有17.65%学生每天玩1~2小时，有的学生甚至已经

超过3小时(3.92%)(如图4-2),还有学生因为玩手机而出现熬夜或通宵的情况。学生认为手机对自己的生活、学习有一定的影响,15.69%的学生认为严重,5.88%的学生认为非常严重。

其中,网络游戏(72.55%)、观看直播平台(50.98%)、搜答案(49.02%)等功能,已经严重影响到了学生的生活、学习和心理健康。

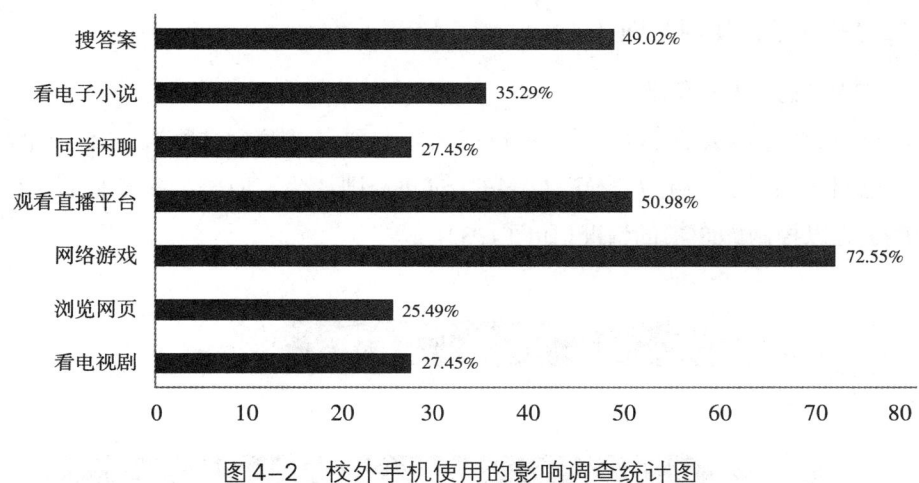

图4-2 校外手机使用的影响调查统计图

(1)对学习的影响。

从搜题软件的使用反馈来看,学生认为:有帮助,难题能得到解答(35.29%);有影响,会产生依赖心理(35.29%);有一定帮助,但作用不明显(15.69%)。超过一半的学生认为使用手机直接影响了学习效率。调查还发现,17.65%的学生认为使用手机后成绩下滑了,甚至有9.8%的认为使用手机后成绩变得极不稳定。大多数学生本来是将手机作为重要的学习工具,可是却没有一个学生认同使用手机提高了成绩。

(2)对生活的影响。

因为使用手机的关系,超过一半的学生减少了平时休闲活动的时间。手机已经成为制约学生参与休闲活动的重要因素。在《教育部办公厅关于进一步加强中小学生睡眠管理工作的通知》中要求小学生每天睡眠时间应达到10小时。而3.92%的学生经常因为玩手机过多导致睡眠不足,7.84%的学生有时会这样,23.53%的学生偶尔会这样。玩手机已经致使三成以上的小学高年级学生睡眠不足。

手机的影响力还表现在,学生有时候宁愿拿着手机玩,也不愿意处理其他更紧迫的事。在超过一半的小学高年级学生眼中,玩手机已经成为当下最紧迫的事。

(3)对情绪的影响。

一段时间不查看手机是否有信息或不开机,是否会感到焦虑?31.3%的学生表示偶尔这样,3.92%的学生表示经常这样,1.96%的学生表示总是这样,超过三成的小学高年级学生表现出焦虑的情绪。当外出忘带手机时,1.96%的学生感觉焦虑不安、十分抓狂,5.88%的学生会埋怨自己,还有1.96%的学生认为必须回去拿手机。由此可见,手机已经影响着近10%的学生的情绪,让他们有明显的不适感,对手机表现出一定的依赖性。

(二)校外手机使用管理

1.学生缺少自控管理

调查中,超过半数的学生,因为手机使用问题和父母发生过争执。35.3%的学生认为自己对手机的自控能力较好,更多的(54.9%)则认为有时需要家长监督,还有学生出现了难以控制(9.8%)的情况(如图4-3)。

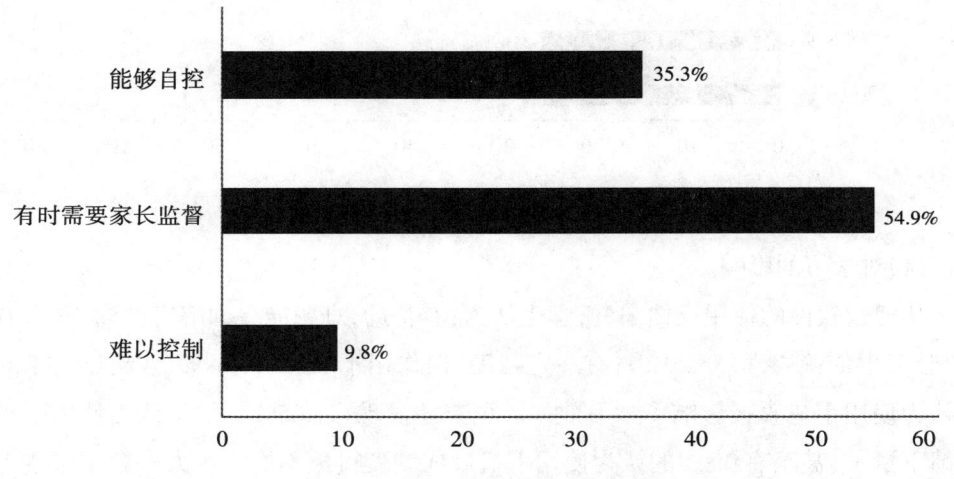

图4-3　学生对手机使用的自控管理调查统计图

2.家长难以身作则

如表4-1所示,从父母的实际做法来看,父母在和孩子相处的过程中,将手机摆在了比较重要的位置:经常(25.49%)会掏出手机看,经常(29.41%)将手机握在手里,经常(29.41%)会因为手机来电,中断和孩子的谈话。

调查显示,近半数的父母对孩子在周六至周日的上网时间有所控制,并限制孩子浏览网页、玩网络游戏,他们会告诉孩子在网络上遇到陌生人怎么处理,如何保护网络上的个人信息等。但只有近三成的家长会指导孩子如何使用网络和如何利用网络来学习。关于是否一起上网玩游戏、上网查资料、浏览网页、听音乐、看视频等,父母参与率不足10%。和孩子交流分享"如何使用网络"类似话题的父母仅占21.57%。

表4-1 父母与孩子相处时手机使用情况

题目/选项	从不	很少	有时	经常	总是
当我和父母一起吃饭时,他们会掏出手机看	13.73%	15.69%	29.41%	25.49%	15.69%
当我和父母在一起时,他们会把手机放在他们能看到的地方	7.84%	7.84%	31.37%	25.49%	27.45%
当我和父母在一起时,他们会把手机握在手里	11.76%	15.69%	27.45%	29.41%	15.69%
当我的父母的手机铃响了,他们会马上看手机,即使我们正在聊天	5.88%	7.84%	33.33%	29.41%	23.53%
我的父母在和我聊天时,眼睛也会看着手机	17.65%	37.25%	27.45%	13.73%	3.92%
当我和我的父母共度亲子时光(如游戏、阅读)时,他们还是会使用手机	9.80%	35.29%	31.37%	11.76%	11.76%
我的父母在和我说话时不会使用手机	11.76%	19.61%	35.29%	15.69%	17.65%
我和父母一起出去时,他们会使用手机	0%	3.92%	25.49%	43.14%	27.45%
如果我和父母之间的谈话有停顿,他们会使用手机	19.61%	25.49%	25.49%	17.65%	11.76%

二、调查研究结论与讨论

(一)家校共育深度合作缺失的双重表征

结合上述调查结果和分析后发现的一些突出问题,家校共育深度合作缺失的具体表征,主要体现在以下两个方面。

1. 使用性表征:校内杜绝、校外广泛

2021年教育部办公厅出台的《关于加强中小学生手机管理工作的通知》(以下简称《通知》),明确要求中小学生原则上不得将个人手机带入校园。学生确有需求的,要带手机入校的,须家长向学校书面提出申请,学校同意后方可带手机入校。学生进校后应主动将手机交由老师统一保管。自《通知》出台以来,学校严格执行《通知》要求,加强对学生手机使用的管理。从调查情况看,小学高年级学生没有出现带手机到学校的情况。但近79%的学生每天会玩手机或平板电脑,他们利用手机查阅学习资料、听音乐、通信、刷短视频、搜索信息、玩游戏等。手机日益强大的功能满足了学生在学习和生活中多元化的需求,同时也反过来影响着学生的生活娱乐方式。学生开始更多地使用手机的娱乐、游戏、交友等功能,手机已经渗透到了学生生活、学习的方方面面。

2. 管理性表征：家长引导不力，监督不到位

小学高年级学生本已经形成了一定的自我行为约束能力，但面对功能丰富的手机的诱惑，学生的自控力受到了前所未有的挑战，他们希望得到家长的帮助，内心渴望着家长的监督约束。同时，学生还希望父母以身作则，在家里减少使用手机的时间，用身教来替代言教。家长群体虽然普遍已经建立起学生手机使用管理意识，但对学生的要求比较笼统，没有系统、明确、具体、专业、科学的指导，更缺乏亲身示范和亲子互动，对学生手机使用的管理还处于比较简单、粗暴的口头唠叨阶段，对学生手机使用的监督没有起到实质性的作用，监管没有落实到位。

（二）家校共育深度合作缺失的生成原因

1. 家长重"教"轻"育"

长期以来，我们的基础教育都面临着教育硬件（设施设备等）和教育软件（环境、资源、师资等）配套不均衡、教育发展区域性差异大等现状。许多家长为了让孩子享受优质教育资源，纷纷卷入各种培训的怪圈。从各种兴趣班到各科辅导班，从各种智力开发到潜力激发，家长们带着孩子奔赴一场又一场的接力。他们真正看重的不是孩子兴趣的培养，而是通过兴趣班、辅导班能让孩子赢得进入各种名校的敲门砖、入场券。家长重视的是孩子的学习成绩，学习之外的行为习惯、道德品质并没有得到家庭教育足够的关注和重视，就更无所谓引导规范。

2021年，中共中央办公厅、国务院办公厅发布了《关于进一步减轻义务教育阶段学生作业负担和校外培训负担的意见》。随着"双减"政策的落地，许多家长开始担心没了补习班、没了大量的辅导练习，孩子的学习是否跟得上，会不会因此而落后。虽然小升初有政策的保证，但从孩子长远学习来看，中考和高考的焦虑又导致家长们不得不给孩子加码。辅导班没有了周末课，就协调到周内上；取消了线下课，就调整为线上课。政府想把孩子们从过重的作业负担和校外培训负担中解放出来，家长就用各种网课、辅导占用了孩子们的大量课余时间。手机不可避免地成为网上学习的重要工具，这又为手机使用管理带来了更多的问题。

2. 家庭教育重结果轻方法

家庭教育急功近利，缺乏系统的理论方法引领。有的家长在教育中不遵循孩子的身心发展规律，常常采用说教、打骂等简单、粗暴的方法。家长没有与时俱进地学习，没有足够重视亲子关系的建立和维护，在手机使用方面没有起好率先垂范作用，家庭教育理念跟不上孩子的成长发育。

3. 家校共育重协调轻督促

学校普遍都开设有"家庭学校"，定期会开展家庭教育相关培训，每期召开线上线

下家长会,和家长交流学生在校表现,对家庭教育予以指导。但学校教育更多的是关注学生在校的表现,家校共育的重点是家庭如何协助学校,共同教育好学生。小学高年级学生家长更多的是关注学生学习成绩,关注小升初政策,学校往往做的是方向性和指导性的引领工作。至于学生校外行为规范教育如手机使用管理等,学校会去引导,但家长是否去落实,成效如何,学校没有持续跟进,缺乏监督。

(三)家校共育深度合作缺失改进策略

1.家校合力达成教育共识

曾经有研究表明,在小学阶段和初中前期,社会期待、父母和教师的意愿往往成为学生的发展欲望。学生往往为了成为老师和父母期待的模样而加倍努力。因此,只要学校和家长达成共识,并指导家长向孩子传递意愿,适时督促学生规范手机使用,将大大提升管理成效。

2.引导家长提升新技术运用能力,为学生健康使用手机提供指导

家长要与时俱进,了解手机、平板等各种电子产品的功能和使用利弊,及时引导学生规范使用电子产品和正确对待网络学习与娱乐,并身先士卒、率先垂范。

3.探究家校共育的新平台、新模式

家校合力培养学生在手机使用等方面的自律能力,探索新模式。如定期邀请家庭教育专家进行线上、线下专题培训,请学生家长分享育儿经验,加强班主任、任课教师与家长间的沟通交流,做到早发现、早干预,引导学生正确使用手机,防止学生沉迷网络、沉溺手机。

随着时代的发展,小学高年级学生使用手机的比例正在不断增大。"双减"政策的落地又为学生解放出大量可自由支配的时间和空间,规范学生的手机使用,减少手机对学生学习和生活的负面影响,已经到了刻不容缓的地步。如何引导学生正确、合理地使用手机,是摆在学校、家庭和社会三方面前的一道难题,需要我们在实践中不断地尝试、摸索,从而总结出一套行之有效的方法。

在情理交融中促进家校共育
——基于学生间纠纷处理的案例分析

向以玲

随着"双减"政策的落地,家长对孩子学习的焦虑明显减轻,对孩子身心健康的关注明显增多。一旦孩子在校和同学发生矛盾纠纷或受到委屈,很多家长容易在家校沟通中情绪失控、言行失当,导致家校矛盾激化。此时,若班主任能运用恰当的沟通技巧,那么将对化解双方矛盾、控制事态、避免矛盾升级发酵起到至关重要的作用。

下面以班上"拍头"事件为例,分析探索班主任在家校沟通中的技巧,探讨如何引导家长从向外指责埋怨其他孩子,苛求学校老师,到向内自省,关注、引领孩子健康成长,以确定今后的家庭教育方向,从而真正避免家校矛盾升级,促进家校实现有效的沟通。

事件描述:

课间,女生小Q看见男生小Y课桌上摆着一个修正带,突然萌生了捉弄小Y的想法。她悄悄拿走了修正带,传给了前排的同学,并告知不要还给小Y,随后同学又将修正带传回了小Q处。英语课上,小Y发现修正带不见了,四下寻觅,发现修正带在斜前方的小Q处,就小声索要。小Q不但不还,还笑称是其他同学给她的。课上小Y几次索要都无果。下课后,小Y又向小Q索要,双方发生争执,小Y一气之下将小Q的笔袋扔到地上,并拿起一本书朝小Q的头拍了下去,小Q委屈得大哭。很多女生见状纷纷上前安慰。午餐时,我到班监管学生分餐,有学生告诉我小Y打了小Q。我找小Q了解情况,可她一说起这事就止不住淌泪,身体也开始抽搐起来,情绪极不稳定。我见询问时机不对,便让她平复一下心情再告诉我原委。她拿着数学作业,说想去找数学L老师纠错。我想借着纠错先转移她的注意力也不错,加之孩子们都十分信任L老师,便对小Q说:"等你平静了再来告诉我。当然,你也可以给L老师说说这事。"午课时,L老师单独将两个孩子留在办公室了解了事情的经过,并让小Y给小Q道了歉。放学后,小Q妈妈来电让我将小Y家长的电话发给她。

策略探寻如下。

一、"情"字当头,奠定家校沟通基调

学生在校与他人有摩擦纠纷时,班主任会视情况的轻重缓急来判断是否需要告

知家长协助处理。家长来电一定是因为对班主任的处理有异议。面对怒气冲冲的家长,此时,班主任需要接纳家长的情绪,耐心倾听家长的反馈,为后面的沟通做好铺垫。

1. 理解倾听,与家长共情

学生间的纠纷既然已经发生,班主任就要积极去应对并解决问题,不能因为担心家长责怪或是害怕承担责任,就逃避沟通或敷衍塞责。理解与尊重是良好沟通的前提。沟通中,班主任始终要关注家长的情绪和感受,设身处地为家长着想,理解他们的感受,与他们共情,做他们最真诚的倾听者。

案例中,小Q回到家中,说自己被小Y打了,之后就开始大哭不止。家长问什么也不肯多说。家长不明就里,看着平日乖巧懂事的孩子,突然大声痛哭,心里慌了神,一通电话打过来就开始责怪班主任没有及时和家长沟通,埋怨男生小Y动手打女生这一行为十分过分。家长永远是孩子坚强的后盾,当孩子遇到事情时,肯定会第一时间站出来维护孩子。家长关注孩子成长正是我们家校共育的切入点。我听出了小Q家长护女心切,如果我此时贸然打断她的话,势必会引起她的不悦,而且还易激怒对方。所以对她片面的陈述,我没有立即辩解,而是耐心听她讲完。

2. 明确诉求,为沟通铺垫

有了上面最基本的情感铺垫,家校沟通的重点才能从激烈的情绪冲突转移到对事实真相的探究上。班主任一方面要弄清楚家长的诉求,另一方面要厘清家校双方产生分歧或矛盾的焦点,为家校进一步沟通寻找方向。

案例中,最让家长情绪激动的主要有两点:一是家长认为班主任不够重视此事,没有第一时间和家长沟通,面对孩子的突发状况,他们不知所措;二是男生与女生一般力量悬殊,无论在什么情况下,男生动手打女生性质都十分恶劣。

二、"理"字随后,把握家校沟通分寸

1. 明辨是非,寻求沟通时机

班主任要明晰纠纷双方的责任,避免区别对待家长。不能因为与哪方关系亲近就偏袒哪方,减轻其责任,或刻意避重就轻,甚至对其错误避而不谈。班主任应尊重事实,向家长客观描述事实,用发展的眼光看待学生的成长。

男生小Y拿书拍女生小Q的头是因为小Q有错在先,小Y属于行为失范。午课时,L老师作为数学老师,同时也是学校管理经验丰富的副校长,亲自在办公室处理了两个孩子的纠纷。从保护女生的角度出发,L老师还批评男生小Y对女同学不够绅士大度,小Y也意识到自己的行为有些冲动,于是非常真诚地给小Q道了歉,两人相视而笑,达成了和解。L老师的及时处理不但化解了两个孩子的纠纷,而且还有意识地偏

袒了女生小Q。事实是最有力的辩解。我向小Q家长客观地陈述了事件的发生经过，家长听后很快意识到的确是自己孩子小Q有错在先，故意捉弄别人，所以说话语气也渐渐缓和了下来。

2. 基于事实，坚持沟通原则

家校沟通不是对家长一味迁就和让步。在沟通前，班主任要反思对整个纠纷的处置是否妥当，工作中的各个环节是否存在疏忽。若学校处置不当，有错在先，就要勇于承担；若学校处置正确，没有过错，就要针对家长质疑的点，有理有据地予以积极正面地回应。

案例中，我没有亲自处理，是因为孩子情绪激动，我准备暂缓处理，但一直在关注事情的处置情况。再者从孩子在校内的纠纷矛盾来看，此次"拍头"事件属于比较常见的小纠纷，对孩子也没有造成实质性的伤害，一般学校处理好即可。班主任因为忙于参加线上教研培训，后续没有再与家长沟通，也无可厚非。小Q家长对孩子有错在先有意忽视，看不到小Y不当行为背后的原因，而指责小Y处置不当，显然有失公允。此时，小Y家长并不知情，班主任若贸然将其联系方式告知小Q家长，双方家长势必会因为误解，产生言语上的冲突，激化矛盾，不利于纠纷的调解。此时，家校沟通就应发挥最大的作用，还原事实，明晰各方权责。

在说清情况后，我马上指出男生小Y将玩笑当真，应对方式的确有些不当，但女生在和男生开玩笑时，掌握不好边际，也很容易以身犯险。家长听后也开始冷静下来和我探讨男女生的交往中的注意事宜。

三、情理交融，促进家校有效沟通

在纠纷处理中，班主任应该随时关注学生的心理需求和变化。家校沟通的起点是事实真相，落脚点应是学生成长。案例中，小Q在学校明明已经谅解了小Y，为什么回家后情绪会如此激动？

1. 重拾信任，消除沟通障碍

家长对班主任的信任是家庭教育指导的前提。可突发事件一旦发生，往往会引发家长和班主任间的信任危机。班主任在沟通中应该引导家长看到家校双方对学生各方面的共同关注。同时班主任要对家长一直以来对学校工作的理解、支持和配合再次予以积极的肯定。这样才能尽快让家校双方重新拾起对彼此的信任，奠定家庭教育指导的基础。

案例中的小Q和小Y都是我从一年级教到六年级的孩子，两人都品学兼优，前不久还双双在区少先队活动中荣获了二星奖章。他们取得的成绩，离不开老师和家长的共同关心和帮助。说起孩子取得的进步，家长对学校的感谢之情溢于言表，与此同时,我也大力肯定与褒奖家长一直以来对学校工作的积极配合。

2.专业分析,引领孩子成长

班主任不但是纠纷事件的处理者,更是家庭教育的指导者。班主任要善于利用好学生纠纷中的教育契机,适时引领家长提升家庭教育能力。

小Q表现一向良好,没想到一次不经意的玩笑竟让多年的同学反目,甚至动手。回到家中,面对母亲的日常询问,小Q又想在母亲处寻求关注,委屈得大哭起来。但也正是她言行的失当,才造成了后面的局面。家长在关注纠纷的同时更应该思考:孩子应如何把握和同学相处的边界,以减少对自己的伤害呢?

班主任要引导家长认识到,目前孩子们正处于青春期这个特殊的时期,身体和心理的发育让他们变得有些敏感易怒,情绪也不够稳定。在相处的过程中,同学间的玩笑要注意适度,要在别人能够接受的范围内。如果我们明显感觉到他人已经被激怒,情绪处在失控的边缘了,我们要立即停止,并真诚地向他人道歉,以争取他人的谅解,化解彼此的纠纷。特别是女生更应该学会察言观色,尽量避免和力量悬殊的人(特别是异性)发生正面冲突,学会迂回处理问题,保护自己不受伤害。

小Q家长在停止对学校老师和男生小Y的责怪后,开始思考自己在家庭教育中存在着哪些缺陷,应从这次事件中汲取哪些经验教训。家长今后会更多地培养孩子的安全意识,提升孩子抗挫的能力。

此案例体现出了家长在家庭教育中的诸多问题。家长过分关注孩子的过激反应,用成人的思维方式揣摩孩子的想法和感受。往往只关注孩子的表现,缺乏对学校老师的信任;只关注孩子当下,缺乏立足长远、用发展的眼光看待事物的意识。在孩子的成长过程中,我们除了要尊重每个孩子的个性外,更应该让孩子在学习和生活中学会和他人和谐相处,学会理解、宽容他人,学会承担责任、面对挑战……培养这些优良的品质,才能让孩子受益一生。当然,也只有家校共同协作,采取统一的育人标准,营造和谐、积极的育人环境,家校沟通才能事半功倍,发挥它真正的作用。

任何一起纠纷的妥善解决都离不开情理交融的沟通策略。作为一名班主任,我们既要将心比心,真诚地理解家长,又要有理有法,巧妙地化解纠纷,只有这样才能开创家校共育的新局面。

"双减"背景下有效的家庭教育策略

冯朝群

镜头一：

科学课上，小向同学的座位下面有许多纸屑、书本等，老师提醒他捡起来，过了几分钟后，小向同学的座位下又有了垃圾，老师再次提醒他要讲卫生，周围的同学也开始议论或者指责小向。突然小向爆发了，他哭着从教室冲出去，边跑边嘟囔："我不想活了，你们都欺负我……"

镜头二：

下午放学后，一位奶奶拉着我的手小声说："冯老师，昨天晚上苗苗回家哭得非常伤心，具体原因苗苗不愿意给我讲，昨天晚上我睡梦中被她的一句话吵醒了：'奶奶，我要当少先队员！'今天早上她才大致给我讲了一下昨天发生的事情的经过，因为爸爸妈妈不在身边，希望老师多开导一下她。"我陷入了思考，苗苗的特殊家庭背景让她有了一定的问题。

以上两个镜头是我在班上遇到的两个真实案例，第一个学生出现这种情况不止一次了，事后我才了解到小向家长教育他的方式简单粗暴，不当的家庭教育对小向的性格造成了负面影响。第二个学生的父母是进城务工人员，父母长期不在身边，学生亲子交流、情绪疏导方面存在一定的问题，她上进心强，但不善于表达，昨天在第一轮少先队员的投票选举中落选了。

这两个案例表明了家庭教育对学生健康发展的重要意义。2021年国家出台"双减"政策，目的是要减轻学生的学业负担，降低家长的教育成本，让教育回归家庭和学校。其实家庭才肩负着促进学生成才的第一使命，那么在"双减"背景下，家长能否有效地实施家庭教育，保证学生健康成长，既关系到"双减"政策切实落地的实施程度，又关系到每一个家庭的生活幸福与否，更关系到祖国能否储备足够的优秀人才，为实现百年大计做好准备。

那么，如何落实"双减"政策？良好的家庭教育是重中之重。下面的一些做法与各位家长共勉。

一、优先关注孩子身心的发展

(一)身心健康是孩子成才的前提

健康包括身体健康和心理健康,有人把身体比作"1",财富、地位、工作、荣誉等相当于"1"后面的"0",如果没有了前面的"1",后面有再多的"0"都是没有意义的,所以说拥有健康的身体和心理至关重要。

身心健康是孩子成才的前提,没有健康的身心,就谈不上幸福和未来。家长首先要建立和睦的家庭亲子关系,给孩子提供快乐、健康成长的土壤。其实上面提到的两个案例就明显暴露出孩子因为家庭教育的偏差而产生的心理问题。

(二)培养一种体育运动爱好

事实证明,体育运动可以愉悦心情,可以缓解压力,调节不良情绪。家长要尊重小孩好动的天性,鼓励他们多参加户外运动,亲近大自然,可以让他们选择一种适宜的体育运动,既锻炼身体,又愉悦心情,为学生的身心健康保驾护航。

二、关注孩子品格的培养

(一)品格是孩子未来的决定力量

做事先做人,做人先修德,清华大学的校训是"天行健,君子以自强不息;地势坤,君子以厚德载物"。未来社会,需要的是具备良好品格并能与人友好合作的人才。品格对一个人未来的事业方向和成就有很大的影响,是一个人最宝贵的财富,品格和成功有着密不可分的关系。人们通常喜欢和具有良好品格的人交往,良好的品格就是力量,就是通行证。

(二)家长塑造孩子良好品格的维度

良好的品格是孩子成功的基础,更是孩子创造美好未来的前提。小学的孩子正处于长身体、长知识、长见识的阶段,对一切都充满了好奇和渴求。这一时期正是塑造他们优秀品格的最好时期。

班主任要引导家长关注孩子品格的发展,这是他们以后立足社会的根本,不要只关注孩子的学习成绩。家长可以从以下角度关注或引导学生品格的发展:善良、诚信、勇敢、孝敬、感恩、宽容、守法、惜时、公正、节俭等。

以上任何一个关键词都可以让家长找到教育孩子的机会,都值得家长去深入探讨,任何一点深入下去,都大有可为。

三、唤醒孩子的内驱力

（一）善于沟通是唤醒学生内驱力的前提

有家长抱怨孩子越长大就越不爱跟自己交流，自己已经无法很好地与孩子交流沟通了。其实这种变化不是一夜之间发生的，也绝不是孩子单方面造成的，有时候家长的管教方式恰恰激发了孩子的对抗情绪。这些家长的沟通话语当中，可能有命令，有责备，有不满……

科学研究显示，大脑中有一种叫镜像神经元的细胞，人们可以通过镜像神经元来理解他人的感情，当人们看到别人表现出某种情绪时，观察者会经历与被观察者同样的神经生理反应。因此，当你情绪很激烈，并用命令、责备等方式表达你的不满时，孩子也会变得有情绪，这个时候，你和孩子之间就处于剑拔弩张的情绪对抗之中。在这样的情况下，你和孩子几乎没有合作的可能，因为你们把能量都用来和彼此对抗了。

比如孩子如果做其他的事情都比较快，唯独写作业、学习磨蹭，可能多半是因为亲子关系出现了问题，而不是孩子有作业拖延症。孩子可能在用无声的抗议方式告知家长"我不想被你强迫"。出现这种状况的原因主要是孩子在家中没有话语权，他只有选择这种软抵抗的方式来表达自己。

这时家长就要通过孩子的行为挖掘问题背后的深层原因，与孩子深入沟通交流以解决问题。因此家长要学会善于与孩子沟通，学会倾听孩子内心的真实想法，倾听才是最美妙的亲子沟通，是唤醒孩子内驱力的前提。

（二）赋予孩子自主决定权是唤醒孩子内驱力的法宝

一般来说，小孩最初是有理想的，随着年龄的增长，如果家长管孩子管得太多，为孩子做主太多次，孩子就会形成对父母的过度依赖，没有自主权。遭遇现实问题的考验和碰撞后，这些孩子可能对理想越来越迷茫，甚至不敢确立目标和理想。

其实孩子随着年龄的增长，不想被别人控制的欲望是在不断增强的，家长要学会放手，给予孩子适当的自主权，也提前告知孩子要承担自主选择带来的后果。

比如现在越来越多的孩子特别依赖电子产品，主要原因是孩子内心缺乏原动力，家长首先要以身作则，不依赖电子产品，其次可以与孩子协商制定一个双方都能接受的方案：电子产品尽量放在书房或客厅等公共空间，不单独放在自己的房间，多进行一些亲子交流活动等。

家长要学会从一件件小事开始，逐渐放手，相信孩子有自己处理好问题的能力。多让孩子自主进行选择，培养自理能力，同时承担可能带来的后果，这是唤醒孩子内驱力的法宝。

(三)发展孩子的自理能力是唤醒孩子内驱力的保障

自理能力,是指人能够抑制住妨碍达到目标的心理因素和生理因素的个性意志,善于控制和支配自己行动的能力。自理能力是孩子良好的心理品质的组成部分,这个品质是在一定家庭条件影响下,在个体克服困难的过程中逐步形成的。

自理能力差的人在做决定时容易害怕、犹豫,处理人际关系时容易感情用事。这样的人也容易喜形于色,很难顾全大局。容易冲动、意气用事、不能律己、知错不改等,都是缺乏自理能力的表现。

培养孩子的自理能力可采用以下措施。

(1)让孩子整理自己的房间;

(2)让孩子每天坚持把布置的作业工整地抄写在专用本上,自己逐条检查作业是否完成;

(3)上下学的路上,让孩子自己背书包;

(4)当孩子发怒时,家长尽量保持平静,进行冷处理。

培养孩子的自理能力、理性思考和判断的能力,是孩子今后能够取得成功的必要前提。家长想让孩子在今后的人生中获得成功,就要培养孩子的自理能力,这是唤醒孩子内驱力的保障。

四、做一个终身学习型的家长

没有一种教育方法一定会使事件有一个完美的结果,也没有任何一种教育方法可以彻底解决孩子的所有问题。如果某个办法宣称能解决一切问题,那么它肯定什么问题也解决不了,我想这话有一定道理。

家庭教育永无止境,教育艺术永远在创新。时代在发展,孩子在成长,孩子的问题对不少家长来讲都是陌生,家长要有积极的心态,与时俱进、不断进取、不断学习,做一个终身学习型的家长,学会具体问题具体分析,形成自己独到的行之有效的家庭教育策略。

"双减"政策下小学班主任如何指导家庭教育

李 燕

在小学阶段,许多家长觉得教育学生是学校的责任,学生出了问题就是学校没有教好,同时家长忙于工作,经常忽视对学生的家庭教育。而学生在学校以外的时间,多是在家庭中度过的,因此家庭教育也能够为学生的成长助力。在日常工作中,教师常常发现,学生身上存在的一些毛病与其家庭教育存在一定的关系,也发现一些家长对家庭教育不够重视。班主任是班级的主要管理者,应及时与家长进行有效的沟通,使家长了解自身的问题,发挥其在家庭教育中的积极作用。这不仅能促进学生的全面健康成长,还能更有效地使学校教育发挥自身职责作用。

一、"家庭教育指导"的意义

家庭教育是人一生之中最为基础的教育,是其他教育的基础、起点。家庭教育是终身教育,是学校教育的基础,对人一生的影响是至关重要的,它也是学校教育的补充及延伸。家长不仅仅是学生的第一任教师,也是其终身教师。人的教育以家庭教育、社会教育、学校教育为支撑。由于学生还未真正步入社会,对于社会的认知一般来自电视机、电脑、手机等,而在小学阶段学生还未形成完善的自我思考能力,需要家长及教师的干预。因此,作为基础的家庭教育十分重要。在重视家庭教育的家庭中,学生的成绩、品行等方面一般都很优秀。可见,家庭教育是学校教育无法替代的。因此,家长不可在学生的教育上缺位,不能够以忙作为借口推卸责任。

二、"双减"政策的含义

"双减"政策是在学生压力越来越大的基础上产生的,家长为了提高学生的学习成绩以及艺术等方面的素养而选择用许多课外辅导班来填满学生的课外时间,学校老师通常会为学生布置作业,虽然每个老师都认为自身布置的作业不多,但是所有的作业加起来就很多,这就使得学生没有自己的时间,并且无法放松身心。"双减"政策有效地减轻了学生的作业负担以及校外培训负担,从而使得学生有时间放松身心。

三、家长在家庭教育中存在的问题

(一)家长文化水平影响家校合作效果

家长的文化水平影响着他们的教育观念和方法,也在一定程度上影响着学生的思想水平。家长的教育观念对学生世界观、人生观和价值观的形成产生着非常重要的影响。一般而言,家长受教育程度越高,教育理念和方法越科学,与学生沟通交流的能力越强。在家长积极的影响下,学生也会有更好的发展。这样的家长也有与教师积极沟通的意识,双方可共同促进学生的成长。

文化程度不高的家长一般信奉棍棒教育,不爱与学生进行交流沟通,而是采用打骂的方式进行教育,从而造成学生不爱与家长交流、畏惧家长的情况,影响了学生身心的正常发育。同时,还可能使学生在长大后出现与他人沟通不畅、暴躁易怒等情况。

(二)家长的家校合作意识不强

在"双减"政策下,社会、家庭、学校越来越重视教育。家长和学校都希望提高教育质量,而利用家庭和学校之间的合作教育是最为有效的方式之一。家庭与学校的合作是促进学生身心健康发展的必要前提和重要条件。然而,在实践中,教师和家长由于没有强烈的合作意识,出现了相互推诿的现象。从现有家校合作的实际情况来看,其多是停留在喊口号的层面,很少开展实质性工作,尤其是家庭与学校之间没有形成良好的合作意识。

例如,在实际调查中,我发现家长和教师对家长是否可以参与学校教育管理决策有不同的看法。大多数家长认为他们应该参与学校教育管理决策,因为他们对自己的孩子有着深刻的了解,可以给予教师一些恰当的教育意见,而许多教师认为家长参与学校教育管理决策是完全没有必要的。也就是说,家长想要参与到实际的教育中,但教师却没有强烈的合作意愿,许多教师认为,尽管家长的教育意见很重要,但他们不必参与教育决策。

(三)家长过于依赖学校教育

许多教师发现家长不关心学生的教育。一些家长从未联系过学校,也从未询问过学生的学习及课堂表现等情况,有些家长根本不认识学生的班主任。家长与学校之间缺乏联系,对学生的学习不够了解,会错过很多改善学生教育的机会,不能在学生的教育中发挥良好作用。许多家长更注重保证学生的物质条件,总是尽最大努力挣更多的钱,然后为学生提供最好的学习资源。家长对学生的思想道德修养的教育意识十分淡薄,与学校的沟通时间较少。如果家长不能和学校保持畅通的联系,他们

就无法对学生的成长有更全面的了解。

四、在"双减"政策下家庭教育的指导工作如何开展

(一)班主任应当注意告知家长沟通工作的重要性

良好的沟通是建立良好关系的有效桥梁。目前,许多家长只关注学生的表现和发展,缺乏与学生内心世界的沟通,对于良好的行为和积极的价值观对学生的发展产生的影响不够了解。虽然良好的行为及价值观在短期内无法发挥实质性作用,但它们对改善学生的表现有着深远的影响。良好的亲子沟通可以让家长更好地了解学生的内心世界,使得亲子之间的信任感增加,从而发现学生的内在需求。家长要提供有针对性的支持,让学生意识到家长的正确引导。教师在学生遇到问题时给予指导,同时保持与家长之间良好的沟通,及时提供有关学生成长的信息,用更合适的方法引导学生,三者之间的良好沟通将对学生身心健康发展起到积极的作用。

要做好沟通工作,首先家长和学生之间要建立平等的沟通关系。家长的语气和态度应该冷静,学生应该被视为对等的、独立和成熟的一方,家长和学生均享有发言权,使得学生感受到尊重及平等,激发学生的沟通欲望。家长应该冷静下来,倾听学生的想法和话语,而不是盲目给学生灌输自己的思想。其次,家长可以通过阅读书籍、在线调查、询问老师和其他渠道了解和提高沟通技巧。还可以采用如开周末家庭会议、回顾一周的生活、讨论最近的计划等沟通方式。

家长和学生一起成长,这对学生的心理健康非常有益,也为学生在其他领域的能力建设奠定了良好的基础。家长愿意在学校参加各种教育活动,这有利于学生的健康成长。因此,家长应主动联系学校,尤其是学生的班主任,坚持每周打一次电话,经常询问学生在学校的表现,积极参加学校举办的各种活动,如亲子会议等。

(二)开放家长日,增进家长对学生的了解

家长对学生在家的状态非常清楚,但对他们在学校的情况的了解是通过询问学生获得的,因此家长对学生在学校的真实状态很可能并没有详细的了解。开设"家长节"是为了让家长了解学生在学校的真实情况,以便指导家庭教育。让学生的家长看到老师的教学行为,观察老师的教学方法,见证学生在课堂上的表现,从而更好地了解学生。这种做法也体现了学校寻求家校合作、共同深入发展的诚意。

在家长日活动中,家长能发现学生差异的根源,发现家庭教育中存在的问题,得到班主任正确的指导,这也为家长和班主任共同推进家庭教育提供了桥梁。

(三)做好学生的档案管理

学校可以通过档案的形式与家长交流学生在各个阶段的表现。当学生开始上学和上课时，教师可以创建家长档案，主要包括学生的家庭住址、家长的工作、联系方式等基本家庭信息；跟踪记录学生的日常成绩，形成学生动态档案。通过创建档案，教师可以了解学生的基本生活条件和个性，也可以加强与家长的沟通，确保班级管理的有效性和便利性。

五、结语

为了使"双减"政策的作用及功效能够充分发挥，保证这一政策的有效落实，使得学生能够全方面地健康成长，家庭教育应当与学校教育联合起来，相辅相成，两者共同发力，从而保障学生的身心健康，促使其全面发展。家庭教育与学校教育都是不可替代的，学生在受教育的过程中会受到各方面的影响。家庭教育方式的差异会体现于学生平时的学习和行为习惯中，我们作为班主任应该细心观察、正确引导，做学生健康成长的引路人，做家庭教育中的灯塔，与家长相互配合。

温柔且有力量

陈雨菡

"陈老师,你知道我妈妈怎么形容你的吗?"

身为班主任的我听到这个话,职业惯性式地开始紧张了起来:"怎么说的?""她说你是她见过的'最最最温柔的老师'。"

我迫切地想要知道这个"温柔"是不是褒义的,接着追问:"意思是我要再严厉一点吗?""不知道,但妈妈说她觉得你很好说话,就是很好沟通。陈老师,我也觉得你很温柔,所以我特别喜欢和你说话,也喜欢上你的课。"

这段偶然间的对话,在我心里回荡了许久。

的确,"温柔"这个词,对于一个青年班主任来说,可以有很多种含义,我也一直在思考自己的教学风格,以及与学生、家长相处的模式是否得当。但这简短的几句对话,又让我相信了自己。

我们总是会听到很多的抱怨,说现在的孩子难管,家长也很难配合学校和老师的工作,其实在很多时候,并不是家长不愿意配合,只是因为家校不能平衡对话,在教育这件事上,家庭教育无法发挥主体作用。学生问题在校和在家的不同表现形式,导致家长在家庭教育的问题上很难得到有效的指导和帮助。我总是用"战友"这个词来形容我和家长之间的关系。从一年级进校开始,我就一直和家长们强调,在教育这条战线上,我们是平等、互持的关系。当家长在教育的过程中有困惑时,我会尽我所能去解答;在家长对班级管理提出疑问时,我也会温柔耐心地去解释。这些琐事构成了家校合作的桥梁,最终使家长和教师形成了"我理解你的不易,你知道我的无奈"的合作关系。这样,我和家长形成了合力,结为了教育同盟,一步一步共同去实现各自的教学目标。或许,这便是温柔带来的力量,让原本隔空喊话的两队人,共同搭建起了沟通的桥梁,只需要各自向前走一步,就能看到对岸的风景。

在教学和班级管理中,我始终觉得这个年代的孩子和幼时的我们是不一样的,他们知识面广,兴趣爱好多,绝大部分都极具个性,这些个性代表了他们的创造力和想象力。我最喜欢带着我们班的孩子上公开课,他们愿意思考,勇于提问,会在我讲"公指的是动物里的雄性"这种知识点时,提出"为什么'公主'是女性?"这种问题,这些思考会让我的公开课趣味横生。作为他们的老师,我认为我理应保护这难能可贵的创造力和想象力。在班级管理中,我选择站在孩子的角度去看问题,体会他们的感受。比如我会让孩子们主导制定班规,我也发现,大家一起制定出来的班规,比我站在讲台上"发号施令"更有用。在孩子们犯错时,我会避免直接指责,而是尽量和他们站在同一高度进行讨论,帮助他们寻找错误的原因,从根源上解决问题。现在,二年级的他们很愿意和我亲近,愿意和我说自己最近遇到的问题。我也好像看到了不久以后,青春期的他们不仅可以把我当成陈老师,也能把我当成自己的朋友,偶尔给我说一说他们在成长路上的困扰,想来听一听陈老师的建议。我想,这也是温柔的力量,有如春风化雨,虽不如春雷滚滚让人震撼,却丝丝入心,不断感化着学生,温暖着学生。

　　教育是互相成就,用温柔的对话尊重家长,用温柔的力量感化学生。教育是双向奔赴,以温柔滋润教育的土壤,静待每一朵花儿的盛开。

默默耕耘花自开放

李 扬

时间的指针滴答滴答不断旋转,不知不觉中,我这只"菜鸟"语文老师兼班主任也拥有了宝贵的一年半教龄。回顾这短暂的教学生活,我脑海中闪现了无数个瞬间,每个瞬间都是我和孩子们共同成长的珍贵记忆。在与学生共同成长的过程中,我体悟最深的是锦小教师们"默默耕耘,静待花开"的教师精神内涵和共育的重要性。这个体悟和班上变化最大的一个小男孩有关。

成长的故事从一年级开学第二天开始。开学第二天我们就有了"延时服务",那天放学比正常放学时间晚了两个小时。近9个小时的在校学习生活让新生很不适应。下课铃一响,孩子们"嗖"的一声全部冲出教室的"牢笼"奔向自由的天地上蹿下跳;上课铃一响全校尖叫,分贝足以掀翻校园。而老师则没有一刻能停下来喘口气。为了保证这群还未有纪律意识的孩子的安全,课间老师就像"猫捉老鼠"一样去各种地方抓人,跟在他们后面声嘶力竭地喊着:"不要跑!不要爬!"随时准备处理摔倒受伤事件。

而在这样一群活跃的孩子中,我们班有个男孩很特别。下课后其他男孩都在释放自己的活力,他却躲进了教室后的大柜子里,就像一只受伤的小狗一样躲在那里呜咽,一双黑溜溜的眼睛哭得通红,看着十分可怜。我去拽他出来,他反抗着直往里缩,不听我的哄劝,嘴里只念叨着"我要爸爸"。躲在柜子里是非常危险的行为,我还是用力拽出了他,把他安顿在座位上接着安慰,但怎么也不能让他停下哭泣,于是只好通过视频电话让家长安抚他。几分钟的视频电话让他的情绪暂时缓和,但为了回家见到爸爸,不管是否在上课,每隔几分钟他都要跑来问我还有多久才能回家,并且时刻背着书包准备离开,这明显影响了班级纪律。针对这个情况我和他的家长进行了沟通,才知道他一直有躲进柜子的习惯,而且不善于表达自己,当感到不安时就会藏起来。这样的性格让我非常担心,我的解决措施是赶紧调换了他的同桌和座位,让他在远离柜子的前排就座,让一个乐观开朗的女孩陪着他,也让家长给他准备了一个他爸爸的小物件。渐渐地,他的情况慢慢开始好转。

但新问题又接连不断地出现。他不仅性格非常内向,而且行为举止特别奇怪。永远沉浸在自己的世界中,叫他名字五六遍都没有反应,喜欢把手放进裤裆里,午餐时无论多早叫他吃饭他都会排到最后,并且坐在教室门口的台阶上发呆,吃完饭从不收拾餐盘。其他孩子都已经适应了校园生活,对老师的指令可以快速反应,他还沉默着不顾周围的一切。让我绝望的是"大便事件"。他在语文课上突然公然脱下裤子告诉我大便拉在裤子上了,还用手指沾了大便,全班先是惊愕,接着哄堂大笑。我非常崩溃,但怕其他孩子嘲笑、讨厌他,但赶紧拎着他去了洗手间,并通知家长到学校来。

这件事加剧了我内心一直以来的怀疑——他可能有"孤独症"。接下来我与他的家长再次深入沟通长谈,才知道他们也怀疑他有轻微"孤独症"。他的父母工作繁忙,他从小是被家里的老人带大的,现在还有一个弟弟。他从小的言行表现都非常奇怪,会盯着时钟发呆,自理能力非常差。但同时对数字敏感,识字能力很强,基本可以独立阅读一些简单书籍。听了这些话,我的内心咯噔一下,惆怅地想:怎么教?要么是天才,要么是特殊儿童!这对我这只"菜鸟"来说真的太难了。而且经历了"大便事件",我从情感上难以亲近他。

怎么调整心态很重要,我与师父也就此事进行了沟通交流。解决措施是尝试着去发现他的优点,去关怀、爱护他,慢慢教育他。于是我回忆着学过的教育心理学知识,摸索着用真心、耐心、爱心去教育他,也更加重视家校沟通交流,引导他的妈妈在家也更要关注他,随时和我沟通,及时反馈他的情况。放学时来接他的人也由原来的老人变成了妈妈,这些家校合作沟通一点点地改变了他。

"大便事件"后,他的家长也加强了对他自理能力的训练和教育。在校期间我也着重培养他的自理能力。短期目标是让他学会用餐后收拾餐盘。每天从给他打菜开始就给他说饭后流程,守着他吃完,然后牵着他手把手教他倒剩菜、放餐盘、擦桌子。而且只要课间看到他都反复强调同一件事。

某一天,我非常忙,忘记守着他整理,反应过来后惊喜地发现他已经独立收拾整理好了餐具和课桌。我真的太惊喜了!马上把这件事告知了他的家长,他们也同样震惊且惊喜,回家狠狠表扬了他。从这件事开始,他开始有了很大变化。他开始开窍了,开始走出自己的世界。

体育有跳绳体测,我一直非常担心他难以完成。所以在校也非常关注他跳绳的学习情况。我看着他笨拙的跳绳姿势,忍不住课间休息时教了他一会儿,他看得非常认真。第二天非常兴奋地告诉我他能连续跳三个了,一定要跳给我看。看着他滑稽地连跳,我憋着笑还是鼓励并拥抱了他,那一天他很快乐。接下来他每天都有进步,每到课间都要跳给我看,跳给同学看。他最终顺利地通过了体测。这也让我突然意识到作为一名老师,要有平和的心态和默默耕耘的精神,给学生足够的关爱,给他们成长的时间和空间,而他们总能给你带来惊喜。

他令人惊喜的变化不仅表现在生活自理能力上,还表现在各科学习上。刚开始老师们都十分担心他的成绩，已经准备好了对他进行专门的辅导。前期他语文作业的成绩基本是 A^-（我的最差作业评分），且脾气倔强绝不改错。这样的情况差不多一直持续到10月中旬。他有一次作业完成度很高，字迹比之前干净，抱着鼓励的心态我给了他 A^+，还写了注音版的评语："进步很大，继续加油。"那天晚上他妈妈告诉我他很兴奋，乐呵呵地抱着作业本睡觉。我没想到这样简单的评语鼓励能带给他这么大的快乐。我也更加体会到了关爱孩子、鼓励孩子的重要性。第二天他在语文课上很活跃，延时作业也很主动地完成了。虽然仍有一些小错误，但他大声鼓励自己说："差一点就100了，下次加油！"还开始主动抓着我和林老师改错，一直改到他自己满意为止。

　　短短三个月，他让我经历了教师生涯的挫折，也促进了我的成长，让我尝到了为人师的成就感，幸好我没有放弃他，没有错过这样一个生动单纯的学生。未来我不知道还会发生怎样的故事，但通过这三个月的故事，我坚信：爱是最好的教育。只要以儿童为中心，尊重他们的发展，以平和的静待花开的心态，坚持不懈地默默耕耘，教育终会成功。

第五章

智慧心路

教育意味着获得不同的视角,理解不同的人。教育应该是思想的拓展、同理心的深化、视野的开阔。教书有幸,育人是福,揣着对教育的热爱,幸福地教育人,以梦为马,乘风破浪!初心不改,矢志不渝!带着一份责任、一份执着、一份坚守,一路走来,一路桃李芬芳,每一点星光、每一张笑脸、每一次成长,都在心中珍藏。

二手数据线"小贩"的故事

查水莲

清晨八点,我坐在教室里批改作业,这是一天中很温馨的时刻:"猴儿们"会三三两两走进来,晨读时他们时断时续,有的交作业,有的打扫卫生,有的收拾东西,弄得乒铃乓啷的。人快到齐了,小全背着个大书包拖拖拉拉地走进来,我抬头看了他一眼,没有出声继续改作业。他不死心,放下书包和小羽凑到我面前,一人拿出一根数据线递给我:"查老师,我们带的数据线。"

我还是没有讲话,我正在努力平复心情;但还没等我平复好,小全又把一根很新的数据线"丢"给我,我和他之间发生了如下对话:

"你的线好新啊?"

"这是我充平板的数据线。"

"你昨天是怎么跟你妈妈讲的,她同意你把平板数据线带来?"

"我没有跟她讲,自己偷偷拿来的,反正这是我充平板的数据线。"

"你妈没同意?那你怎么能拿走呢?"

"没事,我们家的数据线很多。"

泪点很低的我眼睛有点湿润了,过了一会儿小青又跑来说:"我回去找了半天,我们家的数据线不多,所以我没有带一根……"她仿佛觉得有点抱歉,因此说到最后她的声音变得低低的。我想对她说,别抱歉,孩子,我的收获够多了。

关于这根数据线的故事,已经是昨天的事情了。

这一切得从小音箱说起,上学期我们班购买了一个充电小音箱,这个音箱,配备了一根充电的数据线,才用了两个星期,数据线的插头就被折断了。保管插头的小羽告诉我后,我又拿了一根数据线给她,这次时间坚持得久一点,坚持到了期末。可这学期开学,我发现第二根数据线也"寿终正寝"了。这学期不用小音箱可不行,外面可是正在施工的工地啊!着急的我马上又找了一根数据线,第三根数据线出场了,故事,就是围绕这第三根数据线展开的。

昨天早上,我走进教室,刚准备打开音箱的时候,突然发现这根数据线"垂头丧气"地插在充电口里,我心中一惊,这根数据线又怎么啦?这才开学八天呢,难道又被同学们弄坏了?一股怒火在心中熊熊燃烧,我把数据线拔出来一看,好家伙,再大一

点力,就得连根折断在音箱里了!想到这里,我再也控制不住我的怒火,把数据线往桌子上一拍,说道:

"谁干的?这个同学自己承认!"

所有人面面相觑,教室里瞬间变得鸦雀无声。

"这已经是用坏的第三根数据线了,再一再二不再三,前两次你们弄坏了,查老师都没有生气也没有批评人,但你们不能这样一而再再而三地捣乱!"

教室里更安静了,所有人坐在座位上默默地看着我,沉默,一片沉默,仿佛连彼此的呼吸都能听到。

"你们不知道这个音箱的重要性吗?语文、数学的学习全要用到它,没有数据线充电,是不是以后老师讲课你们听不见就算啦?这根数据线我们才用了几天?这不是钱的问题,是爱护班级公物的意识!"

教室里的空气仿佛也变沉重了,一双双眼睛注视着我,那里面写满了急切和焦急,我也不说话了,像这种"无头公案"一时之间要查清楚,还真不好办。可不查,我的心里又过不去,虽然只是一根小小的数据线,难道就不应该爱护了?如果真的有人做错了,难道不应该承认吗?教室里这种诡异的安静持续了很长一段时间。

突然,小丞慢慢地举起了他的手,我心中一凛:这个调皮鬼,难道真是他干的?倒真有可能,也许是他调皮的时候弄坏的。我请他起来,问他:

"你想说什么?"

"我想说,查老师,这件事不是我干的,但是,为了全班同学的学习,我愿意自己明天从家里带一根数据线来充电。"

他的话音刚落,我的眼睛就湿润了,教室里瞬间响起了雷鸣般的掌声。陆陆续续好多只小手也举了起来:我家里也有,我也愿意带一根数据线来;我刚刚也想说这句话,但是没有小丞有勇气……

我在那瞬间想了很多,我在他们身上仿佛看到了更多,我也不知道该用什么语言去表扬这个孩子,最后,我好像说了他有担当、集体意识、责任感等(虽然下午做操的时候他又开始调皮捣蛋了)在又说了一堆语重心长的话后,事情好像就这样处理好了,我还是没有查出来是谁干的。

下课后,小豪磨磨蹭蹭地走到我身边说:"查老师,我想做这个事情的同学可能不是故意的,有时候他们在这里疯跑不小心踢到了,肯定就把线弄坏了,他们自己也不知道。"

这孩子,还来安慰我,他不知道,我心里门清,这种情况的可能性很大,但我今天要是不说,再多的数据线都不够用呀!我承了他这份安慰的温情,用力点点头:"嗯,

241

你跟我想的一样,我也觉得应该是这种情况。"于是这小孩心满意足地走了,然后又有一大堆孩子围上来观察这根数据线的插头是什么样子的,我大方地任他们看,但没有想到,今天我就变成了二手数据线"小贩"了。

好了,现在我有用不完的数据线了,但我得把这个数据线背后的故事记下来,避免我慢慢忘记这些瞬间的感动。不经意间,和这些小萝卜头已经有两年的师生之谊了,再有这样的两年,我就要送他们离开锦小了,仅以小碎笔,记录我们的生活。

但生活未完待续……

表 扬

梁维维

常听老师们说:当老师累,当班主任累。担任了四年班主任,我的确感受到当班主任的辛苦,但其中有苦也有甜。

教师的表扬是学生成长不可缺少的养料,是能沟通教师与学生的心灵之河的桥梁,是促使学生自尊、自信、自强的无形催化剂,是实现以人为本的教育有效途径之一。教师的表扬越多,学生就越显得活泼可爱,学习的劲头就越足。作为教师,我们应该都遇到过这样一种情况,班上总有几个学生既不勤奋上进,又不惹是生非,对班级一切活动既不反对抗议,又不踊跃参加。一般情况下,这些学生既得不到老师的表扬,也得不到老师的批评,是一些容易被老师忽视、"遗忘"的学生。在班主任工作中,我注重以人为本,面向全体,细心观察,捕捉他们每一个人身上的闪光点,及时把赞美送给每一个学生,使每个学生都感到"我能行""我会成功"。实践使我发现,一句激励的话语、一个表扬的眼神、一个鼓励的手势,往往能带给我们意想不到的收获。教师对学生小小的成功、点滴的优点给予赞美,可以强化他们获得成功的情绪体验,进而激发他们的学习动力,培养其自信心,促进其良好心理品质的形成和发展,这也有助于建立和谐的师生关系,营造一个奋发向上的班集体氛围。请多给学生一点赞美吧!因为他们明天的成功就蕴藏在你的赞美之中。

苏霍姆林斯基说过,教育艺术的基础在于教师能够在多种程度上理解和感觉到学生的内心世界。倾吐不失为一种好的方法,我们教师应该积极去听,与学生交谈,从中了解学生的某些动向。可不少教师总认为学生是小孩子,不乐于倾听他们的谈话,特别是在学生犯错误时,更是不给他们说话的机会,仅凭自己的主观判断就对学生大加训斥,这样很不利于教育好学生。教师不应该凭自己的主观判断去对待学生,工作再忙也要给学生说话的机会,也要尊重他们的人格,认真倾听他们说的话。

古人云:人之相交,贵在交心。所以,教师要放下架子,利用一切可以利用的时间、机会听听学生的心声,听听他们的想法,注意他们的情感变化,让学生充分展示自己的内心世界,使学生真切地感受到教师的关爱。

种子的成长

陈宇欣

要让一粒种子发芽成长,首先需要我们把种子埋在土里,然后施肥、浇水,再等几天,种子就慢慢地长出了新芽,新芽在阳光、雨露的呵护下一点一点长大,经过风吹、日晒、雨淋,直至长成参天大树。这个过程一定是漫长的,如果你受不了等待,那就可能会出现拔苗助长的行为。

我想,学生的成长和种子发芽成长一样,在最初的日子里,要经过"滋养",在这个阶段,种子只有汲取了充足的水分和营养才能健康成长。我们不能指望今天埋下的一粒种子明天就发芽,后天就开花;同理,我们也不能幻想今天对学生进行了教育,明天学生就一下子学好了。成长是需要一个过程的,是有规律的。而在这个过程中,老师能做的就是给生命以"滋养",给成长以时间。学生只有在成长的过程中获得足够的"营养",并且有充足的发展空间,才能在以后的成长过程中抗住风雨。

师与生

练 清

　　熏风不起,不见六月来恭;金乌之泽,惠及飞之来鸿;人之将育,必以君子为忠。

　　言必思德,行必思言。施教忠义之内,受育敬仁之中。非勤思无以博学,非明志无以致远。扶摇千里,先饮荒之大泽;干云直上,步积万里之空。经才治世,先施载物之德;稚子行育,幼履先人之风。先人之德,曰仁,曰义,曰广德。欲赠玫瑰,先隐其刺。芬芳所至,授受其同。物遗道中,小人所欲,君子不取;口角之分,伯仲相绥,同窗之谊。师者,授之唯心唯德;生者,学之唯力唯行。

最独一无二的种子

刘婧雯

《论语》中有句话:苗而不秀者有矣夫,秀而不实者有矣夫。其意思是说庄稼出了苗而不能吐穗扬花的情况是有的,吐穗扬花而不结果实的情况也是有的。孔子以庄稼的生长比喻一个人求学的过程。今天我借用这句古文来提醒自己,在漫漫的教育生涯中,放平心态、摆正心态。不是每一颗种子都能顺利开花结果,长成参天大树,也不是每一个孩子都能成为满分的人。教师要用一颗宽容之心,静待花开。

班上的孩子就像田地里的一棵棵庄稼,有的逐渐笃实,有的长势缓慢,有的秀而不实……虽然有几株呈欣欣向荣之势,但大多数都是发育不良的。换作之前的我,我可能会怒其不争,疯狂地拔苗助长。但随着和孩子们相处的越久,对孩子们的了解越来越深,我想还是可以换种方式和他们相处的,不妨用一颗宽容的心去对待他们,也用一颗宽容的心去对待那个心急的我。

清晨,伴随着阳光踏进校园,本来以为整洁、安静的教室会拉开完美一天的序幕。然而,一进入教室,看到没擦的黑板、凌乱的讲台、堆满垃圾的走廊过道……随着教室里学生逐渐增多,讨论声、打闹声不绝于耳,真是想象太丰满,现实太骨感。上学期的我,遇到这种情况时,肯定火冒三丈了,但转念一想,大声训斥、大发雷霆实在是没有必要,这些也不能对年纪尚小的他们起到实质性的教育作用。那不如用一颗包容的心去对待他们。"今天小朋友们都来得好早呀,刘老师要请一位最能干的孩子来擦黑板,再请一位最会收拾的孩子收拾讲台。""得了那么多次文明班级的一年级四班,地上怎么会有那么多垃圾呀?"……这时不用多说,已经有孩子从座位上一跃而起,拿起清洁工具开始打扫起来了。不到十分钟,我用宽容的态度,换了一种更贴近他们的教育方式,迎接了美好的一天。

小到清洁卫生,大到课堂秩序、作业批改,用一种更适合他们、更贴近他们、更易被他们接受的方式和他们对话,往往事半功倍。班级因为卫生被扣的分少了,放学被留下来单独改错的孩子少了,在课堂上主动记课堂笔记的孩子多了,书写整洁、美观的孩子也多了,连班上最调皮的孩子在人际交往方面都有了显著的进步。

种子会有不发芽的时候,会有发了芽不开花的时候,也会有开了花但不结果的时候。把每个学生都当成一颗充满未知和潜力的种子,少给一些打击,多给一些鼓励,少给一点苛责,多给一点宽容。无论他是否发芽、开花、结果,他都是一颗独一无二的种子。

师 爱

白婉君

教师如果征服了学生的心,其形象就会如天空中的星星一样在学生的心中发光。想要征服学生,就要让学生感受到浓浓的"师爱"。这份"师爱"是平等的,表现优秀的孩子需要师爱,表现一般的孩子也需要师爱,表现得不好的孩子更需要师爱!每个孩子都是天使,都有自己的闪光点。不能因为孩子不好的行为习惯而给孩子贴上标签,区别对待,那样我们和孩子之间的距离越来越远,教育的效果会越来越差!每个班级中都会有一些调皮、纪律较差、让老师头疼的孩子,对这些孩子,反复的批评有时并没有多大作用。这时候,就需要我们带着一颗真诚而有耐力的心,去发现他们的闪光点,去关心他们的生活,去倾听、去走进他们的内心,以真心换真心,让他们感受到老师对他们的"爱"。"亲其师,信其道",当他们感受到这一份"师爱"时,就会很自然、很快乐地接受老师的教育,就会因满足而产生积极的情绪,此时的教育就事半功倍!

成　长

杨　林

一片丹心育桃李，春风化雨细无声。转眼间，我在锦城小学工作已有一年的时间了，在从事教育工作以后，我担任了班主任。在这一年的摸索中，我深知自己任务艰巨，育人之路任重而道远。

班主任是学校工作的基层单位，肩负着贯彻、落实"以人为本，全面发展"理念的光荣使命。在这里，我从青涩的新人教师成长为了一名身兼重任的班主任，不断进行自我提升，慢慢地找到了方向，树立了目标，也对小学教育有了更新的认识。

师者，传道授业解惑也。一名合格的老师，就要以身作则为人师，身体力行显风范。作为锦城小学一年级九班的班主任老师，开学至今，我迎接了一个又一个挑战，但我不畏艰难，不断在德育手法上进行摸索、尝试、总结，提高自身的教育水平，让孩子在快乐中吸收知识，学会做人的道理，提升他们的学习兴趣，让他们快乐成长。

耐　心

刘青霞

　　从教多年，我觉得耐心是老师在教育工作中最不可或缺的品质之一。耐心如同一盏明灯，照亮我们与学生心灵沟通的桥梁，也让我们在教育的道路上更加从容不迫。

　　每一个学生都是独一无二的，他们拥有不同的性格、兴趣和学习节奏。有的学生可能一点就通，有的则需要老师反复讲解才能理解。作为老师，我们必须有足够的耐心去倾听他们的困惑，去理解他们的需求，去引导他们走向正确的道路。

　　耐心让我们在面对学生的错误时，不再是进行简单的批评和指责，而是给予他们更多的机会去改正。错误是成长的一部分，只有通过不断的尝试和修正，学生才能真正掌握知识，提高能力。

　　耐心也让我们在与学生沟通时更加细致入微。每一个学生都有他们的心声和需求，只有耐心倾听，才能真正理解他们的内心世界。我们愿意花时间去了解他们的兴趣爱好、家庭背景、学习状况，从而为他们提供更加个性化的教育方案。

　　当然，耐心并不意味着纵容和放任。在教育工作中，我们还需要严格要求学生，督促他们按时完成作业、积极参与课堂活动、认真听讲。但是，这种严格是建立在尊重和理解的基础上的，我们会在严格要求学生的同时，给予他们足够的关爱和支持。

　　耐心这种品质，不是一两天能养成的，在真实的教育教学实践过程中，我们会慢慢体悟到，教育是慢的艺术。欲速则不达，我们要学会和学生相处，与他们一同成长，耐心地等待他们的进步，去欣赏他们的每一次尝试，去鼓励他们不断前行。

育人有感

杜阆南

作为一名小学班主任,我一直秉承着用爱心、耐心和责任心来教育我的学生。多年的教育经历让我深深地体会到,学生的成长离不开和谐的师生关系、良好的班级氛围,以及融洽的家校合作。经过这一段漫长而非凡的教育之旅,我感慨颇多。

首先,建立良好的师生关系至关重要。我坚信每个学生都是独一无二的个体,他们都有自己的特殊点和个人需要。因此,我努力去了解每个学生的兴趣爱好、优点长处,尊重他们的个性差异。我经常与学生进行面对面的交流,倾听他们的想法和感受,给他们关心和理解。通过建立密切的师生关系,我希望学生能够充分感受到我的关心和支持,从而更积极地参与学习。

其次,注重培养学生的综合素质,营造良好的班级氛围。在教育教学中,我不仅注重提高学生的学业成绩,还注重培养他们的综合素养。鼓励学生参加各种活动,如文艺表演、体育比赛和社会实践等。这些活动不仅能够培养学生的动手能力和创新思维,还能提高他们的团队合作和沟通能力。我也会通过班级讨论和小组活动,鼓励学生分享自己的观点和经验,培养他们的思维能力和自我展现能力。

最后,家校合作也是学生成长的重要保障。我积极与家长沟通,组织家长会和家庭访问活动,了解学生在家中各方面的情况,并与家长共同探讨学生的学习和成长问题,还与家长共同制定学生的学习计划和培养目标。我也鼓励家长积极参与学校的教育活动,与学校一起关注学生的成长和发展。通过家校合作,共同为学生提供更好的教育环境和资源,促进他们的全面发展。

我将通过我的努力,助力学生的成长!

德 育

李汰霖

德育工作是班主任工作的首要任务,虽然我从事班主任工作只有一学年,但其中的体会却十分深刻。

玉不雕,不成器。教育学生离不开严格的纪律约束,管理制度的制定更需要针对小学生是非辨别能力差、自制力不强的特点增强教育力度,提高学生思想认识水平,促进学生的行为规范。德、智、体、美、劳是全面发展的基本素质,其中德育又是最基本的。

班主任在德育工作中,一方面,要审时度势、因地制宜,制定严格的规章制度,把其作为班级学生的行动指南。通过全面的强化的管理,全面地评价学生的思想、行为;又用奖励措施,促进学生严格要求、约束自己的言行,做到勇于与不良现象作斗争,向着健康的道路发展。另一方面,要按章办事,强化管理,严格要求学生。抓好班级制度的建设,强化各项规章制度,针对学生的过错行为,按照过错的不同程度进行教育,同等对待学生,使学生增强纪律观念,为形成良好的班风提供基本的保障。

但在德育工作中,最为重要的是:老师要站在同等的角度去看待学生,与学生进行平等的对话与交谈,才能更好地了解学生,让学生信任老师,教育才能有对策可循。

愿做点灯人

刘宁欢

"再渺小的星也能发光发热,再微弱的光也能汇聚璀璨星河。"这是我坚守在心里、贯彻于行动中的教育理念之一。从教路上,我一直努力成为学生追光路上的点灯人,以明亮灯火,点燃滚烫星河。作为班主任,我想我们应该做眼明心亮的人。"眼明"就是要关注孩子,观察孩子,注意孩子的言谈举止,及时纠偏;"心亮"就是要内心光明、温暖、通透,不被阴影遮蔽,不被偏见堵塞,能够透过孩子言语行为的表象,去"看见"孩子内心的渴望,去激发孩子美好的天性,去相信孩子能够获得生命的成长,成为更好的自己。

一年级

陈宇曦

一年级,我们班教育的关键词是"习惯"。心理学家威廉·詹姆斯说过,播下一个行动,你将收获一种习惯;播下一个习惯,你将收获一种性格;播下一种性格,你将收获一种命运。

一年级的学生具有年龄小、活泼好动、自觉性差、规则意识及安全意识差的特点,因而在一年级我重点培养学生良好的学习习惯和行为习惯,为今后的班级管理以及学科学习打下良好基础。学习习惯包括写字姿势、课前准备、课中注重"听"的习惯、做笔记的习惯、课后复习的习惯等。根据年龄特点,我较多地利用简短的口令来引导学生的行为。行为习惯则包括书籍文具的整理、与同学的相处、待人礼貌、个人卫生等。我们班采用小红花奖励机制,激发学生的学习兴趣,并进行评比。

同时在与学生的相处过程中,我做到对学生一视同仁,宽容、欣赏每一个学生。在学生成长的过程中,我允许学生犯错,教导学生要知错就改,并及时对学生进行正确的引导。对每一个学生多加鼓励,发现他们的闪光点,让他们尽可能地自信成长!

德育随笔

杨 娜

师者如光,微以致远。踏上教育这块神圣的土地,也就意味着踏上了艰巨而漫长的育人之旅。

作为一线教师和班主任,我们要认识到德育工作的重要性。培养什么人,是教育的首要问题。习近平总书记在全国教育大会上强调,"要努力构建德智体美劳全面培养的教育体系,形成更高水平的人才培养体系",并要求"把立德树人融入思想道德教育、文化知识教育、社会实践教育各环节,贯穿基础教育、职业教育、高等教育各领域"。[①]无论是"德智体美劳"还是"立德树人",德育都排在第一位,这足以说明德育在学校教育和学生成长中的重要地位和作用。班级是学校教育、教学工作最基层的组织单位,而班主任则是这个单位的领导者、组织者和管理者,班主任工作是塑造学生灵魂的工作,班主任对创设良好的班集体,全面提高学生素质,陶冶学生情操,培养全面发展的人才,具有举足轻重的作用。

教育无小事,事事皆学问;德育无小事,节节有韵味。在日常教学中,我们要重视细节,防微杜渐,润物无声。教师要以学生为中心,给学生更多自主修炼、自我成长的机会,从而把德育内化为学生自身成长的动力,为其成长筑牢坚实的价值底座,让青春绽放绚丽之花。

---

① 中国政府法制信息网:《习近平:坚持中国特色社会主义教育发展道路培养德智体美劳全面发展的社会主义建设者和接班人》,2018年9月10日。

说话的艺术

邓 玉

有人说我们只用一年就学会了说话，却要用一生学会闭嘴。可见，说话是一门艺术。作为一名老师，面对学生，我们拥有很大的话语权，所说的每一句话都至关重要。

那天上午第一节课，我正慷慨激昂地讲课，余光看到小程同学侧着身子面向后面，还小声说了一句话。我怒火中烧，大喝一声："站起来！看看别人都在干什么？"小程同学自控力不强，作业总是拖拖拉拉，在上课时又管不住自己的嘴，虽然最近上课专心多了，但还是忍不住窃窃私语。听到我的质问，他欲言又止："老师，我……""你又想解释你刚才没有说话，是吗？你什么时候能改掉上课说小话的习惯？"我没有等他说完就打断他，全班都能听到我震耳欲聋的怒斥声。"坐下吧！不要耽误我讲课！"我余火未消地说。在接下来的时间里，别的孩子都在奋笔疾书，抄着黑板上面的重点，小程同学一副无精打采的模样，刚上课时神采飞扬的神情不见了，眼中没有了光彩，两眼定定地看着书本。

我怕他错过抄笔记的时间，便旁敲侧击道："再好的记性也不如一个烂笔头，我看看还有哪个同学没有做笔记？"说完又看了他一眼，只见小程同学神情落寞，慢腾腾地拿起笔就是不往书本上写。"别人都抄好了，你为什么不抄呢？刚才说话，现在又不做笔记，怎能学会？"小程同学满脸委屈地看着我，他后面的小王同学小声说："老师，刚才他没有说话，他是提醒我的同桌不要说话，上课专心听讲。"

我立即问小程同学："是真的吗？"他点点头。"小程同学，刚才是老师错怪你了，对不起。"我站在讲台上赶快向他道歉。小程同学的脸瞬间阴转晴，眉头舒展，拿着笔飞速地在书本上记着。自那以后，他上课一次也没有说过小话，作业从不拖欠。

我没有想到看似轻飘飘的一句话竟消除了他的烦恼，言语对孩子的影响竟如此之大！"与人善言，暖于布帛；伤人以言，深于矛戟。"孩子，谢谢你，让我再次明白了这句话的含义。

守护

葛文瑾

一片丹心育桃李,春风化雨细无声。从事教育行业最开始的两年,我都担任班主任。随着工作的开展,我愈发感受到育人之路任重而道远。在这条道路上我不断摸索,努力提升,树立目标,对小学教育也有了更新的认识。师者,传道授业解惑也。想要孩子们在正确的道路上茁壮成长,我们就要先以身作则。而孩子们,像一粒粒种子,他们极具生命力是独一无二的。我们需要了解孩子们的具体情况,以爱为源,给予他们生长所需要的各种要素。育一朵希望的花,种一棵参天大树。十年树木,百年树人。在未来的时间里,我会继续在教育这块热土上"深耕细作",因为每种色彩的花朵都应该盛开,每个梦想都值得被浇灌。珍惜每一次遇见,守护这群"最好的未来"。